授業UDを目指す 国語 全時間授業パッケージ

1年

編著
桂 聖
小貫 悟・川上康則
一般社団法人 日本授業UD学会

東洋館出版社

明日の国語授業にワクワクを。全員参加の「Better」授業。
―国語授業が得意な先生は、使わないでください―

日本の教室では、一人一人の教師が、最善の工夫をして国語授業を行っている。決してマニュアルに基づいて進めているわけではない。日本には、それぞれの教師が目の前の子どもの実態に応じて国語授業を創造するという優れた文化がある。

だが一方で、そうは言ってられない状況もある。

- 明日の国語授業をどうやって進めればいいのか、よく分からない。
- この文学教材で何を教えればいいのだろう。
- とりあえずは、教師用指導書のとおりに国語授業を流そう。

悩んでいる現場教師は多いのである。

少なくとも、若い頃の私はそうだった。国語授業の進め方がよく分からなかった。今思えば、当時担当した子どもたちには申し訳ない気持ちでいっぱいになる。

それで苦手な国語授業を何とかしたいと、一念発起をして学んできた。様々な教育書を読み、先達に学んだ。研修会にも数え切れないくらい参加した。授業のユニバーサルデザイン研究会（日本授業 UD 学会の前身）では、特別支援教育の専門家の方々にも学んだ。

こうやって学んでいくうち、やっと**「明日の国語授業にワクワクする」**ようになってきた。こんな気持ちになったのは、意外かもしれないが、最近のことである。

さて、本書は、**授業 UD を目指す「国語の全時間授業パッケージ」**である。

授業 UD（授業のユニバーサルデザイン）とは、発達障害の可能性のある子を含めた「全員参加」の授業づくりである。私たちが学んできた知見をこの「全時間の国語授業パッケージ」にして、ぎゅっと詰め込んだ。**教材研究のポイント、単元のアイデア、1時間ごとの授業展開、板書、課題・発問、子どもの反応への返し方、センテンスカード**など、授業に必要なほとんどを含めている。特別支援教育専門の先生方には、全時間の**「学びの過程の困難さに対する指導の工夫」**に関してご指導をいただいた。

ぜひ、明日の国語授業に悩んでいる先生には、本書を活用して、楽しく学び合い「わかる・できる」授業を実現してほしい。「わかった！」「なるほど！」という子どもの声が聞こえてくるはずだ。**教師自身が「ワクワクした気持ち」で国語授業に取り組むからこそ、子どもたちも「ワクワクした気持ち」で主体的に取り組めるのである。**

もちろん、**本書は「Must」ではない。最低限やっておきたい「Better」の国語授業である。**

国語が得意な先生は、この本に頼らないで、もっともっと質の高い授業をつくってほしい。

最後になったが、本書に関わっていただいた日本トップクラスの優れた先生方、東洋館出版社の皆様には大変お世話になった。記して感謝したい。

本書によって日本の子どもたちの笑顔が国語授業で少しでも増えるように願っている。

編著者代表　一般社団法人 日本授業UD学会 理事長　　桂　　聖
（筑波大学附属小学校 教諭）

『授業UDを目指す「全時間授業パッケージ」国語』
掲載教材一覧

1年
文学　「おおきな　かぶ」
「やくそく」
「ずうっと、ずっと、大すきだよ」

説明文「うみの　かくれんぼ」
「じどう車くらべ」
「どうぶつの　赤ちゃん」

2年
文学　「ふきのとう」
「お手紙」
「スーホの白い馬」

説明文「たんぽぽのちえ」
「馬のおもちゃの作り方」
「おにごっこ」

3年
文学　「まいごのかぎ」
「三年とうげ」
「モチモチの木」

説明文「言葉で遊ぼう」「こまを楽しむ」
「すがたをかえる大豆」
「ありの行列」

4年
文学　「白いぼうし」
「ごんぎつね」
「プラタナスの木」

説明文「思いやりのデザイン」「アップとルーズで伝える」
「世界にほこる和紙」
「ウナギのなぞを追って」

5年
文学　「なまえつけてよ」
「たずねびと」
「大造じいさんとガン」

説明文「見立てる」「言葉の意味が分かること」
「固有種が教えてくれること」
「想像力のスイッチを入れよう」

6年
文学　「帰り道」
「やまなし」
「海の命」

説明文「笑うから楽しい」「時計の時間と心の時間」
「『鳥獣戯画』を読む」
「メディアと人間社会」「大切な人と深くつながるために」

もくじ
授業UDを目指す「全時間授業パッケージ」国語 1年

本書は、令和2年発行光村図書出版『こくご　一上　かざぐるま』『こくご　一下　ともだち』を参考にしています。

本書活用のポイント

本書は、取り上げる単元ごとに、単元構想、教材分析、全時間の本時案を板書イメージと合わせて紹介しています。

単元構想ページでは、単元目標・評価規準や単元計画など、単元全体の構想にかかわる内容を網羅しています。単元構想ページの活用ポイントは以下の通りです。

（単元構想ページ）

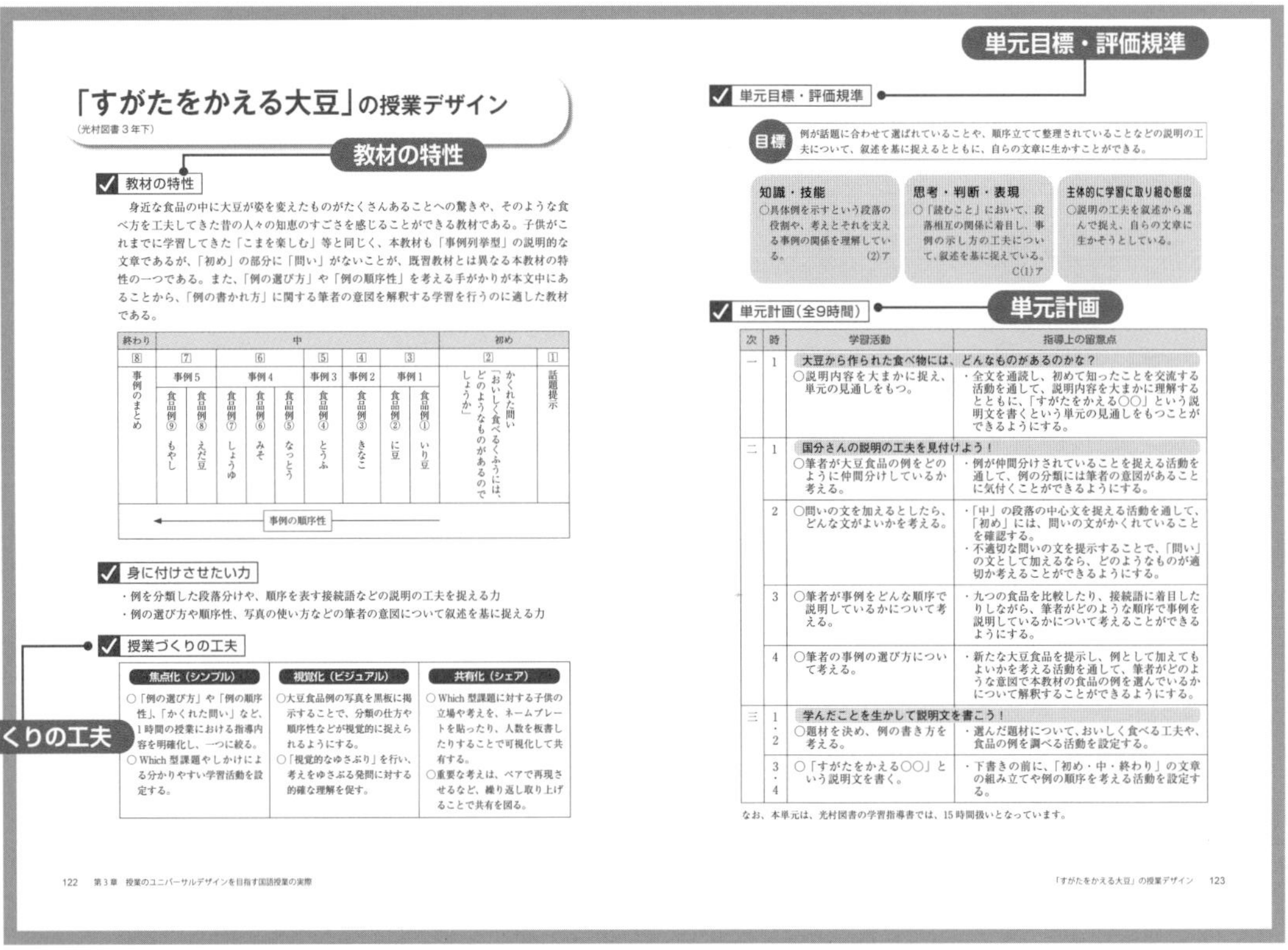

「すがたをかえる大豆」の授業デザイン

（光村図書３年下）

教材の特性

教材の特性

身近な食品の中に大豆が姿を変えたものがたくさんあることへの驚きや、そのような食べ方を工夫してきた昔の人々の知恵のすごさを感じることができる教材である。子供がこれまでに学習してきた「こまを楽しむ」等と同じく、本教材も「事例列挙型」の説明的な文章であるが、「初め」の部分に「問い」がないことが、既習教材とは異なる本教材の特性の一つである。また、「例の選び方」や「例の順序性」を考える手がかりが本文中にあることから、「例の書かれ方」に関する筆者の意図を解釈する学習を行うのに適した教材である。

終わり	中									初め	
8	7		6			5	4	3		2	1
事例のまとめ	事例5		事例4			事例3	事例2	事例1		かくれた問い「おいしく食べるくふうには、どのようなものがあるのでしょうか」	話題提示
	食品例⑨ もやし	食品例⑧ えだ豆	食品例⑦ しょうゆ	食品例⑥ みそ	食品例⑤ なっとう	食品例④ とうふ	食品例③ きなこ	食品例② に豆	食品例① いり豆		

事例の順序性

身に付けさせたい力

・例を分類した段落分けや、順序を表す接続語などの説明の工夫を捉える力

・例の選び方や順序性、写真の使い方などの筆者の意図について叙述を基に捉える力

授業づくりの工夫

授業づくりの工夫

焦点化（シンプル）	視覚化（ビジュアル）	共有化（シェア）
○「例の選び方」や「例の順序性」、「かくれた問い」など、1時間の授業における指導内容を明確化し、一つに絞る。 ○ Which 型課題やしかけによる分かりやすい学習活動を設定する。	○大豆食品例の写真を黒板に掲示することで、分類の仕方や順序性などが視覚的に捉えられるようにする。 ○「視覚的なゆさぶり」を行い、考えをゆさぶる発問に対する的確な理解を促す。	○ Which 型課題に対する子供の立場や考えを、ネームプレートを貼ったり、人数を板書したりすることで可視化して共有する。 ○重要な考えは、ペアで再現させるなど、繰り返し取り上げることで共有を図る。

122　第３章　授業のユニバーサルデザインを目指す国語授業の実際

単元目標・評価規準

単元目標・評価規準

目標　例が話題に合わせて選ばれていることや、順序立てて整理されていることなどの説明の工夫について、叙述を基に捉えるとともに、自らの文章に生かすことができる。

知識・技能	思考・判断・表現	主体的に学習に取り組む態度
○具体例を示すという段落の役割や、考えとそれを支える事例の関係を理解している。(2)ア	○「読むこと」において、段落相互の関係に着目し、事例の示し方の工夫について、叙述を基に捉えている。C(1)ア	○説明の工夫を叙述から進んで捉え、自らの文章に生かそうとしている。

単元計画

単元計画（全9時間）

次	時	学習活動	指導上の留意点
一	1	大豆から作られた食べ物には、どんなものがあるのかな？ ○説明内容を大まかに捉え、単元の見通しをもつ。	・全文を通読し、初めて知ったことを交流する活動を通して、説明内容を大まかに理解するとともに、「すがたをかえる○○」という説明文を書くという単元の見通しをもつことができるようにする。
二	1	国分さんの説明の工夫を見付けよう！ ○筆者が大豆食品の例をどのように仲間分けしているか考える。	・例が仲間分けされていることを捉える活動を通して、例の分類には筆者の意図があることに気付くことができるようにする。
	2	○問いの文を加えるとしたら、どんな文がよいかを考える。	・「中」の段落の中心文を捉える活動を通して、「初め」には、問いの文がかくれていることを確認する。 ・不適切な問いの文を提示することで、「問い」の文として加えるなら、どのようなものが適切か考えることができるようにする。
	3	○筆者が事例をどんな順序で説明しているかについて考える。	・九つの食品を比較したり、接続語に着目したりしながら、筆者がどのような順序で事例を説明しているかについて考えることができるようにする。
	4	○筆者の事例の選び方について考える。	・新たな大豆食品を提示し、例として加えてもよいかを考える活動を通して、筆者がどのような意図で本教材の食品の例を選んでいるかについて解釈することができるようにする。
三	1・2	学んだことを生かして説明文を書こう！ ○題材を決め、例の書き方を考える。	・選んだ題材について、おいしく食べる工夫や、食品の例を調べる活動を設定する。
	3・4	○「すがたをかえる○○」という説明文を書く。	・下書きの前に、「初め・中・終わり」の文章の組み立てや例の順序を考える活動を設定する。

なお、本単元は、光村図書の学習指導書では、15時間扱いとなっています。

「すがたをかえる大豆」の授業デザイン　123

教材の特性

学習材としての教材の特性について説明しています。どのような内容を学ぶのに適した教材かが分かり、単元計画の際の手がかりになります。また、文章構造図により、ひと目で教材のポイントが分かります。

授業づくりの工夫

全員参加の授業のユニバーサルデザインを目指すため、授業づくりのポイントを「焦点化」「視覚化」「共有化」の３つに絞って記載しています。それぞれの視点が実際の本時において具体化されます。

単元目標・評価規準

本単元における目標と評価規準です。「知識・技能」「思考・判断・表現」には、該当する学習指導要領の指導事項が記載されています。

単元計画

単元全体の大まかな計画を記載しています。光村図書の学習指導書とは、時数設定が異なる場合があります。「指導上の留意点」には、それぞれの時間において、特に留意して指導したい事柄や指導方法について記述しています。

教材分析ページでは、教材分析の際に手がかりとするポイントや本文の記述について具体的に示しています。教材ページの活用ポイントは以下の通りです。

（教材分析ページ）

教材分析のポイント

教材分析の際に、どのような事柄に着目すればよいのかについて説明しています。「事例の順序性」や「例の選び方」など、教材の特性や指導事項を踏まえたポイントを示しています。

指導内容

本教材で指導したい内容を記載しています。教材分析の際の手がかりとなります。

注目したい記述

本文内の特に注目したい記述を色付き文字で示しています。右肩に**ア**や**イ**の記号が付されている場合は、「指導内容」と対応しています。

指導のポイント

教材文における具体的な指導内容や記述を確認した上で、それらを指導する際の指導法の概要について示しています。末尾に記されている記号**ア**や**イ**は「指導内容」と対応しています。

また、「Which 型課題」や「教材のしかけ」なども位置付けています。

本時の展開は、各時の学習活動の進め方や板書のイメージなどがひと目で分かるように構成しています。本時の展開の活用ポイントは以下の通りです。

目標

「全員の子供に達成させる目標」です。本時の学習活動や、「個への配慮」により、全員の子供が「分かる・できる」ようにする目標を記載しています。

本時展開のポイント

本時における一番の勘所です。しっかり頭に入れて、授業に臨んでください。

個への配慮

全体指導を工夫しても、授業への参加が難しい子がいるかもしれません。こうした困難さを感じている子供を支援する手立てを記載しています。

下段の学習活動にある「**配慮**」とそれぞれ対応しています。

（本時の展開）

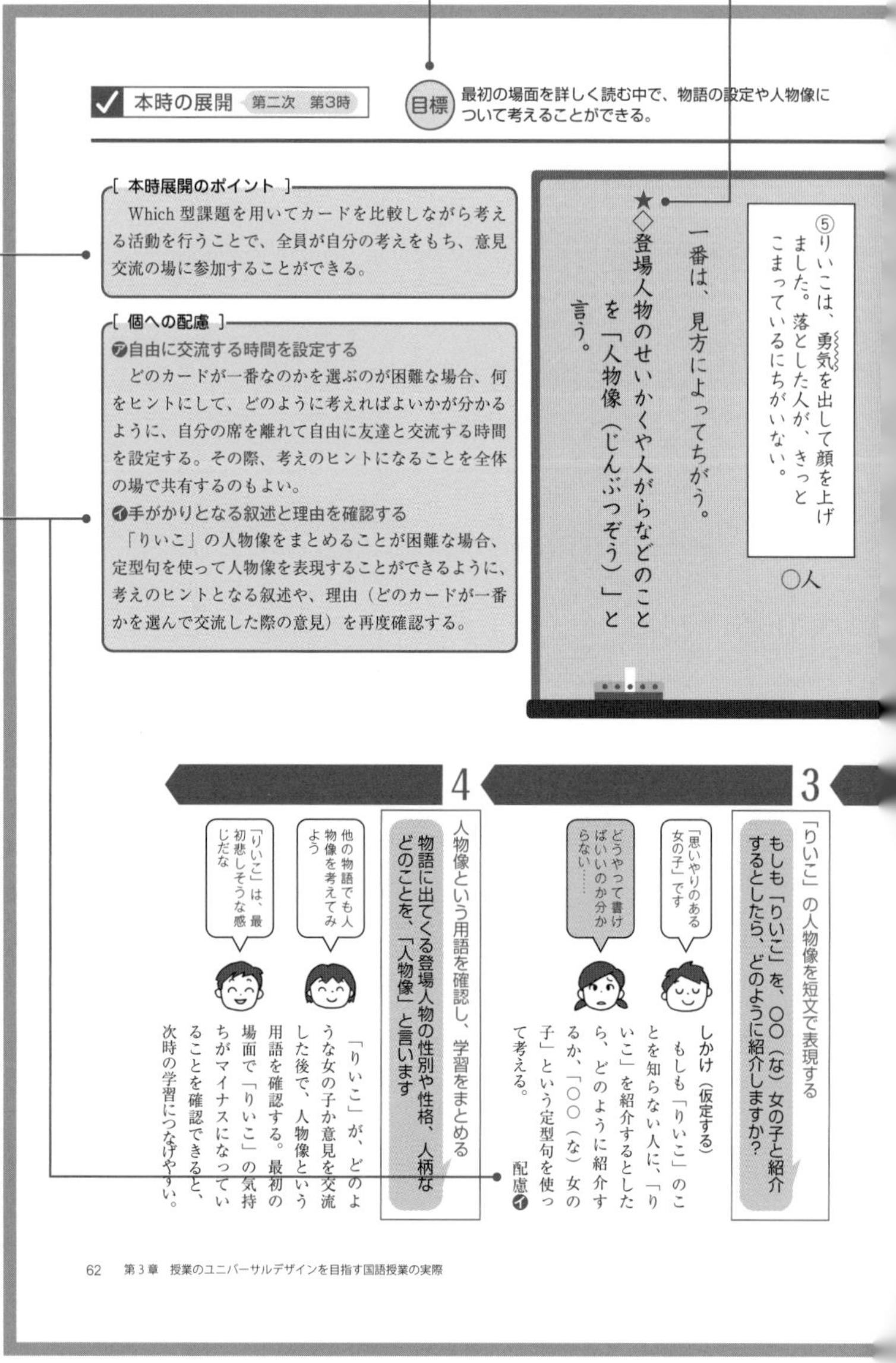

本時の展開　第二次　第3時

目標　最初の場面を詳しく読む中で、物語の設定や人物像について考えることができる。

［本時展開のポイント］

Which 型課題を用いてカードを比較しながら考える活動を行うことで、全員が自分の考えをもち、意見交流の場に参加することができる。

［個への配慮］

㋐自由に交流する時間を設定する

どのカードが一番なのかを選ぶのが困難な場合、何をヒントにして、どのように考えればよいかが分かるように、自分の席を離れて自由に友達と交流する時間を設定する。その際、考えのヒントになることを全体の場で共有するのもよい。

㋑手がかりとなる叙述と理由を確認する

「りいこ」の人物像をまとめることが困難な場合、定型句を使って人物像を表現することができるように、考えのヒントとなる叙述や、理由（どのカードが一番かを選んで交流した際の意見）を再度確認する。

⑤りいこは、勇気を出して顔を上げました。落とした人が、きっとこまっているにちがいない。
○人
一番は、見方によってちがう。
★◇登場人物のせいかくや人がらなどのことを「人物像（じんぶつぞう）」と言う。

3 「りいこ」の人物像を短文で表現する

もしも「りいこ」を、○○（な）女の子と紹介するとしたら、どのように紹介しますか？

「思いやりのある女の子」です
どうやって書けばいいのか分からない……

しかけ（仮定する）

もしも「りいこ」のことを知らない人に、「りいこ」を紹介するとしたら、どのように紹介するか、「○○（な）女の子」という定型句を使って考える。　配慮㋑

4 人物像という用語を確認し、学習をまとめる

物語に出てくる登場人物の性別や性格、人柄などのことを、「人物像」と言います

他の物語でも人物像を考えてみよう
「りいこ」は、最初悲しそうな感じだな

「りいこ」が、どのような女の子か意見を交流した後で、人物像という用語を確認する。最初の場面で「りいこ」の気持ちがマイナスになっていることを確認できると、次時の学習につなげやすい。

62　第3章　授業のユニバーサルデザインを目指す国語授業の実際

本時の「まとめ」

本時の「まとめ」を板書している箇所には★を付け、ハイライトしています。

準備物 ・センテンスカード（裏面に正しい表記を用意しておく） ⤓ 1-11～20

まいごのかぎ

斉藤 倫

「りいこ」がどんな女の子かが一番よく分かるのは？

①「またよけいなことをしちゃったな。」りいこは、どうどうと歩きながら、つぶやきました。

○人

②りいこは、おとうふみたいなこうしゃが、なんだかきびしかったので、その手前にかわいいうさぎをつけ足しました。

○人

③りいこは、はずかしくなって、ゆっくり白い絵の具をぬって、うさぎをけしました。

○人

④うさぎに悪いことをしたなあ。思い出しているうちに、りいこは、どんどんうれしくなっていって、さいごは赤いランドセルだけが、歩いているように見えました。

○人

カードの下段には、なぜそのカードを選んだのかの理由を書くようにする。

1 ダウト読みを通して叙述に着目する

それぞれのカードで間違っているところはどこでしょう？

「どうどうと」じゃなくて「しょんぼりと」だよ

「きびしかった」はおかしいよ

しかけ（置き換える）

それぞれのカードの叙述を一箇所ずつ間違った表記にしておき、それを指摘する場を用意することで、「りいこ」の様子や人物像に焦点化して考えられるようにする。

2 学習課題について話し合う

並べたカードの中で、「りいこ」がどんな女の子なのかが一番よく分かるのは、どれでしょう？

④かな。「うさぎに……」というところから優しさを感じます

どれが一番だろう……。決められない

Which型課題

「一番○○なのは？」

叙述や自分の感覚を根拠にして理由を述べ合う。着眼点の置き方で、それぞれ解釈が異なることを確認する。 配慮ア

「まいごのかぎ」の授業デザイン 63

準備物

黒板に掲示するものやセンテンスカードなど、本時の授業のために事前に準備が必要なものを記載しています。本書掲載のQRコードからダウンロードが可能な資料については、⤓のマークが付いています。

板書例

活動の流れ、学習範囲、指導内容がひと目で分かるように板書設計をしています。

色付き文字で記載しているものは、実際には板書しないもの（掲示物）です。

センテンスカードは、白い枠内に黒い文字で書かれたものです。

板書時の留意点

白い枠内に色付き文字で書かれた吹き出しには、実際の授業で板書をするときに気を付けたいポイントや声がけの工夫などを記載しています。

本時の流れ

1時間の授業の流れを学習活動ごとに示しています。それぞれ、教師の発問、学習活動の具体的な進め方、子どもの反応という構成になっています。

子供の反応

指示や発問に対する子供の反応を記述しています。色付きの吹き出しは、困難さを感じている子供の反応です。困難さを感じている子供への支援については、「個への配慮」を行います。

第 1 章

国語授業のユニバーサルデザインに関する理論と方法

国語授業のユニバーサルデザインに関する理論と方法

筑波大学附属小学校　桂　聖

1. 授業のユニバーサルデザインの考え方

ユニバーサルデザイン（以下 UD）とは、文化・言語・国籍や年齢・性別などの違い、能力などにかかわらず、出来るだけ多くの人が利用できることを目指した建築・製品・情報などの設計のことである。

例えば、シャンプー・ボトルのギザギザ、階段横のスロープなどが有名である。UD という概念は、米ノースカロライナ州立大学のロナルド・メイスにより、1985年ごろに提唱されたものである。「年齢や能力、状況などにかかわらず、デザインの最初から、できるだけ多くの人が利用可能にすること」が基本コンセプトである。

こうした建築や製品などに関する UD の考え方を授業づくりに応用して考えたのが「授業のユニバーサルデザイン」（以下授業 UD）である。その定義は次のとおりになる。

> 発達障害の可能性のある子を含めて、全ての子が楽しく学び合い「わかる・できる」ことを目指す通常学級の授業デザイン

平たく言えば、**通常学級における「全員参加の授業づくり」**である。

この定義は、言わば**「教育の哲学（指導の理念）」**である。日本全国のどの通常学級でも目指すべき目的だからである。通常学級という制度がある限り、昔も今も、そして未来も必要になる。もしかしたら、諸外国で行われている通常学級の授業にも通じる定義かもしれない。つまり、通常学級に関わる全ての教師は、この授業 UD という「教育の哲学（指導の理念）」の実現に向けて努力していく必要がある。

授業 UD には、決まった指導方法はない。例えば、後述する「焦点化・視覚化・共有化」*1 の視点で授業をつくることで、全体指導の効果が上がることもある。しかし、全ての子に対応できるわけではない。絶対的なものでもない。当然だが、子ども一人一人の学び方に応じた個別指導も重要になる。

また、**子ども一人一人が、自分に合った学び方を選べる学習環境を教師が整える**ことも大切である。米国では、先進的に**「学びのユニバーサルデザイン」（Universal Design for Leaning = UDL）***2 が実践されている。UDL のように、一人一人の多様な学び方を生かす授業改善も重要な視点である。

授業UDに関する理論や方法は、子どもの数だけある。通常学級における子どもの学びに有効に働く理論や方法は、言わば、全て授業UDである。**「目の前の子どもやクラスの実態に応じて、教師が適切な指導方法を工夫し続けること」こそが、授業UDの本質なのである。**

2．授業のUDモデル

「授業のUDモデル」[*3]とは、図1のように、「教科教育」「特別支援教育」「学級経営」の知見を生かして、授業での学びを4つの階層でとらえたモデルである（詳しくは第2章で述べる。重要な考え方なので、本章でも取り上げて概要を説明しておく）。

授業UDにおける子どもの学びには、図1の下の部分から「参加」「理解」「習得」「活用」という4つの階層が想定できる。

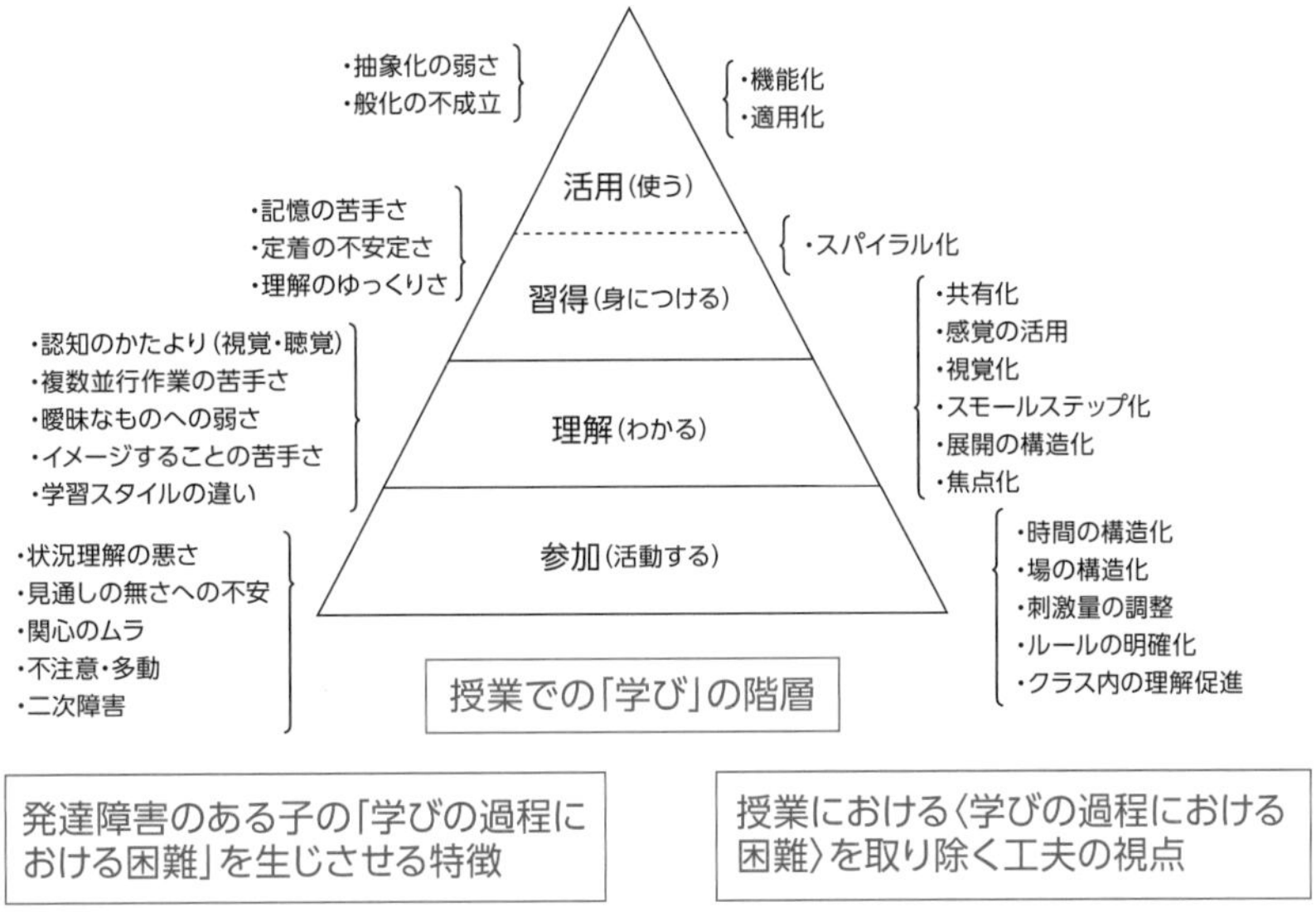

図1　授業UDモデル

1つ目の「参加」階層における学びとは、通常学級において「活動する」というレベルである。発達障害の可能性のある子は、そもそも、教科教育の授業以前の問題として、人間関係や学習環境でつまずくことがある。この階層の学びでは、特に「クラス内の理解の促進」「ルールの明確化」のような学級経営の工夫、「刺激量の調整」「場の構造化」「時間の構造化」のような学習環境の整備が必要になる。「参加」階層における学びとは、言わば「学級経営のUD」である。これは「理解」「習得」「活用」階層の「学びの土台」になる

2つ目の「理解」階層における学びとは、通常学級の授業において「わかる・できる」というレベルである。発達障害の可能性のある子は、興味・関心が沸かなかったり、人の話を一方的に聞いたりすることが苦手である。教科の授業そのものを、楽しく学び合い「わかる・できる」にように工夫しなければならない。この「理解」階層における学びこ

そが、教科の授業において一番重要な学びである、子どもにとって、1時間の授業そのものが楽しく学び合い「わかる・できる」授業にならなければ意味がない。

3つ目の「習得」階層における学びとは、通常学級の授業において「わかったこと・できたこと」が身につくというレベルである。発達障害の可能性のある子は、ある日の授業で「わかった・できた」としても、次の日の授業では習ったことを忘れることがある。各授業や各単元、そして教科間のつながりを意識しながら、系統的・発展的に「スパイラル化」して指導する。子どもの学びが「習得」レベルになるように、単元構成やカリキュラムを工夫する必要がある。

4つ目の「活用」階層における学びとは、通常学級の授業で学んだことを実生活に「使う」というレベルである。発達障害の可能性がある子は、学んだことを抽象化したり生活に般化したりすることが弱いことがある。例えば、国語で文学作品の読み方を学んだとしても、それを日常の読書活動に生かせないことがある。授業で学んだことを実生活に生かせるように指導を工夫していくことも大切である。

「参加」「理解」階層の学びに対しては、授業や学級経営で「指導方法」を工夫する必要がある。また、「習得」「活用」階層の学びに対しては、中・長期的なスパンで「教育方略」を工夫していくことが大切である。

以下では、主として**「理解」レベルにおける国語の授業UD**について述べる。

3. 国語の授業UDとは

国語科の授業UDとは、次のとおりある。

> **発達障害の可能性のある子を含めて、全ての子が楽しく学び合い「わかる・できる」ことを目指す通常学級の国語授業づくり**

国語における重要な目標は、「論理」である。ここで言う「論理」とは、「論理的な話し方・聞き方」「論理的な書き方」「論理的な読み方」のことである。

例えば4年生物語文「ごんぎつね」の授業では、中心人物〈ごん〉の心情を読み取る活動を、日本全国のどの教室でも行っている。こうした人物の心情を読み取る活動も、文学的文章の授業では重要な活動である。

しかし、問題はこの活動だけで終わっていることである。より重要なことは、「〈ごん〉の心情を読み取る」と同時に、「心情の読み取り方」を指導することである。この「心情の読み取り方」こそ、「論理的な読み方」の一つである。

発達障害の可能性がある子は、「曖昧」が苦手な子が多い。様々な解釈を出し合うだけではなくて、それを生み出す「論理的な読み方」を明示的に指導していくことも大切になる。

さらに、こうして4年生「ごんぎつね」で学んだ「論理的な読み方」を、5年生「大造じいさんとガン」や6年生「海の命」でも活用できるようにする。

「論理的な読み方」同様、「論理的な書き方」「論理的な話し方」も重要な目標になる。こうした**「論理」こそ、資質・能力としての「思考力・判断力・表現力」育成の中核になる**。国語では、他の文章や言語活動に活用できる「論理」を指導していくことが不可欠である。

4．系統的な指導

他教科の学習でも、様々な言語活動を行っている。例えば、社会科では新聞を作ったり、理科では実験について議論をしたり、家庭科ではレポートを書いたりする。こうした**各教科と国語との明確な違いは、国語では「論理的読み方」「論理的な書き方」「論理的な話し方」を系統的に指導すること**である。

2017年告示の学習指導要領の解説おいても、次のように「学習の系統性の重視」を示している*[4]。とはいえ、指導内容はまだ曖昧である。

例えば、「読むこと」における文学的文章の指導内容は、以下のとおりである*[5]。

◆構造と内容の把握

●場面の様子や登場人物の行動など、内容の大体を捉えること。（第1学年及び第2学年）

●登場人物の行動や気持ちなどについて、叙述を基に捉えること。（第3学年及び第4学年）

●登場人物の相互関係や心情などについて、描写を基に捉えること。（第5学年及び第6学年）

◆精査・解釈

●場面の様子に着目して、登場人物の行動を具体的に想像すること。（第1学年及び第2学年）

●登場人物の気持ちの変化や性格、情景について、場面の移り変わりと結び付けて具体的に想像すること。（第3学年及び第4学年）

●人物像や物語などの全体像を具体的に想像したり、表現の効果を考えたりすること。（第5学年及び第6学年）

つまり、文学の授業においては、6年間でこの6つの内容を指導すればよいことになる。

だが、これだけでは、国語授業が曖昧な指導にならざるを得ない。「論理的な話し方」「論理的な書き方」「論理的な読み方」に関して、系統的・段階的に指導していくより詳細な目安が必要である。

例えば、筑波大学附属小学校国語科教育研究部では、こうした**「論理的な読み方」の目安として、7系列の読む力から整理した「文学の系統指導表」「説明文の系統指導表」**（本章末尾に付録として所収）を提案している*[6]。各学級や各学校で活用したり更新したりすることが望まれる。

ただし、**系統指導表は、あくまでも指導の目安である**。系統的に順序よく指導することは本質ではない。**子どもの学びの状態に応じて、指導の系統を念頭に置いた上で、教師が柔軟に対応していく**ことこそ、本質的に重要である。

5．国語の授業 UD に関する実践理論

(1) 授業の「焦点化」「視覚化」「共有化」を図る

国語の授業 UD では、「論理」を授業の目標にした上で、授業の「焦点化・視覚化・共有化」[*7] **を図る**ことが大切になる。

授業の「焦点化」とは、ねらいを絞ったり活動をシンプルにしたりすることである。複数の作業を同時に行うことが難しい子がいる。情報が多くなると理解できない子もいる。授業の「焦点化」をすることで、その子はもちろん、他の子にとっても学びやすい授業になる。

授業の「視覚化」とは、視覚的な手立てを効果的に活用することである。人の話を聞いたり文章を読んだりするだけでは、理解が難しい子がいる。聴覚的な言語情報や文字情報だけでは、内容をイメージすることが苦手なのである。そこで例えば「写真」「挿絵」「動画」「センテンスカード」「寸劇」など視覚的な手立てを活用する。

しかし、ただ単に、こうした視覚的な手立てを活用すればよいというわけではない。冒頭で述べたように「効果的に活用する」ことが大切になる。「効果的」とは、「授業のねらいに通じる」ことである。「一部分だけ見せる」「一瞬だけ見せる」「一定時間見せて、あとは見せない」「ずっと見せ続ける」など、「何を」「どのように」提示するかを綿密に考えておかねばならない。

授業の「共有化」とは、話し合い活動を組織化することである。多くの授業は「挙手－指名」方式で話し合い活動を進める。教師が手を挙げている子を指名していく方式である。しかし、手を挙げて発表することが難しい子がいる。簡単な問いには応えられても、ちょっと難しい問いになると、発表できなくなる子も少なくない。「挙手－指名」方式だけの授業では、クラスの一部の子だけで授業を進めることになりがちになる。

そこでまずは、課題設定の場面においては、全員が参加できるように、例えば「Aか？Bか？」「1、2、3のうち、どれが一番○○か？」などの「Which 型課題」[*8] を設定する。次に、全体の話し合い活動に入る前に、一人学びの時間を設定したり、ペア、グループ、フリーの活動を設定したりして、全員の考えを出しやすくする。さらに、全体の話し合い活動では、全員の子が集中して話を聞けるように、ある**モデル発言**（例えばAさん）**に対して次のように関連づけて話すように促す**。

- ●Aさんは、何と言ったかな？　もう一度、言ってくれる？　（再現）
- ●Aさんが言ったことって、どういうこと？どういう意味か教えてくれる？　（解釈）
- ●Aさんは～を選んだけど、なぜこれを選んだのかな？　理由が想像できる？　（想像）

●Aさんの言ったことについて、「例えば」を使って、例を出せるかな？　(具体)
●Aさんが言ったことは、「つまり」どういうこと？　(抽象)
●Aさんの考えのいいところは何かな？　(批評)

友達の発言に関連づけて**「小刻みな表現活動」**を促すことで、全員の**「理解の共有化」「課題の共有化」**を図ることが大切になる。

なお、「焦点化」とは、厳密に言えば、指導内容に関係する視点である。「視覚化」「共有化」は指導方法である。**「視覚化」や「共有化」は、「焦点化」に有効に働いてこそ意味がある**のである。

(2)「教材のしかけ」をつくる

◆「教材のしかけ」とは

「教材のしかけ」*9 とは、教材を意図的に「不安定」にすることで、子どもの意欲と思考を活性化する指導方法である。

例えば、1年生の説明文の授業。段落の順序をかえて提示する。すると、子どもは「先生、変だよ！」と口々に言い始める。「だって、問いの後に答えがあるはずなのに、答えの後に問いがあるからダメだよ」と言う。これは「段落の順序をかえる」という「教材のしかけ」である。子ども自らが「問いと答えの関係」という「論理」に気付く。

教師が「問いの段落はどれですか？」「答えの段落はどれですか？」と尋ねることもできる。だが、こうしたやり取りに終始すると、子どもは受け身になる。教材を意図的に「不安定」にすることで、子ども自らが「話したくなる」「考えたくなる」動きを引き出す。

「教材のしかけ」は、「焦点化・視覚化・共有化」の手立てになる。「教材のしかけ」をつくることは、単に楽しいクイズをやることではない。授業のねらいが「焦点化」されなければならない。また、「教材のしかけ」をつくることは、「視覚的」に教材を提示したり、課題や理解の「共有化」を図ったりすることに通じる。

発達障害の可能性のある子は、「先生、違うよ！」と言って、違いに目を向けることが得意な子が多い。特別支援教育の観点からも、理にかなった指導方法だと言える。

◆「教材のしかけ」10の方法

国語科授業における「教材のしかけ」には、次の「10の方法」がある。

①順序をかえる	②選択肢をつくる	③置き換える	④隠す	⑤加える
⑥限定する	⑦分類する	⑧図解する	⑨配置する	⑩仮定する

こうした10の方法には、それぞれに表現の対象がある。例えば「文の選択肢をつくる」だけではなくて、「語句の選択肢をつくる」こともできるし、「主題の選択肢をつくる」こともできる。授業のねらいに応じて、方法や対象を変えることが大切になる。

ただし、単に「教材のしかけ」をつくって提示すればよいのではない。**子どもが自然に**

「考えたくなる」「話したくなる」ように、提示の仕方を「工夫」することが大切である。

例えば、物語文の授業においては、「挿絵の順序を変える」というしかけで、それを並び替えることで、話の内容の大体をとらえることができる。だが、単に挿絵の順序を変えておいて、「どんな順番なのかな？」と問いかけるだけでは、子どもの意欲はそう高まらない。一方、黒板の右から左に矢印（→）を引いておいて、「挿絵はこんな順番だったね」と話しながら、バラバラになった挿絵を置いていく。すると、子どもは挿絵の順序性に違和感をもち、「先生、順番が違うよ！」と話し始める。

また、物語文の授業においては、「主題の選択肢をつくる」ことがある。単に、間違った主題や正しい主題を提示するだけではなくて、「主題くじを引く」という活動にアレンジしてみる。正しい主題が「当たり」である。子どもは喜々として活動に取り組み始める。

このように、「教材のしかけ」はただ単に提示するのではなくて、

●場づくりをした上で、しかける
●教師が言葉がけをしながら、しかける
●活動をアレンジして、しかける

などをして、提示の仕方を工夫することが大切である。

(3) 「考える音読」による思考の活性化

◆「考える音読」とは

国語の学習活動として必ず行われるものに「音読」がある。教師は、物語文の授業では「登場人物の心情を考えながら音読をしましょう」と、よく指示する。また、説明文の授業では「文章の内容を思い浮かべながら音読をしましょう」と助言する。つまり、大抵は、考えながら「音読」をすることを子どもに促している。

しかし、本当に、子どもが「人物の心情」「文章の内容」を考えながら音読しているだろうか。それは怪しい。子どもの頭の中は、教師にはわからない。

「考える音読」[*10*11] **とは、言わば「考えざるを得ない状況をつくる音読」**である。「考えざるを得ない状況」をつくることによって、一部の子どもだけではなくて、**「全員の思考」を活性化**することができる。

◆3つの型

「考える音読」には、次の3つの型がある。

①すらすら型　　②イメージ型　　③論理型

1つ目の**「すらすら型」とは、語、文、文章を正しく読む音読**である。文章の内容理解の基礎になる。「はりのある声」「はっきり」「正しく」「、や。に気をつけて」など、正確に音読で表現することがねらいになる。例えば、次のような活動がある。

●マル読み……………「。」のところで、読む人を交代して読む。
●マル・テン読み……「。」「、」のところで、読む人を交代して読む。
●リレー読み…………好きな「。」「、」で、読む人を交代して読む。

こうした音読では、文章の内容をイメージするよりも、とにかく、正しく読むことに集中しがちになる。

2つ目の**「イメージ型」とは、人物の心情や文章の内容を思い浮かべながら読む音読**である。例えば、「ここ・ここ読み」。「先生が、今から文章を音読していきます。中心人物の心情がわかる言葉になったら、『ここ、ここ』と言いましょう」と指示すれば、子どもが中心人物の気持ちを想像せざるを得なくなる。

また、「つぶやき読み」。「ペアで音読をします。一人は筆者の役、もう一人は読者の役です。筆者の役は、読者に伝えるつもりで一文ずつ読みます。読者の役は、『おお、〜なんだよね』のように、一文ずつ、文章の内容に合わせてつぶやきましょう」と指示すれば、文章の内容を思い浮かべざるを得なくなる。

他にも、次のような音読がある。

●動作読み………人物の言動や説明内容を動作化しながら読む。
●ダウト読み……教師の読み間違いで、「ダウト！」と言い、正しい内容を確認する。
●指差し読み……友達や教師の音読を聞いて、挿絵や写真の該当箇所を指差す。

3つ目の**「論理型」とは、文章の「論理」を考えながら読む音読**である。「論理」とは、平たく言えば、「関係」である。文章の「論理」に着眼して読むことで、より深く、人物の心情を読み味わったり、文章の内容や筆者の意図をとらえたりすることができる。

「論理型」の音読には、例えば、次のような活動がある。

●ぼく・わたし読み………三人称の登場人物の名前に、一人称の「ぼく」「わたし」を代入して読むことで、視点人物を明らかにする。
●クライマックス読み……中心人物の心情の高まりに合わせて音読することで、クライマックスをとらえる。
●問い・答え読み…………問いの部分と答えの部分を役割分担して読む。
●事例・まとめ読み………事例の部分は一人で読んで、まとめの部分は全員で読む。

このように、「考える音読」では、「すらすら型」の音読によって「文章を正確に読める」ようにすることはもちろん、「イメージ型」の音読によって「文章の内容を理解」した上で、「論理型」の音読によって文章中の「論理的な関係をとらえて読める」ようにする。

「考える音読」のバリエーションは、すでに100種類以上ある*1*2。ただし、これらは絶対的なものではない。**それぞれの教師が、目の前の子どもたちの「全員参加」「全員思考」を想定して、新しい「考える音読」をつくることに意義がある。**

◆「考える音読」を活用した授業づくり

授業では、「すらすら型」「イメージ型」「論理型」のねらいにそって取り入れることが大切である。例えば、単元構成。大まかに言えば、次のような構成が想定される。

●第一次……中心教材を読み、音読練習をしたり単元の見通しをもったりする。
●第二次……中心教材の内容や論理を確認する。
●第三次……学んだ論理を使って、選択教材を読んだり表現活動をしたりする。

こうした単元構成では、**第一次で「すらすら型」、第二次で「イメージ型」「論理型」**の音読を取り入れることが目安になる。

また、授業構成についても、概して言えば、次のような構成になる。

●導入………………問題意識を醸成したり、学習課題を設定したりする。
●展開（前半）……文章の内容を理解する。
●展開（後半）……文章の論理に気付く。
●まとめ……………学習課題や文章の内容・論理などについて振り返る。

こうして考えると、**授業の展開（前半）では「イメージ型」の音読、展開（後半）では「論理型」の音読**を設定することが望ましいことになる。

ただし、**導入において、あえて「イメージ型」「論理型」の音読を取り入れる**ことで、子どもの読みのズレを引き出し、それを展開（前半・後半）で解決していくという構成も考えられる。

(4)「Which 型課題」の国語授業

◆「Which 型課題」とは

「Which 型課題」[*12] **とは、「選択・判断の場面がある学習課題」**である。例えば、「Aか？　Bか？」「1、2、3のうち、どれか？」「1、2、3のうち、どれが一番～か？」のようにして、子どもが選択・判断する場面をつくる。

「Which 型課題」のメリットは、何よりも、全ての子どもが参加できることである。明確に理由をイメージできなくても、どれかを選択・判断することは誰でもできる。**「What 型（何？）」、「How 型（どのように？）」、「Why 型（なぜ？）」**という課題では答えられない子がいる。しかし、**「Which 型（どれ？）」で選択・判断するだけなら、誰もが学びの第一歩を踏み出せる。**

◆「Which 型課題」の国語授業モデル

この「Which 型課題」の国語授業では、次の4つの授業場面を想定している（[　]は子どもの学びのプロセス）。

①問題意識の醸成	[面白いね。ん？]
②「Which 型課題」の設定	[えっ、どれ？]
③考えのゆさぶり	[違うよ！　だって…]
④まとめ・振り返り	[〜が大事だね。他にもあるかな]

「①問題意識の醸成」では、課題設定に向けて、全員の理解をそろえ、問題意識の醸成を図る。**「②『Which 型課題』の設定」**では、問題意識を引き出した上で課題を設定して、子どもの考えのズレを際立たせる。学びの第一歩としての「主体性」を引き出したり、考えのズレを際立たせて「対話的な学び」を引き起こしたりする。**「③考えのゆさぶり」**では、子どもの考えを整理した上で、「ゆさぶり発問」を投げかけて「深い学び」を促す。**「④まとめ・振り返り」**では、課題に対する答えを確認したり、その思考のプロセスで有効だった読み方を整理したり、その読み方の活用場面を提示したりする。また、自分の学び方の振り返りを促す。「Which 型課題」の国語科授業モデルは、学習指導要領が目指す**「主体的・対話的で深い学び」**の実現を図るための有効な方法の一つである。

ただし、こうして授業場面を想定することは、かえって子どもの「主体性」を奪う可能性がある。**子どもの「学びの文脈」に寄り添いつつ、学び合いが促進・深化するように、教師が適切にファシリテーションをしていくことが大切になる。**

◆「Which 型課題」のバリエーション

「Which 型課題」は図 2 で示す「三つの読みの力」*[13] に基づいて構想できる。

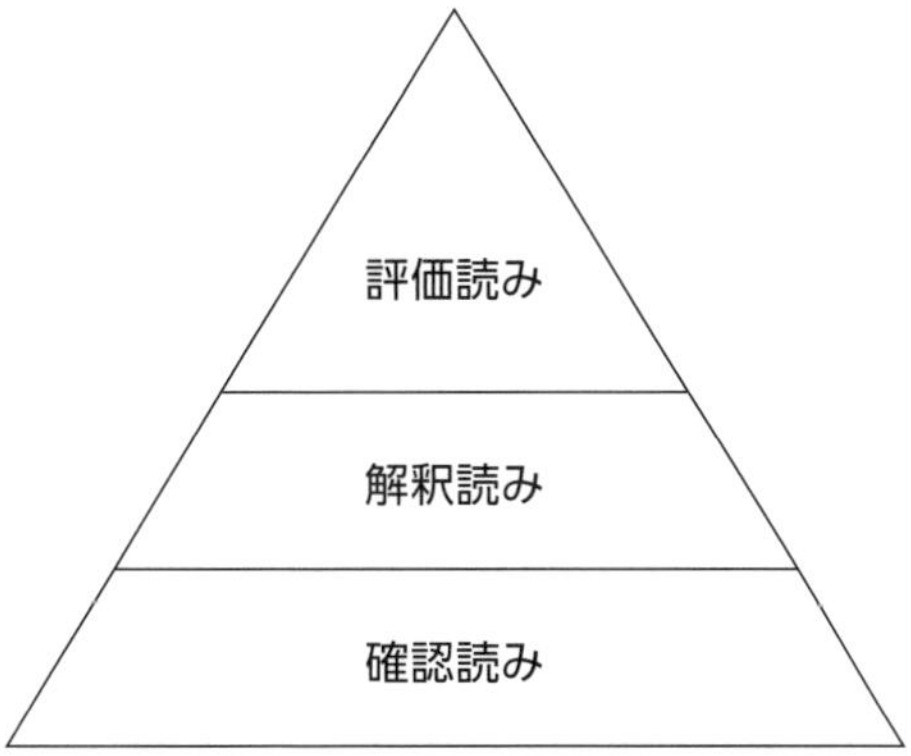

図 2 「三つの読みの力」の構造

1つ目は**「確認読み」**。クラス全員が共通して確認できる読みである。二つ目は**「解釈読み」**。解釈読みには、様々な読みがある。私たち読者は、確認読みをベースにしながら、独自の解釈読みをしている。三つ目は**「評価読み」**。評価読みは、「面白い／面白くない」「わかりやすい／わかりにくい」など、誰もができる読みである。質の高い「評価読み」は、「確認読み」や「解釈読み」がベースになっている。

以下は、「三つの読みの力」をベースにして、これまでの授業実践や長崎伸仁氏らの先行研究*[14]をふまえて**「Which 型課題」を10のバリエーションに整理**したものである。

◆「Which 型課題」確認読みレベル（答えが一つに決まる）
①○○は、Aか？　Bか？
②○○は、A～C（三つ以上）のうち、どれか？
◆「Which 型課題」解釈読みレベル（答えは、一つに決まらない）
③○○として適切なのは、Aか？　Bか？
④○○は、Aか？　それとも、not　Aか？
⑤一番○○（○○として一番適切）なのは、A～C（三つ以上）のうち、どれか？
⑥もしも○○だったら、A～C（三つの以上）のうち、どれか？
⑦もしも○○の順位をつけるなら、その順番は？
⑧もしも○○を目盛りで表すなら、いくつになるか？
◆「Which 型課題」評価読みレベル（誰もが評価できる）
⑨○○は、いる？　いらない？
⑩いい文章？　よくない文章？

◆拡散と収束

「Which 型課題」の設定では、では、子どもの多様の読みが出る。言わば**「拡散」**である。だが、「拡散」したままでは、子どもには、何が大事な読み方なのかががわからない。「拡散」した後は、その**「収束」**を図る必要がある。そこで、授業の後半では「考えのゆさぶり」として、**子どもの学びの文脈に寄り添いつつ、「ゆさぶり発問」を投げかける。読みの「収束」として「新たな着眼としての読み方」に気付く**ことができるようにする。

「ゆさぶり発問」には、例えば、次のようなものがある。

（T）がまくんにお手紙を速く届けたいなら、かたつむりくんじゃなくて、チーターの方がいいよね？　（2年物語文「お手紙」）
（T）ごんは、村人に嫌われたいから、いたずらばかりするんだよね？
（4年物語文「ごんぎつね」）
（T）大造じいさんは、2年半、ガン一羽だけしか捕らなかったんだよね？
（5年物語文「大造じいさんとガン」）
（T）しごとの文は、つくりの文の方があとでもいいよね？
（1年説明文「じどう車くらべ」）
（T）「初め」はなくても、「中」と「終わり」の説明だけでもいいよね？
（4年「ウナギのなぞを追って」）
（T）要旨を2回繰り返さなくても、別に1回だけでいいよね？
（5年説明文「見立てる」）

このようにして、**意図的に「不適切な解釈」を投げかけることで、「適切な解釈」を引き出し、「新たな着眼としての読み方」に気付くことができるようにする。**子どもの学びの文脈に寄り添って投げかけることが大切である。

◆「Which 型課題」の国語授業モデルと「教材のしかけ」との関係

「Which 型課題」の国語授業モデルは、「教材のしかけ」*[15]を授業展開に位置づけたものだとも言える

①問題意識の醸成	【順序を変える？　語句を置き換える？　隠す？……】
②「Which 型課題」の設定	【選択肢をつくる】
③考えのゆさぶり	【仮定する】
④まとめ・振り返り	

上記の②**は「選択肢をつくる」**、③**は「仮定する」**という「教材のしかけ」である。そうすると、①**では、それ以外のしかけ**を使えばよい。「Which 型課題」の国語授業モデルと「教材のしかけ」の関係づけることで、授業展開をシンプルに構想することができる。

(5) 国語科授業のファシリテーション力

◆ファシリテーション力とは

発達障害の可能性のある子の存在を前提にした学び合いでは「単線的で、右肩上がりの学び」になるはずがない。「考えのずれ」が生まれたり、「間違い」が出たり、「わからない」という声が上がったりする。つまり、国語の授業 UD とは、複線的で行きつ戻りつする**「多様性のある学び合い」**である。

こうした「多様性のある学び合い」を支える教師の力量を**「国語授業のファシリテーション力」***[16]と呼ぶことにする。**ファシリテーション（facilitation）とは「集団による知的相互作用を促進する働き」**である。Facilitate には、「物事をやりやすくする、容易にする、促進する、助長する」という意味がある。問題解決、アイデア創造、合意形成など、集団における知識創造活動を促進していく働きがある。

このファシリテーション力として、次の五つのスキルを想定している。

①授業のストーリーづくりのスキル
②教室の空気づくりのスキル
③多様な意見を拡散的に引き出すスキル
④異なる意見を収束的に整理するスキル
⑤即時的にアセスメントし対応するスキル

以下、簡単に解説する。

◆授業のストーリーづくりのスキル

「『Which 型課題』の国語授業モデルに基づいて、「子どもの学びのプロセス」イメージ

するスキル」である。次のように授業展開を考えることで、授業のストーリーをクリアに考えることができる。([　] は子どもの学びのプロセスを示す)

①問題意識の醸成	[面白いね。ん?]
②「Which 型課題」の設定	[えっ、どれ?]
③考えのゆさぶり	[違うよ!　だって…]
④まとめ・振り返り	[〜が大事だね。他にもあるかな]

◆教室の空気づくりのスキル

「子ども同士の共感的な呼応関係や前向きな雰囲気をつくるスキル」である。共感的な呼応関係とは、話し手が語りかけると、聞き手がオリジナルの反応をするような関係である。また、アイスブレイクで自己開示ができるようにしたり、授業の導入(問題意識の醸成)おいて、子どもの「楽しい」や「気になる」を引き出したりすることも大切である。もちろん「遊び心のある」「温かく」「誠実な」教師の話し方や雰囲気も欠かせない。

◆多様な意見を拡散的に引き出すスキル

「多様な意見や反応を引き出して、受容的に対応するスキル」である。一番重要なのは「教師や子どもの授業観の転換」である。私たちは、無意識のうちに「授業とは、正しい答えを発表し合うことである」と考えていることが多い。だが、こうした「正答ベースの授業観」では、多様な意見は出ない。「授業とは、困ったことや悩んでいることに寄り添って、全員で解決していくことである」という「困りベースの授業観」に変えていく必要がある。「〜に困っている人?」と教師が問いかけ、学習者が困っていることを語り出し、それを全員で解決していく。「〜がわかる人?」という問いかけでは参加できる子が限られる。「困りベースの授業観」では、全ての学習者が参加できる。

「「Which 型課題」のように、課題や発問に「選択肢」をつくることも効果的である。「Which 型」(どれ?)の課題や発問から始めると、全員が参加しやすい。自分の立場を明示して授業に参加できるようにする。

子どもが様々な意見を出し合うには、まずは、教師が子どもの意見に対して「受容的・共感的」に反応することが必要である。うなずきながら全身で聞いたり、適切なポジショニングをとったり、プラスの相槌を打ったり、適切なリボイシングをしたりする。

◆異なる意見を収束的に整理するスキル

「考えの違いを整理した上で、問題を明確化したり論理を共有したりするスキル」である。例えば、話し合い活動において、子どもの意見の違いを対比・類別等で「整理」して問い返す。モデル発言の「再現・解釈・想像・評価・再構成」を促す。一人の子の発見を「着眼点(ヒント)」を共有していくことで、「全員の発見」を促す。

「考えのゆさぶり」の場面では、「ゆさぶり発問」として、「だったら〜だよね?」と、意図的に不適切な解釈を投げかけて、適切な解釈を引き出す。

また「学習のまとめ」として「①課題に対する答え　②読み方の整理　③読み方の活用」を確認したり、「学習の振り返り」として「学び方の成果と課題」を見つめ直すように投げかけたりする。

◆即時的にアセスメントし対応するスキル

「『学びのズレ』をアセスメントしながら、『立ち止まり』『立ち戻り』によって、即時的に対応するスキル」である。例えば、一人の子の「わからない」「困っている」「間違い」を積極的に取り上げて「立ち止まる」。一人の子の問題は、実は他の子も同様の問題を抱えていることが多い。その上で、「間違いの思考過程」を共感的に理解しながら「立ち戻る」。間違いの結果ではなくて、その思考過程のよさに共感しつつ、一緒に改善策を考えることができるようにする。

◆即時的に対応できる力

授業の成否は、およそ「事前の準備が6割、事中の対応が3割、事後の評価と指導が1割」である。「国語科教育」「特別支援教育」「学級経営」に関する専門的な研鑽を続けた上で**「子どものつまずきを想定して、授業の準備を綿密に行い、授業のイメージや学びの姿を描けるようになること」**が、実際の授業においても**「自然な振る舞いとして即時的に対応できる力を高めること」**につながるのである。

⑹ 単元構成の基本的な考え方

◆単元とは

単元とは「一つのまとまり」のことである。例えば、次のような目安で、単元を構成する。

●第一次……中心教材を読み、音読練習をしたり単元の見通しをもったりする。
●第二次……中心教材の内容や論理を確認する。
●第三次……学んだ論理を使って、選択教材を読んだり表現活動をしたりする。

子どもの問題解決の文脈に寄り添いつつ構成することが大切になる。

下学年の単元の第二次では、「場面ごとの読み」ではなくて、中心人物の心情変化に着眼して**「場面をつなげる読み」**で指導していくことが効果的である。

例えば、第2次1時では1場面だけの中心人物の心情を読み深める。次の第2時では、1場面と2場面をつなげて、中心人物の心情変化を読み深める。そして第3時では、1場面から3場面をつなげて、中心人物の心情変化を読み深める。こうやって指導していけば、最後には、1場面から最終場面までの中心人物の心情変化が明らかになるというわけである。

一方、**上学年の単元の第二次では、下学年での学びをふまえて、文章丸ごとを扱って「論理的な読み方」に着眼して指導する**ことが大切になる。その着眼する「論理的な読み方」は、これまでの述べてきた中で、次の5つが目安になる。

①作品の設定（「時（いつ）」「場所（どこで）」「登場人物（誰が）」「出来事（何をしたか）」）は？

②視点（語り手は「誰」の目と心かから地の文を語っているか）
③文学特有の表現技法（この表現技法によって、視点人物のどんな心情が解釈できるか？）
④中心人物の変化（中心人物の心情は、どのように変化しているか）
⑤主題（人間の生き方として一番強く感じることは何か？）

第一次では、単元に関する問題意識を引き出した上で、第二次では、問題解決のプロセスとして、こうした「論理的な読み方」を確認していく。そして第三次では、学んだ「論理的な読み方」を活用して別の物語文を読んだり表現したりできるようにする

(7) 三段構えの指導

◆三段構えの指導とは

通常学級の授業においては、全体指導だけでも個別指導だけでも進めることはできない。全体と個別のバランスや順序性を考えて指導することが大切になる。

「三段構えの指導」(図 3)*[17] とは、通常学級において「①全体指導の工夫」「②個別の配慮」「③個に特化した指導」という順序で、「全員参加」の指導をすることである。例えば、図 2 における三角形は、通常学級のクラス全員の子どもを表している。

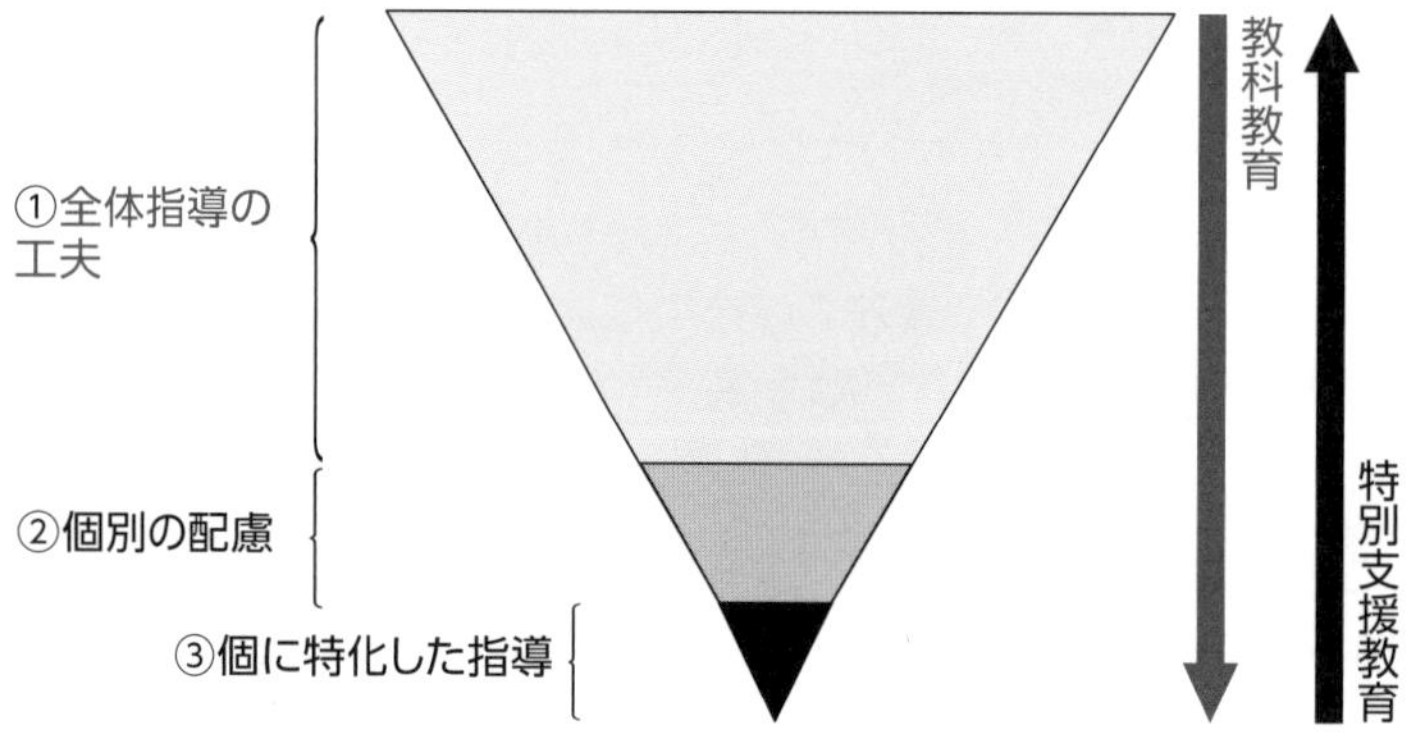

図 3　三段構えの指導

◆全体指導の工夫

まずは**「①全体指導の工夫」によって、発達障害の可能性のある子を含めて、全ての子が楽しく学び合い「わかる・できる」授業を目指す**。ここで言う「①全体指導の工夫」とは、国語で言えば、これまでに述べてきたように、「論理」を授業の目標にしたり、授業の「焦点化・視覚化・共有化」を図ったり、その手立てとして「教材のしかけ」つくったりする、「考える音読」を設定したりする、「Which 型課題」の国語授業モデルで授業を展開するなどの指導内容の精選や指導方法の工夫である。

◆個別の配慮

しかし、**「①全体指導の工夫」を行っても、学習活動に乗れない子がいることがある。その際には、授業の中で、例えば次のような「②個別の配慮」を行う**ことがある。

●漢字を読むことが苦手な子がいる場合には、ふりがな付きのプリントを与える。
●教材を提示しても注目していない場合には、その子に注目して話したり近寄ったりする。
●ペアの話し合い活動が難しい場合には、教師が二人の間に入って話し合い活動の調整役をする。
●全体の話し合い活動での発表が難しい場合には、つぶやきやノートの記述を取り上げて、その子に発言するように勧めたり、その子の考えを教師が紹介したりする。
●書くことが苦手な子がいる場合には、書き出しを指示したり、お手本や他の子の意見を写しすることを許可したりする。

こうした「②個別の配慮」とは、授業時間の中で行う個別の指導である。

ただし、こうした**「授業内での個別指導」では、個別指導をされる側の子どもの気持ちを十分配慮することが必要である**。例えば、自分の考えをノートに書く時間で、長時間、書くことが苦手な子を指導することは、「またあの子は書けていない」ということを他の子に知らせることになる。そこで、机間指導の1周目に指示をしておいて、その2周目に確認をするなどして、できるだけ早めに何度も子どもたちを見て回るようにする。すると、書くことが苦手な子が目立たなくなる。つまり、「②個別の配慮」としての授業内での個別指導では、苦手な子が目立たないように指導していくことが大切である。

◆個に特化した指導

だが、**こうした「授業内での個別指導」でも、理解できない子や表現できない子がいることがある。その場合には「授業外での個別指導」として、「③個に特化した指導」を行っていく必要がある**。例えば、授業が終わった後の休み時間に漢字の指導をしたり、「通級による指導」で該当の子だけは文章を事前に読ませたりする。「授業外での個別指導」においても、まずは個別指導される側の気持ちを優先して、本人や保護者の納得や同意の下で適切に行うことが大切である。教師が親切に行った個別指導が、子どもや保護者にとって嫌な出来事にならないように細心の配慮が必要である。

◆指導の順序性

授業UDでは、「①全体指導の工夫」として、まずは、発達障害の可能性がある子も含めて、他の子も楽しく参加しやすい、言わば「ユニバーサルデザイン的な対応」する。その上で「②個別の配慮」「③個に特化した指導」として、つまずきが生じる子への合理的な配慮、言わば「バリアフリー的な対応」（合理的配慮）をする。

こうした**「①全体指導の工夫」「②個別の配慮」「③個に特化した指導」という指導の順序も大切である**。やはり、まずは「①全体指導の工夫」を大事である。これが有効に働かなければ、多く子がつまずいて、多くの子に対して「②個別の配慮」「③個に特化した指導」をしなければならなくなる。まずは「①全体指導の工夫」として「授業の質を高める」ことが大切なのである。

授業UDでは、「①全体指導の工夫」「②個別の配慮」「③個に特化した指導」という

「三段構え」で、通常学級の全ての子どもを支えていくことを大切にしている。

【文献】
[*1] 桂聖（2011）『国語授業のユニバーサルデザイン』東洋館出版社
[*2] トレイシー・E・ホール、アン・マイヤー、デイビッド・H・ローズ著、バーンズ亀山静子翻訳（2018）『UDL 学びのユニバーサルデザイン』東洋館出版社 .
[*3] 小貫悟・桂聖（2014）『授業のユニバーサルデザイン入門』東洋館出版社 .
[*4] 文部科学省（2018）『小学校学習指導要領　解説国語編』東洋館出版社 .
[*5] 前掲 4
[*6] 筑波大学附属小学校国語教育研究部・青木伸生・青山由紀・桂聖・白石範孝・二瓶弘行（2016）『筑波発 読みの系統指導で読む力を育てる』東洋館出版社 .
[*7] 前掲 1
[*8] 桂聖・N5 国語授業力研究会（2018）『「Which 型課題」の国語授業』東洋館出版社
[*9] 桂聖・授業の UD ユニバーサルデザイン研究会沖縄支部編著（2013）『教材に「しかけ」をつくる国語授業 10 の方法　文学のアイデア 50 ／説明文のアイデア 50』東洋館出版社
[*10] 桂聖・「考える音読」の会編著（2011）『論理が身につく「考える音読」の授業文学アイデア 50 ／説明文アイデア 50』東洋館出版社
[*11] 桂聖・「考える音読」の会編著（2019）『全員参加で楽しい「考える音読の授業＆音読カード 文学／説明文』東洋館出版社
[*12] 前掲 8
[*13] 前掲 1
[*14] 長崎伸仁・桂聖（2016）『文学の教材研究コーチング』東洋館出版社
[*15] 前掲 9
[*16] 桂聖（2017）「『多様性のある学び』を支える国語授業のファシリテーション力」桂聖・石塚謙二・廣瀬由美子・日本授業 UD 学会編著『授業のユニバーサルデザイン Vol.9』東洋館出版社
[*17] 授業のユニバーサルデザイン研究会・桂聖・石塚謙二・廣瀬由美子（2014）『授業のユニバーサルデザイン Vol.7』東洋館出版社

第１章　付表①

Ⅰ　文学の系統指導表

◆筑波大学附属小学校「文学の読みの系統指導表」（2015試案を一部変更）

学年	読みの技能	読みの用語
①「作品の構造」系列の読む力		
1年	作品の設定に気をつけて読む	時、場所、登場人物、出来事（事件）
1年	場面をとらえて読む	場面
1年	連のまとまりをとらえて読む	連
2年	あらすじをとらえて読む	あらすじ
3年	中心となる場面を読む	中心場面
4年	物語のしくみをとらえて読む	起承転結（導入部・展開部・山場・終結部）
4年	時代背景と関連づけて読む	時代背景
4年	場面と場面を比べて読む	場面の対比
5年	額縁構造をとらえて読む	額縁構造
5年	伏線の役割を考えながら読む	伏線
②「視点」系列の読む力		
1年	語り手の言葉をとらえて読む	語り手、地の文
1年	語り手の位置を考えながら読む	語り手の位置
3年	立場による見え方や感じ方の違いをとらえて読む	立場による違い
4年	視点をとらえて読む	視点、視点人物、対象人物
4年	視点の転換の効果を考えながら読む	視点の転換
6年	一人称視点と三人称視点の効果を考えながら読む	一人称視点、三人称視点（限定視点、客観視点、全知視点）
③「人物」系列の読む力		★１，２年→気持ち、３，４年＝心情
1年	登場人物の気持ちや様子を想像しながら読む	登場人物、中心人物、気持ち、様子
1年	登場人物の言動をとらえて読む	会話文（言ったこと）、行動描写（したこと）
2年	登場人物の気持ちの変化を想像しながら読む	気持ちの変化、対人物、周辺人物
3年	人物像をとらえながら読む	人物像（人柄）
3年	中心人物の心情の変化をとらえて読む	心情、変化前の心情、変化後の心情、きっかけ
5年	登場人物の相互関係の変化に着目して読む	登場人物の相互関係
6年	登場人物の役割や意味を考えながら読む	登場人物の役割
④「主題」系列の読む力		
1年	題名と作者をとらえて読む	題名、作者
1年	いいところを見つけながら読む	好きなところ
2年	自分の経験と関連づけながら読む	自分の経験
2年	感想を考えながら読む	感想、読者
3年	自分の行動や考え方を重ねて読む	自分だったら
4年	読後感の理由を考えながら読む	読後感
5年	中心人物の変化から主題をとらえる	主題
5年	作品のしくみ（山場や結末）の意味から主題をとらえる	山場の意味、結末の意味
6年	題名の意味から主題をとらえる	題名の意味、象徴
6年	複数の観点から主題をとらえる	複数の観点（中心人物の変化、山場、結末、題名など）の意味
⑤「文学の表現技法」系列の読む力		
1年	会話文と地の文を区別しながら読む	会話文、地の文
1年	リズムを感じ取りながら読む	音の数、リズム
1年	繰り返しの効果を感じ取りながら読む	繰り返し（リフレイン）
2年	比喩表現の効果を考えながら読む	比喩（たとえ）
2年	短文や体言止めの効果を考えながら読む	短文、体言止め
3年	会話文と心内語を区別して読む	心内語
3年	擬態語や擬声語の効果を考えながら読む	擬態語・擬声語
3年	擬人法の効果を考えながら読む	擬人法
4年	五感を働かせて読む	五感の表現
4年	情景描写の効果を考えながら読む	情景描写

4年	倒置法の効果を考えながら読む	倒置法
4年	呼称表現の違いをとらえながら読む	呼称表現
4年	記号の効果を考えながら読む	ダッシュ（—）、リーダー（…）
5年	方言と共通語の違いを考えながら読む	方言、共通語
6年	対比的な表現の効果を考えながら読む	対比
⑥「文種」系列の読む力		
1年	昔話や神話を読む	昔話、神話
1年	物語文と詩の違いをとらえて読む	物語文、詩
2年	日本と外国の民話の違いをとらえて読む	訳者、外国民話、翻訳
3年	ファンタジーをとらえて読む	ファンタジー、現実、非現実
3年	俳句を音読する	俳句、季語、十七音、切れ字
4年	脚本を読む	脚本、台詞、ト書き
4年	短歌を音読する	短歌、三十一音、上の句、下の句、百人一首
5年	古文を読む	古文、古典
5年	伝記の特徴を考えながら読む	伝記、説明的表現、物語的表現
5年	随筆の特徴を考えながら読む	随筆、説明的表現、物語的表現
5年	推理しながら読む	推理小説
6年	漢文を音読する	漢文
6年	古典芸能を鑑賞する	狂言、歌舞伎、落語
⑦「活動用語」系列の読む力		
1年	物語文の読み聞かせを聞く	読み聞かせ
1年	語のまとまりや言葉の響きなどに気をつけて音読・暗唱する	音読、暗唱
1年	人物になりきって演じる	動作化、劇化
2年	場面や人物の様子を想像しながら、絵を描いたり音読したりする	紙芝居
2年	場面や人物の様子を想像しながら、絵や吹き出しをかく	絵本
2年	日本や外国の昔話を読む	昔話の読書
3年	人物の気持ちや場面の様子を想像して、語りで伝える	語り
4年	学習した物語文に関連して、他の作品を読む	テーマ読書
5年	学習した物語文に関連して、同じ作者の作品を読む	作者研究
5年	自分の思いや考えが伝わるように朗読をする	朗読

※筑波大学附属小国語研究部編『筑波発　読みの系統指導で読む力を育てる』（東洋館出版社）2016年２月

Ⅰ　説明文の系統指導表

◆筑波大学附属小学校「説明文の読みの系統指導表」(2015試案)

学年	読みの技能	読みの用語
①「文章の構成」系列の読む力		
1年	問いと答えをとらえて読む	問い、答え
1年	事例の内容をとらえて読む	事例、事例の順序
2年	三部構成をとらえて読む	三部構成（初め・中・終わり）、話題、まとめ、意味段落
3年	問いの種類を区別して読む	大きな問い、小さな問い、かくれた問い
3年	事例とまとめの関係をとらえて読む	事例とまとめの関係
3年	観察・実験と考察の関係をとらえて読む	実験・観察、考えたこと
4年	文章構成（序論・本論・結論）をとらえて読む	序論、本論、結論
4年	文章構成の型をとらえて読む	尾括型、頭括型、双括型、文章構成図
4年	事例の関係をとらえて読む	事例の並列関係、事例の対比関係
5年	まとめから事例を関連づけて読む	まとめと事例の関係
6年	文章構成の型を活用して読む	文章構成の変形
②「要点・要約」系列の読む力		
1年	文と段落を区別しながら読む	文、段落
2年	小見出しの効果を考えながら読む	小見出し
2年	主語をとらえながら読む	主語、述語
3年	キーワードや中心文をとらえながら読む	キーワード、中心文
3年	段落の要点をまとめながら読む	要点、修飾語、常体、敬体、体言止め
3年	大事なことを要約しながら読む	筆者の立場での要約、要約文
4年	目的や必要に応じて、要約しながら読む	読者の立場での要約
③「要旨」系列の読む力		
1年	題名と筆者ととらえて読む	題名、筆者
2年	まとめをとらえて読む	まとめ
4年	要旨の位置を考えながら読む	要旨、筆者の主張、尾括型、頭括型、双括型
5年	要旨と題名の関係を考えながら読む	要旨と題名の関係
6年	具体と抽象の関係から要旨を読む	要旨と事例の関係
④「批評」系列の読む力		
1年	初めて知ったことや面白かったことを考えながら読む	初めて知ったことや面白かったこと
1年	「問いと答え」や「事例の順序」の意図を考えながら読む	筆者の気持ち
2年	自分の経験と関連づけながら読む	自分の経験
2年	感想を考えながら読む	感想、読者
3年	説明の工夫を考えながら読む	説明の工夫
3年	「事例の選択」の意図を考えながら読む	事例の選択、筆者の意図
4年	「話題の選択」の意図を考えながら読む	話題の選択
4年	文章構成の型の意図を考えながら読む	文章構成の意図
6年	筆者の説明に対して自分の意見を考えながら読む	共感、納得、反論
⑤「説明文の表現技法」系列の読む力		
1年	問いの文と答えの文を区別しながら読む	問いの文、答えの文、疑問の文末表現
1年	説明の同じところや違うところを考えながら読む	説明の観点、同じ説明の仕方（類比）、説明の違い（対比）
2年	事実の文と理由の文を区別しながら読む	事実の文、理由の文、理由の接続語、理由の文末表現
2年	順序やまとめの接続語の役割を考えながら読む	順序やまとめの接続語
2年	図や写真と文章とを関係づけながら読む	図、写真
3年	抽象・具体の表現の違いを考えながら読む	抽象的な語や文、具体的な語や文
3年	事実の文と意見の文を区別しながら読む	意見の文、事実や感想の文末表現
3年	指示語の意味をとらえて読む	指示語（こそあど言葉）
4年	語りかけの表現をとらえて読む	語りかけの文末表現
4年	言葉の定義に気をつけながら読む	定義づけ、強調のかぎかっこ
4年	対比的な表現や並列的な表現などに気をつけて読む	順接、逆接、並列、添加、選択、説明、転換の接続語、長所・短所
4年	時の流れに着目しながら読む	西暦、年号

4年	説明の略述と詳述の効果を考えながら読む	略述、詳述
5年	具体例の役割を考えながら読む	具体例
5年	表やグラフの効果を考えながら読む	表、グラフ、数値
5年	譲歩的な説明をとらえて読む	譲歩
6年	文末表現の効果を考えながら読む	常体、敬体、現在形、過去形
⑥「文種」系列の読む力		
1年	物語文と説明文の違いをとらえて読む	物語文、説明文
3年	実験・観察の記録文の特徴を考えながら読む	実験、観察、研究、記録文
4年	報告文の特徴を考えながら読む	報告文
5年	論説文の特徴を考えながら読む	論説文
5年	編集の仕方や記事の書き方に注意して新聞を読む	新聞、編集、記事
5年	伝記の特徴を考えながら読む	伝記、ドキュメンタリー、説明的表現、物語的表現
5年	随筆の特徴を考えながら読む	随筆、説明的表現、物語的表現
6年	紀行文の特徴を考えながら読む	紀行文
6年	ドキュメンタリーの特徴を考えながら読む	ドキュメンタリー
⑦「活動用語」系列の読む力		
1年	語のまとまりに気をつけて音読する	音読
2年	生き物や乗り物など、テーマを決めて読む	テーマ読書
4年	目的に必要な情報を図鑑や辞典で調べる	調べる活動、図鑑、辞典、索引
5年	自分の思いや考えが伝わるように音読や朗読をする	朗読

※筑波大学附属小国語教育研究部編『筑波発 読みの系統指導で読む力を育てる』（東洋館出版社）2016年2月より

※筑波大学附属小国語研究部編『筑波発　読みの系統指導で読む力を育てる』（東洋館出版社）2016年2月

第2章

授業のユニバーサルデザインを目指す国語授業と個への配慮

―「学びの過程において考えられる困難さに対する指導の工夫」の視点から―

授業のユニバーサルデザインを目指す国語授業と個への配慮
―「学びの過程において考えられる困難さに対する指導の工夫」の視点から―

明星大学　小貫　悟

1．各教科の学習指導要領における特別支援教育の位置付け

小学校では2020年度から実施される学習指導要領を特別支援教育の立場からみたときに、これまでの学習指導要領からの注目すべき変更点と言えるのが、各教科の学習指導要領の中に、

> 障害のある児童などについては、学習活動を行う場合に生じる困難さに応じた指導内容や指導方法の工夫を計画的、組織的に行うこと。

の文言が新たに加わったことである。ここで「通常の学級においても、発達障害を含む障害のある児童が在籍している可能性があることを前提に、全ての教科等において、一人一人の教育的ニーズに応じたきめ細かな指導や支援ができるよう、障害種別の指導の工夫のみならず、学びの過程において考えられる困難さに対する指導の工夫の意図、手立てを明確にすることが重要である。（下線は筆者加筆）」と説明されている。教科教育の基本的な枠組みとして（つまり、授業内において）「学びの過程に困難がある子」への指導をしっかり行うことが明記されたわけである。

2．通常の学級における特別支援教育とは

ここで、教科教育における「学びの過程において考えられる困難さに対する指導」の前提となる「通常の学級における特別支援教育」について今一度確認しておこう。平成19年度の学校法改正に伴い「特別支援教育」は誕生した。特別支援教育の定義としては、平成15年3月の文部科学省調査研究協力者会議の「今後の特別支援教育の在り方について（最終報告）」に示された説明がその定義として、しばしば引用されている。

> 特別支援教育とは、従来の特殊教育の対象の障害だけでなく、LD、ADHD、高機能自閉症を含めて障害のある児童生徒の自立や社会参加に向けて、その一人一人の教育的ニーズを把握して、その持てる力を高め、生活や学習上の困難を改善又は克服するために、適切な教育や指導を通じて必要な支援を行うものである。（下線は筆者加筆）

ここで示されている通り、それまで障害児教育を担ってきた「特殊教育」との決定的な違いは、「LD、ADHD、高機能自閉症を含む」としたところである。現在、この三つの障害を教育領域では「発達障害」とし、特別支援の対象に位置付けている。特に、この三つの障害のベースには「知的な遅れを伴わない」との前提がある。つまり、従来の公教育システムにおいて「通常の学級に在籍する」児童とされていた子どもであり、結果、障害のある子は「特別な場」での教育を受けるという前提を覆すものとなった。ここを源流として考えると、現在、「通常学級」に求められている「インクルーシブ教育」「ユニバーサルデザイン（以下、UD)」「合理的配慮」などの教育的配慮の意味合いがよくみえてくるであろう。

3．LD、ADHD、高機能自閉症の「学びの過程における困難」とは

以下に、通常学級における特別支援教育の対象とされた「LD、ADHD、高機能自閉症」を説明する。これは、すでに多くの類書の詳しいため、ここでの説明は本稿のテーマである授業の中での「学びの過程における困難さ」がその子たちにどう生じるのかの説明を中心に述べる。

◎ LD のある子が直面する「学びの過程における困難」

LD（学習障害）のある子は「聞く、話す、読む、書く、計算する、推論する」などの基礎学力の習得に特異的なつまずきを見せ、授業においては、学習内容への「理解のゆっくりさ」が課題になる。なぜ、こうしたことが生じるかは不明なことが多いが、そうした子の心理検査などの結果には「認知能力のかたより」が見られることが多く、特に「視覚認知（形や文字などを目で捉える力)」や「聴覚認知（音や口頭言語などを耳で捉える力)」などの外部からの情報を捉えて思考すること（情報処理）に弱さをみせることがある。また、同様に「記憶能力」に弱さをみせることもあり、ここから学習内容の「定着の悪さ」が生じることがある。このような特徴のある子には「学習スタイルの違い」つまり個々の学び方の違いに配慮する必要がある。さらに、学習の遅れから「二次症状」と呼ばれる自信喪失、劣等感などの心理面のつまずきが生じることも多く、その配慮も必要になる。

◎ ADHD のある子が直面する「学びの過程における困難」

ADHD（注意欠如多動性障害）は「不注意・多動・衝動性」などの行動特徴が生じる障害である。この特徴は、外部からの刺激（音、掲示物、人の動き等）に弱く、すぐにそれに反応してしまうため、今、進行している作業が中断しがちになったり、別のことに関心が移ってしまったりするなどの行動が頻繁に起こる。こうした特徴は「集中力の無さ」「やる気の無さ」と位置付けられ、授業において教師からの注意・叱責を受けがちになる。そうした中で、授業参加の放棄、教師への反抗、他児とのいさかいなどの行動が「二次症状」として現れることもあり、授業の不参加がさらに顕著になるといった負の連鎖が

生じることも少なくない。

◎高機能自閉症のある子が直面する「学びの過程における困難」

高機能自閉症は、知的には遅れがみられない自閉症の特徴のある子を指す概念である。医学的には「自閉スペクトラム症」と診断される。高機能自閉症の子は対人関係の苦手さや「状況理解の悪さ」を指摘されがちである。また、特定の物や、スケジュール、やり方などに固執するなどの「こだわり」をもつことも知られている。こうしたこだわりは「関心のムラ」につながったり、突然の予定変更の弱さなどを生じさせ、それが「見通しの無さへの不安」へとつながったりすることもある。このような行動面での特徴とともに、独特な状況理解や考えをもつこともある。特に「イメージすることの弱さ」をもつことが知られており、これが「曖昧なものへの弱さ」「抽象的思考の弱さ」につながることもある。また、複数のことを同時に行うことは苦手であり「複数並行作業の弱さ」を補う配慮も必要になる。

4.「発達障害のある子」の困難（つまずき）と「すべての子ども」との共通点

以上のように発達障害と呼ばれる子どもたちには様々な「学びの過程における困難（つまずき）」が生じる。しかし、その困難（つまずき）は、すべての子にとっても地続きのつまずきである。発達障害のある子のつまずきは、どの子にも生じるつまずきとして言い換えが可能である。そのことを示したのが、**表1**である。

表1　発達障害の「学びの過程における困難」とどの子にも起きうる困難の関係

状況	発達障害のある子に「学びの過程における困難」を生む特徴	どの子にも起きうる「学びの過程における困難」を生む特徴
参加	状況理解の悪さ	学習準備／作業の取り掛かりの悪さ
	見通しの無さへの不安	授業がどこに向かっているのか理解不足
	関心のムラ	全体の流れからはずれる思考
	注意集中困難／多動	気の散りやすさ
	二次障害（学習意欲の低下）	引っ込み思案／自信の無さ
理解	認知のかたより（視覚・聴覚）	指示の聞き落とし／ 課題内容や細部の見落とし
	学習の仕方の違い (learning differences)	得意、不得意の存在／ 協力しての作業の苦手さ
	理解のゆっくりさ (slow learner)	協働的な学習でのペース合わせが苦手／ 学習内容の背景理解や深めることの苦手さ
	複数並行作業の苦手さ	すべき作業の取りこぼし
	曖昧なものへの弱さ	質問の意図の取り間違い／思い込みをする傾向／断片的な理解をする傾向

習得	記憶の苦手さ	既習事項の積み上がりにくさ
	定着の不安定さ	学び続ける態度の弱さ
活用	抽象化の弱さ	知識の関連付けの弱さ／応用への弱さ
	般化の不成立	日常生活に結び付ける意識の低さ

表1における対応関係をベースにすると、発達障害のある子の「学びの過程における困難」への配慮は、同時に、授業中に多くの子に生じるつまずきへの配慮となっていると考えることが分かる。つまり、これが「授業のUD」を成立させる根拠の土台なのである。

5.「ユニバーサルデザイン」における授業改善

ここで、授業をUD化するためのモデルを提示したい。それを示したのが**図1**である。

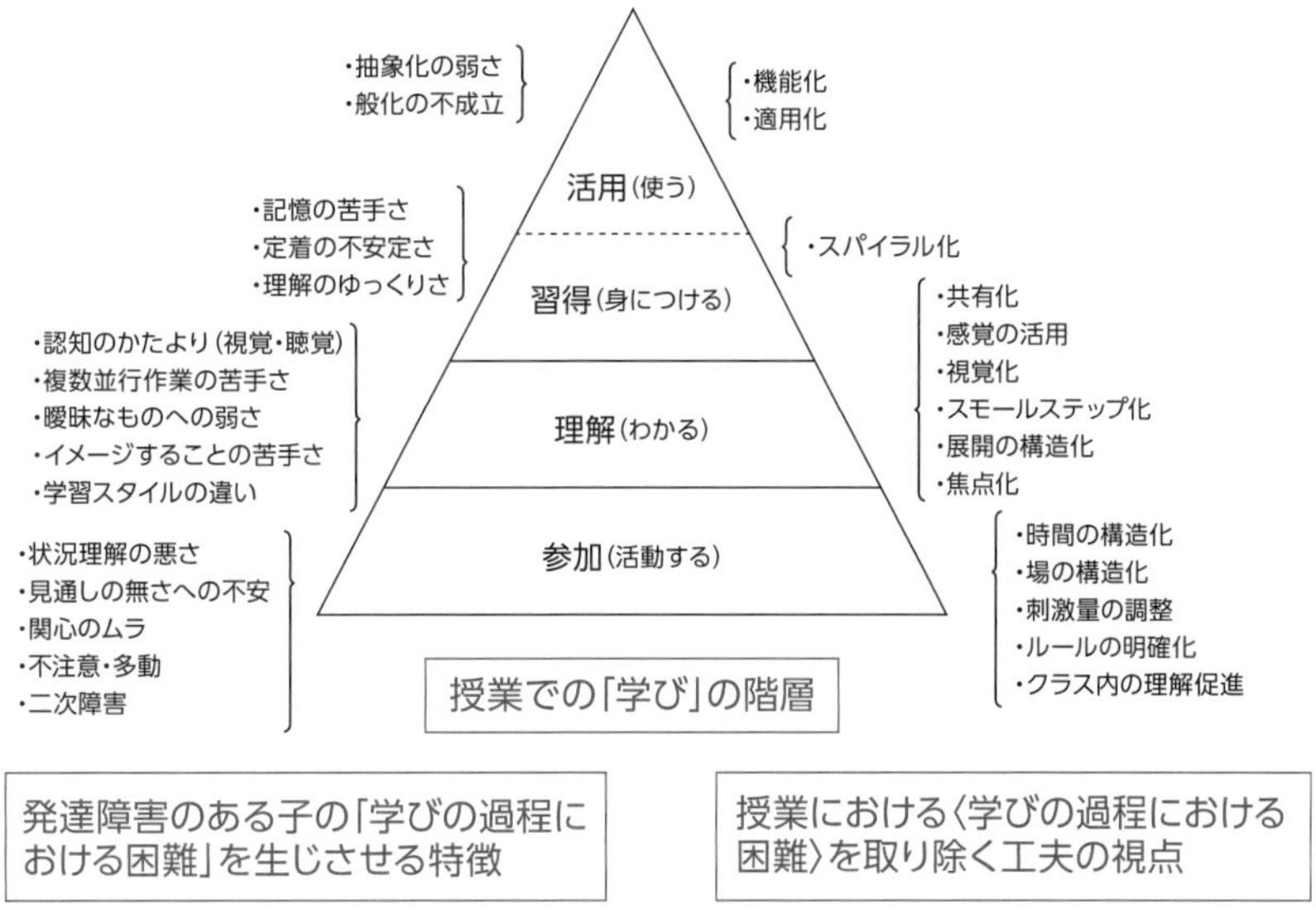

図1　授業UDモデル

まず、図（モデル）の左側に、ここまでに述べてきた〈発達障害のある子の「学びの過程での困難」を生じさせる特徴〉を列挙した。次に図の中心にある三角形に注目してほしい。これは、通常学級での〈授業での「学び」の階層〉を示したモデルである。授業の最も土台となっているのは、子どもの〈参加〉である。授業は参加しないと始まらない。一方、授業は参加すればよいというものではない。参加の上部には〈理解〉が乗る。参加した上で理解できることが授業では求められる。また、授業において理解したものは、自分のものになっていかなければならない。そのときは理解したけれど、その学習の成果が別の場面では使えないならば、授業から学んだことにはならない。つまり〈理解〉階層の上には〈習得〉〈活用〉階層が乗るのである。こうした「授業の階層性」を整理棚にして〈発達障害のある子の「学びの過程での困難」を生じさせる特徴〉を階層ごとに配置すると図中の左側に示したようになる。この整理によって、どの階層を意識した授業を行うかによって、配慮すべき点を絞ることができる。また、この図の左側の「学びの過程の困難を生じさせる特徴」をカバーするための指導上の「視点」、つまり〈「学びの過程での困難」を取り除く視点〉を配置したのが図中の右側部分である。これらの「視点」について、以下に一つずつ解説する。各視点は、下部に置かれたものが上部の視点を支える要素をもっている。そのため、本稿の解説の順も下部から上部へという進め方で行う。

〈参加階層〉

・クラス内の理解促進

この視点は、クラス内の子が発達障害のある子を適切に理解できるように促すことを目的としている。クラス全体に学習がゆっくりであることをからかうような雰囲気がないか、そうした子をカバーする雰囲気が作られているかをチェックする。こうした視点で発達障害のある子をクラスで支えていくことは、結局、すべての子に対しての配慮にもなる。なぜなら、どの子にも起きてくる可能性のある「間違うこと」「分からないこと」は恥ずかしいことではないということを、そのクラス全員のスタンダードにできるからである。そして「分からない」ことがあったときに「わからない」と安心して言えるクラスでは、担任も「授業の工夫」の方向性を見出しやすくなり、その結果、授業改善、授業のUD化が実現しやすくなる。

・ルールの明確化

暗黙の了解事項やルールの理解が極端に苦手なのが高機能自閉症のある子の特徴である。暗黙に決まっている（授業者が、どの子も知っていると思い込んでいる）授業内のルールは意外に多い。これらのルールの運用が上手にできずに授業に参加できていない子がいないであろうか。質問の仕方、意見の伝え方、話し合いの仕方などには、ある程度のルールが必要である。授業参加の前提となる、そうした授業内での振る舞い方をどの子も理解し、できるようになっているかをチェックしたい。

・刺激量の調整

前述したようにADHDの子は周囲の刺激に反応しがちな子である。授業に集中してほしいときに、他に気が散る刺激があれば、授業への集中は低下する。黒板周りの壁に、様々な掲示物を貼ることに特段の問題意識は無かった時代もある。当時は「大切なことは常に目に見える場所に貼っておくべきである」という考えが主流だった。この考え方自体は悪いことではない。ただし、授業のUD化という文脈では、やはり黒板に注意を向けやすい環境づくりをしたい。子ども目線から、教室前面（黒板）がどのように見えているかを、時々、刺激性の観点からチェックしておきたい。

・場の構造化

特別支援教育での自閉症へのアプローチとして有名なのが教室空間などに一定の規則性

を持ち込んで使いやすくする工夫であり、これが「場の構造化」と呼ばれる。これを通常の学級での応用として導入すると学級における学習活動の効率がよくなる効果がある。例えば、教室内のすべての物品に置く場所が決まっていれば、全員が無駄な動きなくその物品を使うことができる。また、教室内の物品の配置も、全員の動線を考慮して考えてみるとよい。

・時間の構造化

通常学級においては一日の流れを黒板に書き出すことはある。しかし、授業の一コマの内容を示さないことも多い。試しにそうした配慮をしてみると、授業中での学習活動の「迷子」を防いだり、迷子になったときにはその時点で行っている学習活動に戻るための助けになったりすることがある。学習活動の迷子とは「あれっ、今、何をしているんだろう」と授業の流れについていけなくなる状態である。授業の迷子は誰にでも起きうる。学習内容が分からなくなるときには学習活動の迷子が先に起きていることも多い。授業の流れを視覚的に提示する「時間の構造化」の方法によって、助かる子が意外に多いはずである。

〈理解階層〉

・焦点化

これは、授業の〈ねらい〉や〈活動〉を絞り込むことを意味する。発達障害のある子は授業内の活動や説明が「ゴチャゴチャ」したものになると、途端についていけなくなりがちである。しっかりとフォーカスした〈ねらい〉とシンプルな〈活動〉によって授業を構成したい。

・展開の構造化

〈ねらい〉と〈活動〉が焦点化されたら、それに基づいた展開の工夫をしていく。論理的かつ明示的な展開であると、多くの子が授業に乗りやすく活躍しやすくなる。逆に展開が分かりにくい授業では、子どもたちが正しい方向への試行錯誤ができなくなり、思考のズレ、思考活動からの離脱、流れについていくことへの諦めが生じやすくなる。「学習内容」が分からなくなる前に「授業展開」についていけなくなっているのではないかのチェックが必要である。展開自体の工夫は、授業UD論の中で極めて大きな視点の一つである。

・スモールステップ化

ある事柄の達成までのプロセスに、できるだけ細やかな段階（踏み台）を作ることで、どの子も目標に到達しやすくする。用意された踏み台は使っても使わなくてもよいといった選択の余地があるように工夫するとよい。踏み台を必要としない子がいるにもかかわらず、スモールステップにした課題を全員一律に行うと「簡単過ぎる」と感じモチベーションの低下が生じる子もいる。理解が早い子にも、ゆっくりな子にも、同時に視点を向けるのが授業UDの基本である。

・視覚化

これは、情報を「見える」ようにして情報伝達をスムーズにする工夫である。授業は主に聴覚情報と視覚情報の提示によって行われる。この二つの情報を同時提示することで情報が入りやすくなる。また、この二つの情報の間にある違いは「消えていく」「残る」であり、視覚情報の「残る」性質を大いに利用することで授業の工夫の幅が広がる。

・感覚の活用

発達障害のある子の中には「感覚的に理解する」「直感的に理解する」ことが得意な子がいる。感覚的に捉え、認識していける場面を授業の中に設定すると効果的な支援になることがある。例えば、教材文を読み、それを演じてみる（動作化）と、そこから得られた感覚（体感）によって、文字情報からだけでは分からなかった深い理解が可能になることもある。

・共有化

例えば、ペアトーク、グループ学習など子ども同士で行う活動を要所で導入する。これは、協同学習、学び合いなど様々な呼称で、授業の方法論としてすでに大切にされてきている視点でもある。授業者主導の挙手指名型が多い授業は「できる子」のためだけの授業になりやすい。子ども同士の相互のやりとりによって、理解がゆっくりな子には他の子の意見を聞きながら理解をすすめるチャンスを、そして、理解の早い子には他の子へ自分の意見を伝えたり説明したりすることでより深い理解に到達できるチャンスを作りたい。

〈習得・活用階層〉

・スパイラル化

教科教育の内容はどの教科でも基本的にスパイラル（反復）構造になっている。つまり、ある段階で学んだことは、次の発展した段階で再び必要となる。つまり既習事項には再び出会う構造になっているとも言える。こうした「教科の系統性」と呼ばれる特徴を利用して、前の段階では理解が十分でなかったことや、理解はしたけれど再度の確認を行う必要のあることなどについての再学習のチャンスを可能な範囲で授業内に作りたい。

・適用化／機能化

「活用する」とは、学んだことを応用、発展することである。ここで、基本事項を別の課題にも「適用」してみたり、生活の中で「機能」させてみたりすることで、授業で学んだことが本物の学習の成果となっていく。さらに、肌感覚がある具象的な事柄から、抽象的な概念の理解が可能になっていくことは多い。常に、学びの内容がどこと、何と「つながっているのか」を考える視点をもつと、子どもの理解を促す糸口が見つかることは多い。

6．ユニバーサルデザインと個への配慮の関連
―学習のつまずきに対する三段構え―

さて、ここまで、授業のUD化の〈視点〉を整理してきた。それらを踏まえて、ここで「すべての子が分かる授業」の実現に向けて、一歩進んだ枠組みを示しておきたい。それが〈学習のつまずきに対する「三段構え」〉である。その発想は「すべての子が分かる授業」の実現のための現実的な教育対応の枠組みを示すものであり、〈授業の工夫〉〈個への配慮〉〈授業外の補充的な指導〉の三つの組合せで構成される。**図2**を見ていただきたい。図の一番上の部分には〈授業内容〉がある。これは指導案とも言い換えられる。最初の原案となる指導案をより精錬して授業をUD化していくためには、その指導案に沿って実際に授業を行ってみると、クラス内の一人一人の子どもにどのようなつまずきが起きうるかを想定してみるのである。ここで、気付いた（想定される）つまずきが授業において有効にカバーされる配慮を入れることで「UD化された授業」が作られる。この**図2**では、図の上部で明らかになった〈想定されるつまずき〉の一つ一つについて〈授業の工夫〉だけでカバーできるのか、授業内の〈個への配慮〉も必要なのか、さらに〈授業外の補充的な指導〉の導入も検討する必要があるのかといった判断が必要になることを**図2**の中段の矢印の枝分かれによって示している。

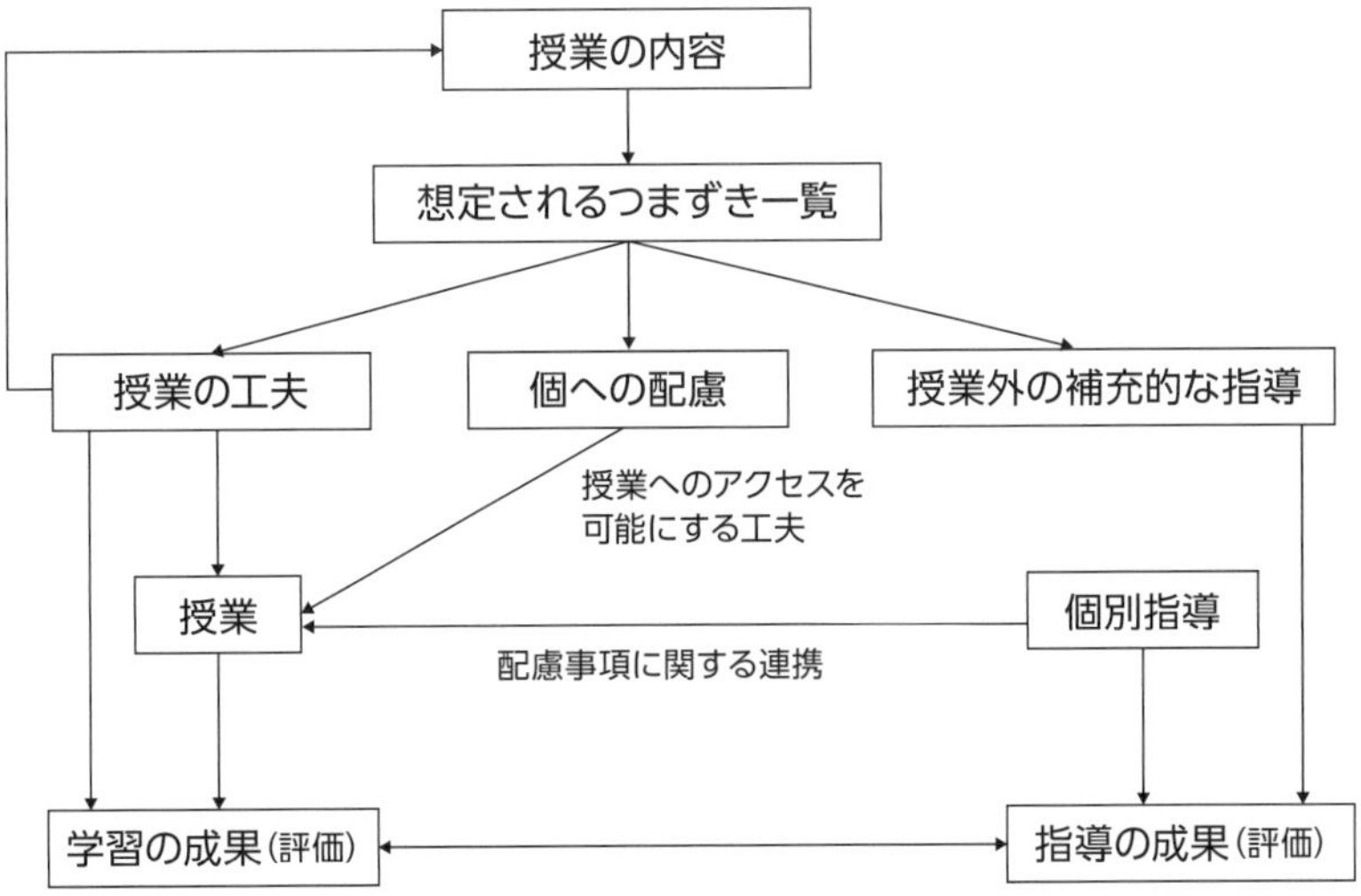

図2　学習につまずきに対する三段構え

第一段階：授業の工夫

まずは、**図2**の一番左側の流れを説明したい。ここが授業UDの中核作業である。ここでの工夫がうまくいくかどうかは、実際に授業してみないと分からないというのはすべての授業者の本音である。しかし、**図2**の上部の「授業内で生じうるつまずきを徹底的に想定してみる、想像してみる」ことをどれだけ丁寧に行うかによって、その成功の確率が変わってくることは、授業者が誰でも体験していることでもあろう。このように、具体的にどのようなつまずきが生じるかをまず可能な限り想定し、その上で、ここまでに説明

したような授業UDの視点を下敷きにして、つまずきをカバーする具体的な手立てを考えてもらいたい。本書の指導案には、それらの工夫のサンプルがあふれている。是非、参考にしてほしい。

第二段階：個への配慮

これは、**図2**では真ん中の流れである。ここでは第一段階の全体指導として行われる「授業の工夫」と違い、ある特定の「学びの過程における困難」がある子に対してのみに行う「配慮」であり、つまりは「個への配慮」である。読みにつまずきをもつ子に対して読み仮名付きや拡大文字の教材文を用意したり、書きにつまずきをもつ子に対して板書における視写範囲の限定を行ったりするなどの配慮は、その例の一つである。理想を言えば、前述の第一段階の〈授業の工夫〉で「すべての子」のつまずきをカバーしたい。しかし、現実には、第二段階の「その子」だけの配慮の視点無くして、それは達成できない。〈個への配慮〉において注意したいのは、この配慮は、あくまで、その子が全体の授業に参加する（アクセスする）ための配慮であるという点である。個別の支援・配慮の一つ一つは、全体の授業に参加できて初めて成功したと言える。そのためには、全体の授業は事前に〈個への配慮〉を必要とする子を含むように工夫されていなければならない。つまり、第一段階〈授業の工夫（＝授業のUD化）〉の充実があって、初めて第二段階〈個への配慮〉としての工夫が生きるのである。

第三段階：授業外の補充的な指導

これは、**図2**の一番右側の流れである。第一、第二段階での支援ではカバーできない部分について、第三段階として（最終段階として）、ここで授業以外の個別指導形態によって支援するのである。これは基本的には特別支援教育の領域としての支援である。ただし、この〈補充的な指導〉は「通級による指導」のみでなく、担任が行う場合も、あるいは家庭学習による連携もありうる。

この「授業外の補充的な指導」とは、言い換えれば、その子その子の「オーダーメイドの指導」であり、一人一人の子どもの状態によって千差万別の方法が展開されるはずである。この部分は、今後の我が国の教育界が目指す「個別最適化」との文脈でさらなる研究が必要であろう。

そして、ここでの〈授業外の補充的な指導〉も、第二段階〈個への配慮〉と同様に、授業の中で活かされなければならない。そうした意味で、第一段階の〈授業の工夫〉との連携は必須である。

7．「個への配慮」へのヒントとなる学習指導要領解説の〈例示〉

それでは、**図2**における第二段階の〈個への配慮〉を授業中にいかに実現したらよいであろうか。そのヒントとなるのが各教科の学習指導要領解説に実際に収載されている障害のある子への指導時の配慮の〈例示〉である。国語の学習指導要領解説には小学校、中学校の各教科毎に〈例示〉は数例ずつが載っている。

例えば、小学校の学習指導要領解説の国語編には〈例示〉として、

> 文章を目で追いながら音読することが困難な場合、自分がどこを読むのかが分かるように教科書の文を指等で押さえながら読むよう促すこと、行間を空けるために拡大コピーをしたものを用意すること、語のまとまりや区切りが分かるように分かち書きされたものを用意すること、読む部分だけが見える自助具（スリット等）を活用すること

と配慮例が示されている。この学習指導要領解説に示されている〈例示〉を読むには少々のコツが必要になる。基本的にどの例示も【困難の状態】【配慮の意図】【手立て】の３つの部分から書かれている。各〈例示〉は「〇〇のような困難を抱える子がいる場合【困難の状態】」（上記例では「文章を目で追いながら音読することが困難な場合」）は、「〇〇のために／〇〇ができるように【配慮の意図】」（上記例：「自分がどこを読むのかが分かるように」）、「〇〇のような支援が考えられる【手立て】」（上記例：①教科書の文を指等で押さえながら読むよう促すこと、②行間を空けるために拡大コピーをしたものを用意すること、③語のまとまりや区切りが分かるように分かち書きされたものを用意すること、④読む部分だけが見える自助具（スリット等）を活用すること」）という構造で述べられている。それぞれの〈例示〉によって、多少の書きぶりの違いがあるにしても、小学校、中学校におけるすべての教科の学習指導要領解説で、このような統一した構造で〈例示〉が記載されたことについては、教科指導における特別支援教育的発想の根付きの一つとして注目すべき点である。

ここでは、国語科における小学校の（本書には直接的な関連はないが参考として中学校についても）例示を**表2、3**にまとめた。さらに、その一つ一つの例について、前述の授業UDの工夫の視点との関連も示した。

8．あらゆる【困難の状態】への【手立て】を案出するために

ここに示した学習指導要領解説の〈例示〉は、あくまで例示であり、おそらくその紙面の都合のために、典型例や一部の視点による数例の提示に留まっている。しかし、日本中の教室での日々の授業の中には様々な【困難の状態】があふれている。学習指導要領解説の〈例示〉を参考にしつつも、我々はそこには無い自分の周囲で現実に起きるすべての【困難の状態】への【手立て】を自分たち自身で産出していく必要がある。この〈困難の状態⇒配慮の意図⇒手立て〉の論理展開で、様々な対応を考えていく際に、図１で示した授業UDモデルを下敷きとして大いに活用していただきたい。なぜなら、表2、3で示したように、学習指導要領解説で示された〈例示〉の【手立て】の内容のほとんどが授業UDモデルの〈視点〉で説明できるからである。ここでは、授業の中で様々な【困難の状態】に遭遇したときに、授業者自らが【手立て】を自由自在に案出ができるプロセスの中

表２　小学校　学習指導要領　解説（国語）での配慮の例示

困難の状態	配慮の意図	手立て	UD 視点
文章を目で追いながら音読することが困難な場合	自分がどこを読むのかが分かるように	教科書の文を指等で押さえながら読むよう促すこと、行間を空けるために拡大コピーをしたものを用意すること、語のまとまりや区切りが分かるように分かち書きされたものを用意すること、読む部分だけが見える自助具（スリット等）を活用すること	**感覚の活用** **視覚化** **焦点化** **刺激量の調整**
自分の立場以外の視点で考えたり他者の感情を理解したりするのが困難な場合		児童の日常的な生活経験に関する例文を示し、行動や会話文に気持ちが込められていることに気付かせたり、気持ちの移り変わりが分かる文章の中のキーワードを示したり、気持ちの変化を図や矢印などで視覚的に分かるように示してから言葉で表現させたりする	**感覚の活用** **焦点化** **視覚化**
声を出して発表することに困難がある場合や人前で話すことへの不安を抱いている場合	自分の考えを表すことに対する自信がもてるよう	紙やホワイトボードに書いたものを提示したり、ＩＣＴ機器を活用して発表したりする	**視覚化**

表３　中学校　学習指導要領　解説（国語）での配慮の例示

困難の状態	配慮の意図	手立て	UD 視点
自分の立場以外の視点で考えたり他者の感情を理解したりするのが困難な場合	生徒が身近に感じられる文章（例えば、同年代の主人公の物語など）を取り上げ、文章に表れている心情やその変化等が分かるよう	行動の描写や会話文に含まれている気持ちがよく伝わってくる語句等に気付かせたり、心情の移り変わりが分かる文章の中のキーワードを示したり、心情の変化を図や矢印などで視覚的に分かるように示してから言葉で表現させたりする	**感覚の活用、焦点化、視覚化**
比較的長い文章を書くなど、一定量の文字を書くことが困難な場合	文字を書く負担を軽減するため	手書きだけでなく ICT 機器を使って文章を書くことができるようにする	**代替手段の活用**
声を出して発表することに困難がある場合や人前で話すことへの不安を抱いている場合	自分の考えを表すことに対する自信がもてるよう	紙やホワイトボードに書いたものを提示したり、ICT 機器を活用したりして発表するなど、多様な表現方法が選択できるように工夫	**視覚化** **代替手段の活用**

※表中の下線は筆者が加筆

で、授業UDモデルを活用していく方法を、3つのステップに分けて示す。

ステップ1 【困難の状態】を確定し【配慮の意図】を決める

授業中に出会う【困難の状態】に対して【手立て】を生みだすには、両者の間にある【配慮の意図】が非常に重要になる。同じ【困難の状態】に対しても【配慮の意図】に何を置くかによって、その【手立て】は全く違ったものになる。例えば、前述した「文章を目で追いながら音読することが困難な場合」の〈例示〉では、その【困難の状態】に対して、「自分がどこを読むのかが分かるように」という【配慮の意図】が設定されている。しかし、この【困難の状態】に対して【配慮の意図】として、例えば「一字一字を読み取りやすくするために」や「目で追う形の読み取りだけにならないように」といった形で、別の【配慮の意図】を設定することも可能である。【配慮の意図】が変われば、当然、【手立て】も変わってくる。「一字一字を読み取りやすくするために」と【配慮の意図】を設定すれば「文字そのものを拡大したり、見やすいフォントの字体での教材を使ったりする」などの【手立て】案が考えられよう。また、「目で追う形の読み取りだけにならないように」とする【配慮の意図】であれば、「まずは指導者の音読を聞き、その教材文の内容が理解した上で、指導者と息を合わせて「同時読み」での音読をする」などの【手立て】も考えられよう。このように、【配慮の意図】は「自分がどこを読むのかが分かるように」「一字一字を読み取りやすくするために」「目で追う形の読み取りだけにならないように」といったように実態に応じて変化させることが可能である。どこに、そのポイントを置くかを決めるのは実際の子どもの様子次第である。授業者としての自分自身が、その子に何を「してあげたい」と感じているか、あるいは、何を「すべきか」と考えているかを自らキャッチすることが大切である。

ステップ2 〈発達障害のある子の「学びの過程における困難」を生じさせる特徴〉から【手立て】を導く

ステップ1での「こうしてあげたい」という思いをベースに【配慮の意図】が決められようとしている、まさにその状況の中で、同時並行的に「そもそも、その【困難の状態】はなぜ起きているのだろうか」と考えるようにしてほしい。それを考える下敷きとして、図1の授業UDモデルにおける左側部分の〈発達障害のある子の「学びの過程における困難」を生じさせる特徴〉に示した内容を思い出してほしい。その内容をざっと眺め直してみると、今回の【困難の状態】が生じた「原因」を推測するのに役に立つことがある。先ほどの〈例示〉で言えば、「文章を目で追いながら音読することが困難」という【困難な状態】と遭遇したときに「文章を追いやすくしてあげたい」と考えるタイミングで、その背景を探るために、モデルの左側部分を「ざっと」見てみると、発達障害のある子には「外部の視覚情報の読み取りについてうまくいかない」などの〈認知のかたより〉や「思考作業で、集中し続けることが苦手」である〈不注意〉の特徴があることが確認できるであろう。そうして目についた特徴が、その子にも当てはまりそうであると思えば(あるいは気付けば)、そのまま、モデルの右側の工夫の視点での「感覚の活用」「視覚化」

「焦点化」「刺激量の調整」などが具体的な手立てを作るためのヒント（下敷き）にならないかと考えてみるのである。その結果、【手立て】として「行間を空けるために拡大コピーをしたものを用意すること（〈視覚化〉による工夫）、語のまとまりや区切りが分かるように分かち書きされたものを用意すること（〈感覚の活用〉による直観的な分かりやすさへの工夫）、読む部分だけが見える自助具（スリット等）を活用する（〈焦点化〉〈刺激量の調整〉の視点による工夫）」というように、具体的なアイディアの案出につながるわけである。

ステップ3 【手立て】を案出する際には「教科」としての判断を重視する

ステップ2の要領で、授業UDモデルからピックアップした工夫の視点を具体的な【手立て】にまで落とし込む一連のプロセスは、指導アイディア案出の「手助け」をしようとするものである。しかし、実際に有効な【手立て】を生み出す中心は、その授業者の「教科」に対する本質的な理解や、教材や工夫の引き出しの多さ、そして教科の本質に沿った柔軟な発想が主役でもある。今回取り上げている〈例示〉のように、小学校から中学校にかけて国語の授業における様々な場面で、教材文を「目で追いながら読む」場面は必須である。「文章を目で追いながら読むのが苦手」という「学びの過程における困難」の状態をそのまま放置すれば、おそらくその後のすべての国語の学習への影響は避けられないだろう。その意味で、こうした【困難の状態】への配慮は国語教科としての優先順位が高く、できるだけ丁寧な配慮を行う必要性が高いと判断されるものである。さらに、〈例示〉にあるような「教科書の文を指等で押さえながら読むよう促すこと」「行間を空けるために拡大コピーをしたものを用意すること」「語のまとまりや区切りが分かるように分かち書きされたものを用意すること」「読む部分だけが見える自助具（スリット等）を活用すること」などの【手立て】を打つ際には、その【手立て】によって、何を捨て、何が残るのかという教科学習の意味合いからの分析が求められる。つまり、案出された具体的な【手立て】を実際に行うかどうかの判断は、教科、単元、学習内容の本質によって行われるべきなのである。

本稿で示した授業UDモデルは、教科学習における個への配慮としての【手立て】を案出する一歩手前まで誘導してくれる。しかし、その具体的な一手が本当に有効になるかどうかは、授業者の教科教育への研究の深みにかかっている。深く教科研究を進めた授業者が、日々の授業の中で特別支援教育にも通じるような有効な個別的配慮を何気なく行っているような場面に出くわすことがあるのは、こうした「教科教育」と「特別支援教育」は独立し合いながらも、常に関連し合い、つながっているからなのであろう。

9．まとめ

本稿では「授業UD」と「個への配慮」との関連を、学習指導要領に記された「学びの過程において考えられる困難さに対する指導の工夫」としてまとめた。しかし、繰り返し述べたように「授業UD」は「学びの過程における困難」のある子のためだけに限った視点ではなく、そうした子を含めて、学級全体の「すべての子」への「学びの補償」を実現しようとする極めて統合的、実践的、具体的な試みである。今後「授業改善」の旗の下でのたくさんの授業研究を通してその発展が期待される。本書は、その一翼を担う存在である。そして、その文脈の中で、収載されたすべての授業、指導案において、「学びの過程において考えられる困難さ」に対しての「個への配慮」の例を示すという先進的な試みをしているのも本書の特徴の一つとなっている。

ぜひ、一つ一つの配慮例をご確認いただき、ご自身の日々の工夫と照合し、さらに、そのセンスを高めていただきたいと思う。

第3章
授業のユニバーサルデザインを目指す国語授業の実際

文　学

説明文

総　括

「おおきな　かぶ」の授業デザイン

（光村図書 1 年上）

教材の特性

おじいさんが育てた大きなかぶを、大きい者も小さい者も連帯・協力して引き抜き、共に喜びを分かち合うというお話である。

「うんとこしょ、どっこいしょ」「○○を△△がひっぱって」など繰り返される言葉のリズムや、語り手による「けれども」「やっぱり」「とうとう」などの表現が読み手に与える印象、登場人物が一人ずつ加わる展開の面白さを味わわせながら、音読や動作化を楽しませたい作品である。

冒頭		展開					山場	終結
1	2	3	4	5	6	7	8	9
おじいさんがかぶの種をまく。	甘くて大きなかぶができる。	おじいさんがかぶを抜こうとする。「けれども」抜けない。	おじいさんが、おばあさんを呼ぶ。「それでも」抜けない。	おばあさんが、孫を呼ぶ。「やっぱり」抜けない。	孫が、犬を呼ぶ。「まだまだ」抜けない。	犬が、猫を呼ぶ。「なかなか」抜けない。	猫が、ねずみを呼ぶ。	「とうとう」かぶが抜ける。

身に付けさせたい力

・語のまとまりや言葉の響きなどに気を付けて音読する力
・登場人物の気持ちや様子を想像しながら読む力

授業づくりの工夫

焦点化	視覚化	共有化
○読み取りを主とする授業内容の場合、学習課題を一つに絞り、課題とまとめを正対させる。 ○「おおきなかぶシアター」を開くという目的をもたせ、そのためにどのように音読をするとよいかを考えさせる。	○挿絵や登場人物のイラストを用いて、視覚的に理解を助ける。 ○音読劇や動作化の活動を取り入れることによって、場面の様子や登場人物の心情を視覚的に理解し、更に、読み取ったことを表現する喜びを味わわせる。	○全体で考えを共有する前にペアによる話合い活動を取り入れることで、自分の考えをもちやすくする。 ○音読や劇遊びを通じて、互いのよさを見付けながら物語に親しむ態度を育む。

単元目標・評価規準

目標 場面の様子や登場人物の行動などから読み取ったことや想像したことを基に、楽しみながら音読や劇遊びをすることができる。

知識・技能
○語のまとまりや言葉の響きなどに気を付けて音読している。 (1)ク

思考・判断・表現
○「読むこと」において、場面の様子や登場人物の行動など、内容の大体を捉えている。 Cイ

主体的に学習に取り組む態度
○積極的に内容の大体を捉え、読み取ったことや想像したことを生かして音読したり、演じようとしたりしている。

単元計画（全6時間）

次	時	学習活動	指導上の留意点
一	1	**だれがでてきたかな？** ○正しい登場人物を選び、登場人物を確かめる。	・物語に出てきた人物とそうでない人物に分ける活動を通して、登場人物の用語の意味を理解させる。
二	1	**お話のよいところを見つけよう！** ○おじいさんの気持ちや人柄について考える。	・教師のしかけ劇と本文を比べさせ、おじいさんの気持ちや人柄を読み取らせる。
	2	○登場人物が出てくる順序を確かめる。	・登場順の面白さや、変化のある繰り返しの効果に気付かせる。
	3	○ねずみの存在の必要性について考える。	・しかけ人物が登場するリライト文を読み比べたり、登場人物の役割について話し合ったりすることで、物語のよさに気付かせる。
	4	○「おおきなかぶ総選挙」を行い、登場人物を好きな理由について話し合う。 ○劇遊びの練習をする。	・好きな登場人物とその理由について話し合う活動を通して、それぞれの登場人物のよさに気付かせ、劇遊びに表現させる。 ・表現を工夫して、劇の練習をする。
三	1	**おおきなかぶシアターをひらこう！** ○劇遊びの発表会をする。 ○単元全体の振り返りをする。	・よい発表の仕方、聞き方の視点を与え、めあての設定と自己評価をさせる。 ・読み取ったことや想像したことを基に、言葉の響きを楽しみながら表現する喜びを味わわせる。 ・互いのよいところを見付けさせ、音読劇を楽しむ雰囲気づくりに努める。

✓ 教材分析

じいさんの優しさを感じ取ることができる場面である。

ウ 繰り返しの効果

「助けを呼ぶ→引っ張る→抜けない」という展開が繰り返される。同じ言葉の繰り返しと、その中でも変化のある接続語によって生まれるリズムを楽しみながら、音読させたい

エ 語り手の言葉

「けれども」「やっぱり」などの接続語に、語り手の期待や落胆などの心情が表れている。それを受けて、読み手は結果を予測しながら読み進め、結末では、登場人物と共に喜びを味わうことができる。

オ 登場人物の順序と関係性

天敵同士であるはずの犬がねこを呼び、ねこがねずみを呼ぶ。そこには力関係などはなく、同じ恵みを分かち合う仲間として登場している。

カ 主題

小さなねずみのおかげで、かぶを引き抜くことができる。大きな者も小さな者も皆で連帯・協力し合うことの大切さが描かれている。

---

6 まごは、いぬを　よんで　きました。
かぶを　おじいさんが　ひっぱって、
おじいさんを　おばあさんが　ひっぱって、
おばあさんを　まごが　ひっぱって、
まごを　いぬが　ひっぱって、
「うんとこしょ、どっこいしょ。」
まだまだ、　かぶは　ぬけません。

7 いぬは、ねこを　よんで　きました。
かぶを　おじいさんが　ひっぱって、
おじいさんを　おばあさんが　ひっぱって、
おばあさんを　まごが　ひっぱって、
まごを　いぬが　ひっぱって、
いぬを　ねこが　ひっぱって、
「うんとこしょ、どっこいしょ。」
なかなか、　かぶは　ぬけません。

8 ねこは、ねずみを　よんで　きました。
かぶを　おじいさんが　ひっぱって、
おじいさんを　おばあさんが　ひっぱって、
おばあさんを　まごが　ひっぱって、
まごを　いぬが　ひっぱって、
いぬを　ねこが　ひっぱって、
ねこを　ねずみが　ひっぱって、
「うんとこしょ、どっこいしょ。」

9 とうとう、　かぶは　ぬけました。

変化のある表現に着目し、その効果を音読によって確かめさせる。（ウ・エ・オ）

■第二次・第3時

「ねずみの力って、本当に必要かな？」（Which型課題）

「もしも、おじいさんが助けを求めたのが大男だったら」と仮定して考えることで、一人ずつ仲間に加わることや、最終的にねずみのおかげでかぶが抜けることによる物語のよさについて考えることができるようにする。（カ）

■第二次・第4時、第三次・第3時

「おおきなかぶシアターをひらこう！」

学習したことを振り返らせ、音読を楽しむ視点を与えた上で、音読劇を楽しむことができるようにする。（イ・ウ

◆教材分析のポイント　その①　【変化のある繰り返し】

登場人物が一人ずつ加わる展開の連続によって、同じ表現が繰り返され、物語全体にリズムを生み出している。また、接続語などの変化のある表現が、読み手の期待感を高めている。こうした効果を実感させながら、楽しく音読をさせたい作品である。

◆教材分析のポイント　その②　【登場人物の順序】

最後にみんなでかぶを抜く場面で、福音館書店発行絵本の内田莉莎子訳では「ねずみがねこをひっぱって、ねこがいぬをひっぱって、……」と小さい者から順に語られている。それに対し、光村図書版の西郷竹彦訳ではその逆に語られており、ねずみがより印象付けられている。ねずみの役割について考えることを通して、小さな仲間の存在の大切さについて考えを深めることができる。

指導内容

ア　題名

おじいさんの願いどおり、一人では収穫できないほど大きなかぶに育った。一人一人仲間が増えてもかぶは抜けない。読み手は、「次はどうか」「今度こそ」と期待しながら読み進めるだろう。

イ　登場人物の気持ち

種をまく様子や会話文から、かぶを大事に育てるおじいさんの思いが伝わる。

大きくても、まずいかぶは食べられない。しかし、一人で食べるのなら、甘くて小さなかぶで十分である。次々と仲間がやってきて協力していることから、普段から収穫したものを皆で分かち合っていることが想像できる。皆においしいかぶをたくさん食べさせてやりたいというお

おおきな　かぶ　　　ロシアの　みんわ

1 おじいさんが、かぶの　たねを　まきました。
「あまい　あまい　かぶに　なれ。
おおきな　おおきな　かぶに　なれ。」
2 あまい　あまい、おおきな　おおきな　かぶに
なりました。
3 おじいさんは、かぶを　ぬこうと　しました。
「うんとこしょ、どっこいしょ。」
けれども、かぶは　ぬけません。
4 おじいさんは、おばあさんを　よんで　きました。
かぶを　おじいさんが　ひっぱって、
おじいさんを　おばあさんが　ひっぱって、
「うんとこしょ、どっこいしょ。」
それでも、かぶは　ぬけません。
5 おばあさんは、まごを　よんで　きました。
かぶを　おじいさんが　ひっぱって、
おじいさんを　おばあさんが　ひっぱって、
おばあさんを　まごが　ひっぱって、
「うんとこしょ、どっこいしょ。」
やっぱり、かぶは　ぬけません。

指導のポイント

■第一次・第1時

「どんなお話かな？」
（しかけ「限定する」）

単元の導入で、挿絵の紙芝居をすることで、展開の面白さを読み味わわせる。　（ア）

■第二次・第1時

「おじいさんは、よくばりなのかな？」
（ゆさぶり発問）

教師のしかけ劇に助言するという目的をもたせることで、おじいさんの様子や気持ちを本文や挿絵に着目して探すことを促す。　（イ）

■第二次・第2時

「だれが、どんな順番で出てくるのかな？」
（しかけ「順序を替える」）

登場人物の登場する順序を確かめながら、繰り返しの表現や

✓ 本時の展開 第一次 第1時

目標 物語に出てきた人物について話し合う活動を通して、登場人物とは何か理解し、劇遊びで演じることに意欲をもつことができる。

[本時展開のポイント]

物語に登場していない人物の絵カードを加えて、正しい登場人物とそうでないものに分けさせる活動をすることで、お話に出てくる人物を「登場人物」ということを教える。

更に、かぶは登場人物か考えることで、定義の理解を深める。

[個への配慮]

㋐紙芝居がよく見える場所に座らせる

気がそれやすい児童の場合、物語に集中できるように、前列や教師の近くに座るよう誘う。

㋑ミニ絵カードを用意し、手元で操作させる

登場人物を選ぶことが困難な場合は、「教科書の挿絵を見てもいいよ」と声をかける。それでも難しい場合は、小さく印刷した絵カードを手元で一緒に操作しながら確認する。

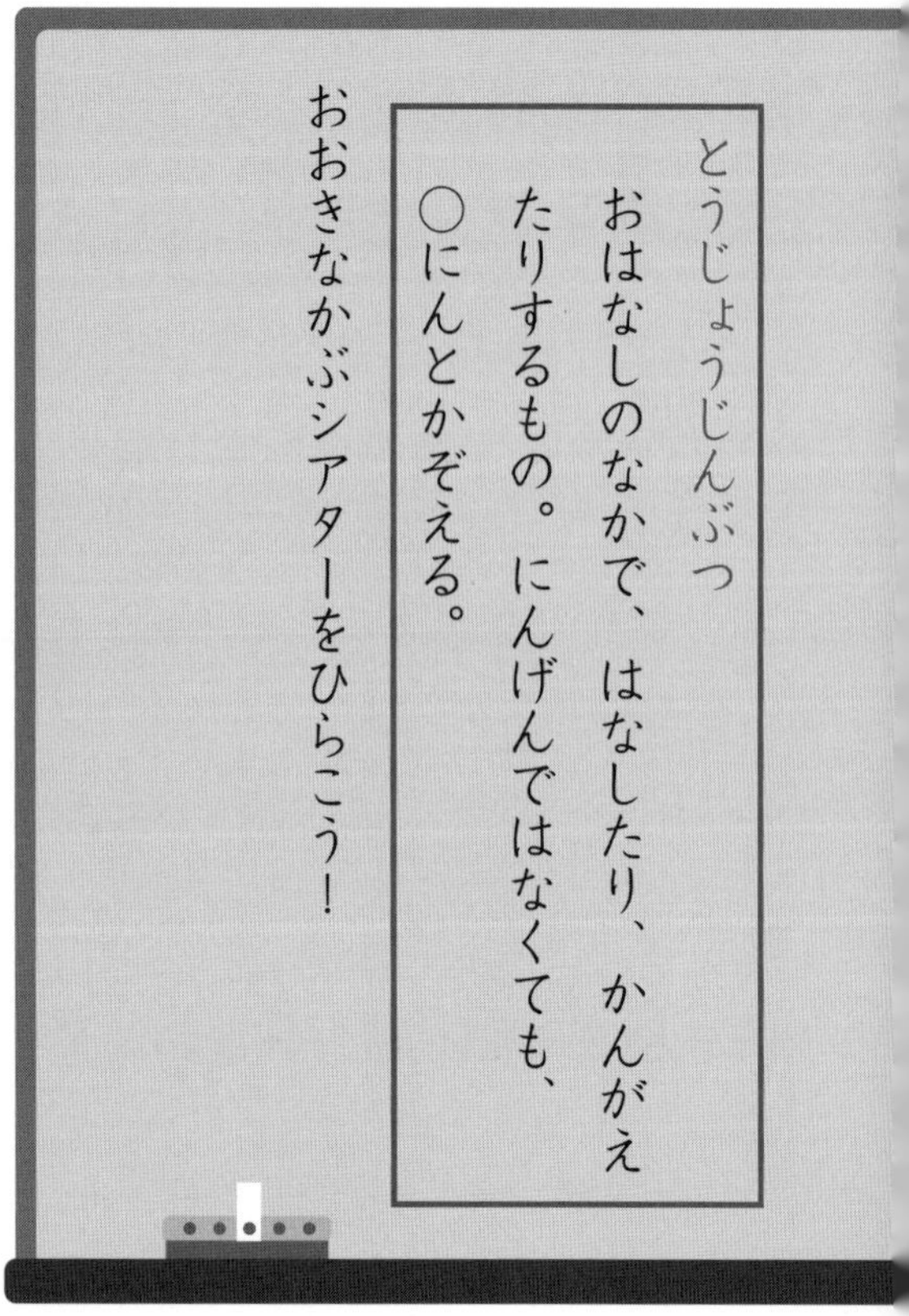

とうじょうじんぶつ
おはなしのなかで、はなしたり、かんがえたりするもの。にんげんではなくても、○にんとかぞえる。
おおきなかぶシアターをひらこう！

物は人間だけとは限らないことを伝える。

3 かぶは登場人物か話し合う

かぶも、登場人物かな？

人間じゃなくてもいいなら、かぶも登場人物じゃないかな？
そうかなあ？かぶは話さないよ

かぶの絵カードを提示し、かぶは登場人物と言えるかについて話し合わせる。

かぶは、考えたり話したりしないので登場人物ではない。しかし、物語の中で大事なものであることを題名と関連させながら確かめさせる。

4 単元のめあてをもつ

おおきなかぶシアターをひらこう！

やったあ、劇だ！ うれしいな。
私は、ねずみをやりたいな

グループに分かれて劇遊びをすることを知らせ、学習意欲をもたせる。

どの登場人物を演じたいか考えながら、音読させる。

準備物 ・全ての場面の挿絵（紙芝居に使用） ・登場人物の絵カード ・大きなかぶの絵カード ・クイズに使用する絵カード 1-01〜04

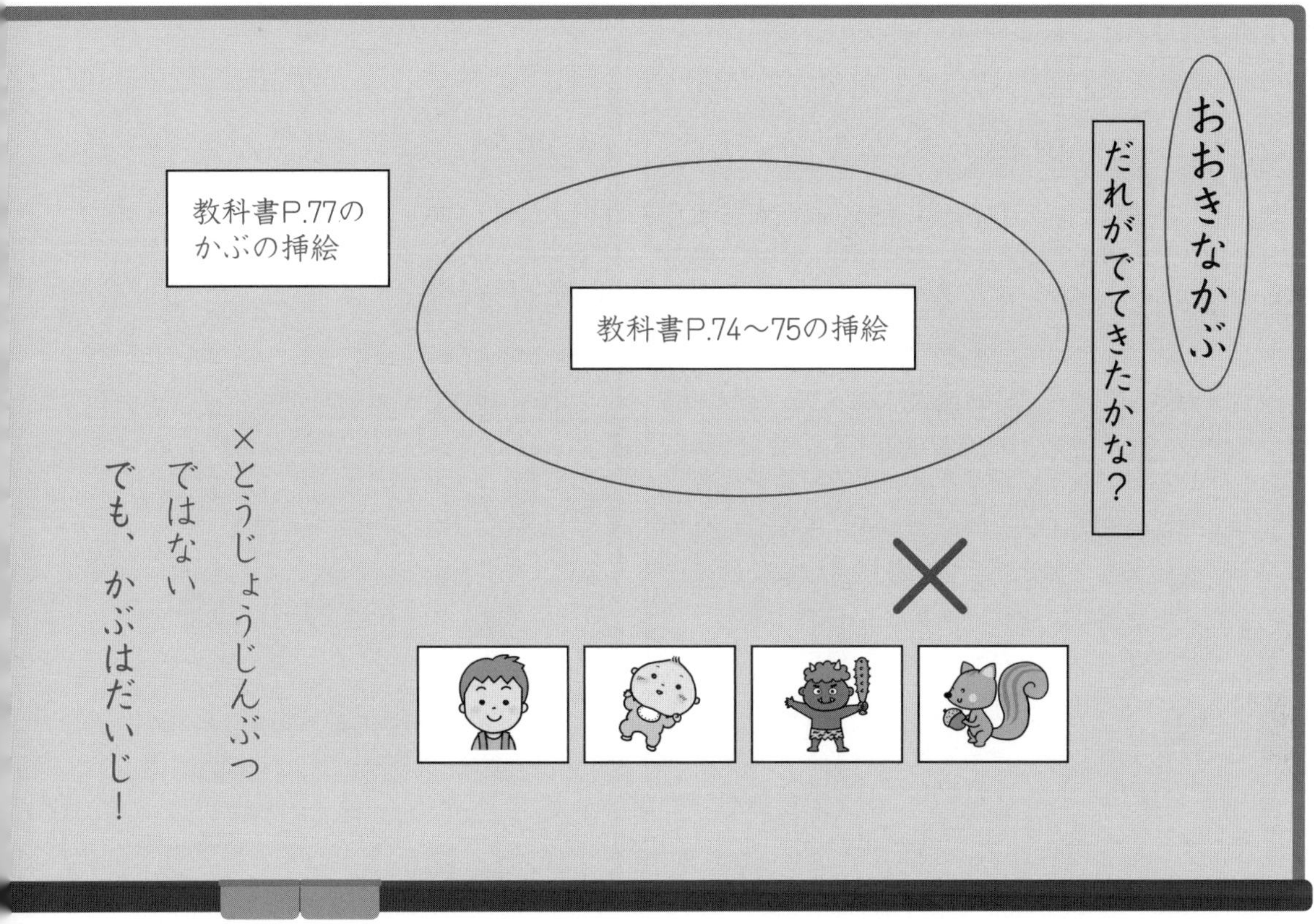

おおきなかぶ
だれがでてきたかな?
教科書P.77のかぶの挿絵
教科書P.74〜75の挿絵
×とうじょうじんぶつ
ではない
でも、かぶはだいじ!

1 挿絵の紙芝居を見る

どんなお話でしょうか?

とっても大きくて強いかぶだなあ

うんとこしょ! どっこいしょ! かけ声が楽しいね

しかけ（限定する）

挿絵の紙芝居をする。「まだまだ、かぶは……?」などと問いかけながら、かけ声に誘い、楽しく読み聞かせる。

配慮ア

気に入ったところを発言させる。

2 登場人物を確かめる

クイズ、だれが出てきたでしょう?

りすなんてお話に出てこないよ〜!

動物だけど、一人、二人って数えるんだね

Which型課題
しかけ（加える）

登場人物の絵カードとにせの人物の絵カードを黒板に提示する。**配慮イ**

ペアで話し合った後、全体で正解を確かめる。

登場人物の用語の意味を教える。絵本や昔話を例に挙げながら、登場人

✓ 本時の展開　第二次　第1時

目標 教師のしかけ劇にアドバイスする活動を通して、甘くて大きなかぶを願ったおじいさんの気持ちや人柄に気付き、はじめの場面を音読することができる。

[本時展開のポイント]

あえて教師が異なったおじいさん像で演じてみせる。児童は教師に助言するために、おじいさんのしたこと（行動）や言ったこと（会話文）を挿絵や本文を手がかりに探し始める。おじいさんの言動の理由を考えることで、おじいさんの気持ちや人柄に気付かせることをねらいとしている。

[個への配慮]

㋐劇を再現し、挿絵や本文と比べさせる

しかけ劇の間違いに気付くことが困難な場合、視点をもって検討できるようにするために、「挿絵を見てごらん。種のまき方はどうかな？」「せりふはどうかな？」と声をかけて、挿絵や本文と比べさせる。

㋑色分けや表情マーク、絵カードで理解を助ける

登場人物の気持ちを想像することに困難がある場合、生活経験を思い起こさせて理解しやすくなるように、「大きいけれどまずいスイカと小さいけれど甘いスイカ、どっちを食べる？」などと尋ねる。

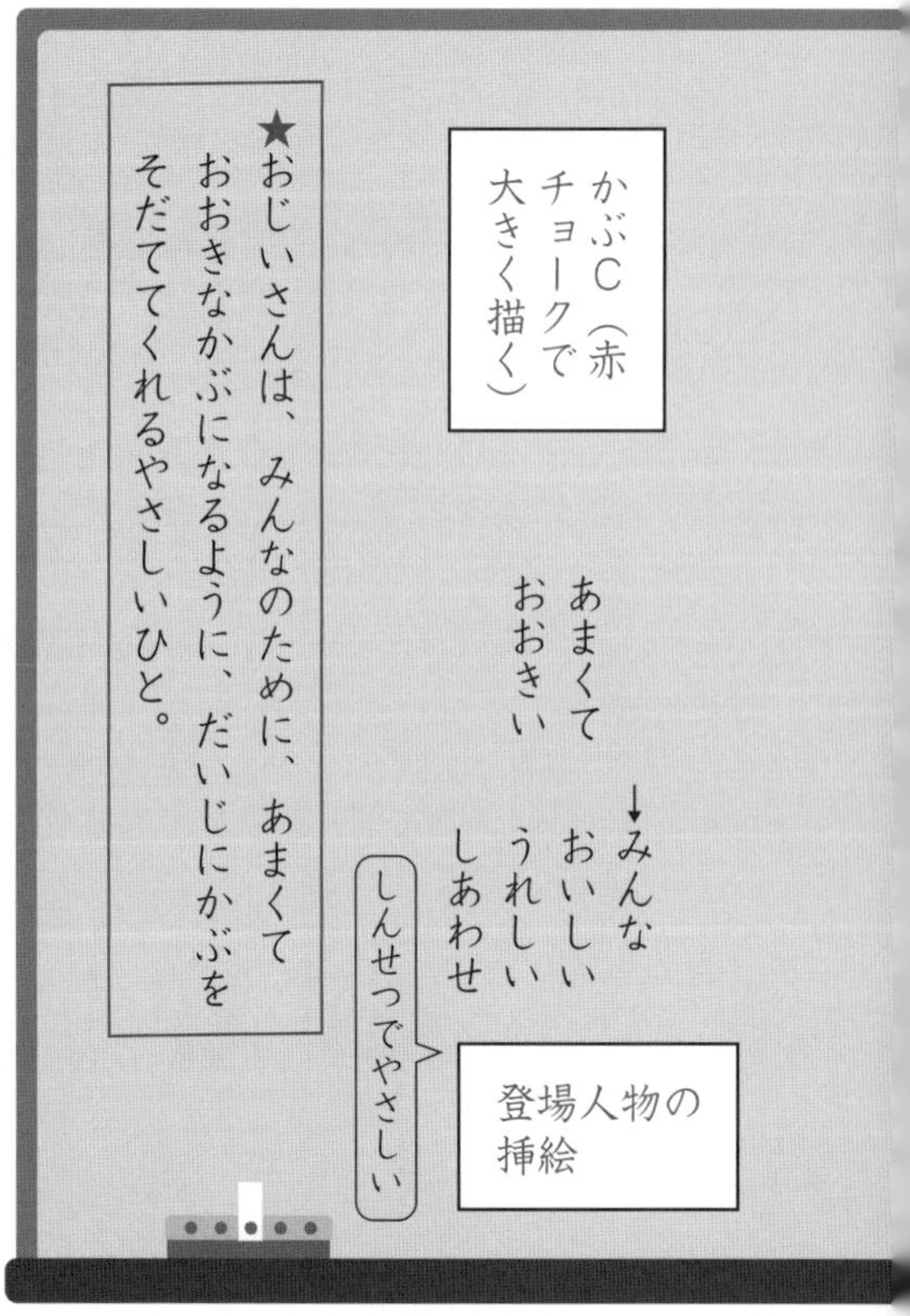

かぶC（赤チョークで大きく描く）
あまくて
おおきい
↓みんな
おいしい
うれしい
しあわせ
登場人物の挿絵
しんせつでやさしい
★おじいさんは、みんなのために、あまくておおきなかぶになるように、だいじにかぶをそだててくれるやさしいひと。

3 おじいさんの人柄について話し合う

おじいさんは、欲張りなのかな？

たしかに、おじいさん一人なら、かぶは小さくてもいいよね
みんなにたくさん食べさせてやりたいんじゃないかな？

かぶCを描き、「大きなかぶを願ったおじいさんって欲張りだよね？」とゆさぶる。みんなのためにかぶを大切に育てているおじいさんの人柄に気付かせる。

4 はじめの場面の劇を練習する

おじいさんになって劇をしましょう！

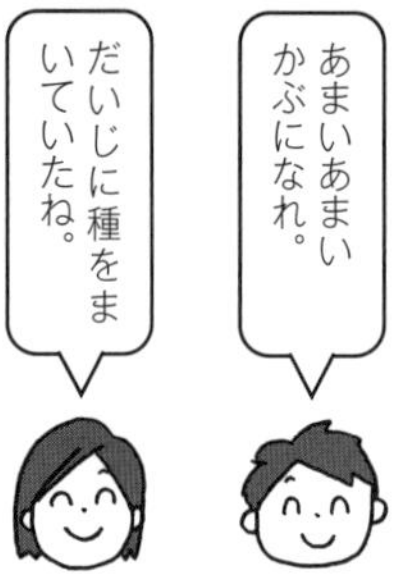

あまいあまいかぶになれ。
だいじに種をまいていたね。

ペアでおじいさん役と語り手役を交替して演じさせる。

おおきなかぶ

おじいさんって、どんな人？

じのぶん（語り手　〇〇さん）
おはなしをすすめるぶん。かたりてのことば。
かいわぶん（おじいさん　先生）
とうじょうじんぶつがはなしていることば。せりふ。
「　」がめじるし。

①たねのまきかた

教科書P.68の挿絵

・ひとつぶ　ひとつぶ
・だいじにまいている
・ゆっくり
・こしもまげて

②かいわぶん（せりふ）

「~~おおきな　おおきな~~《あまい　あまい》かぶになれ。
おおきな　おおきな　かぶになれ。」

かぶA（青チョークで大きく描く）
おおきいけれど
まずい　→たべられない

かぶB（赤チョークで小さく描く）
あまくて
ちいさい　→おいしい

よくばり？

1 教師のしかけ劇を見て話し合う

おじいさんってどんな人？

おじいさんは、一粒ずつ種をまいていたよ

「おおきなおおきなかぶになれ」だけじゃおかしいよ

しかけ（置き換える）

教師がおじいさん役となって一〜二の場面の劇をする。種を一度にまき、「おおきなおおきなかぶになれ。おおきなおおきなかぶになれ」とせりふを置き換える。

挿絵とセンテンスカードを提示し、種のまき方とせりふの間違いを押さえ、学習課題を提示する。配慮ア

2 おじいさんの言動とその理由について話し合う

大きいだけじゃだめ？

大きくたって、食べられないと意味がないよ

小さくても甘いほうがうれしいよ

しかけ（限定する）

かぶA・Bを描き、かぶが甘いほうがいい理由を話し合わせる。配慮イ

本時の展開　第二次　第2時

目標　登場人物の順序を話し合うことを通して、登場順の面白さや繰り返しの効果に気付き、それらを楽しみながら音読することができる。

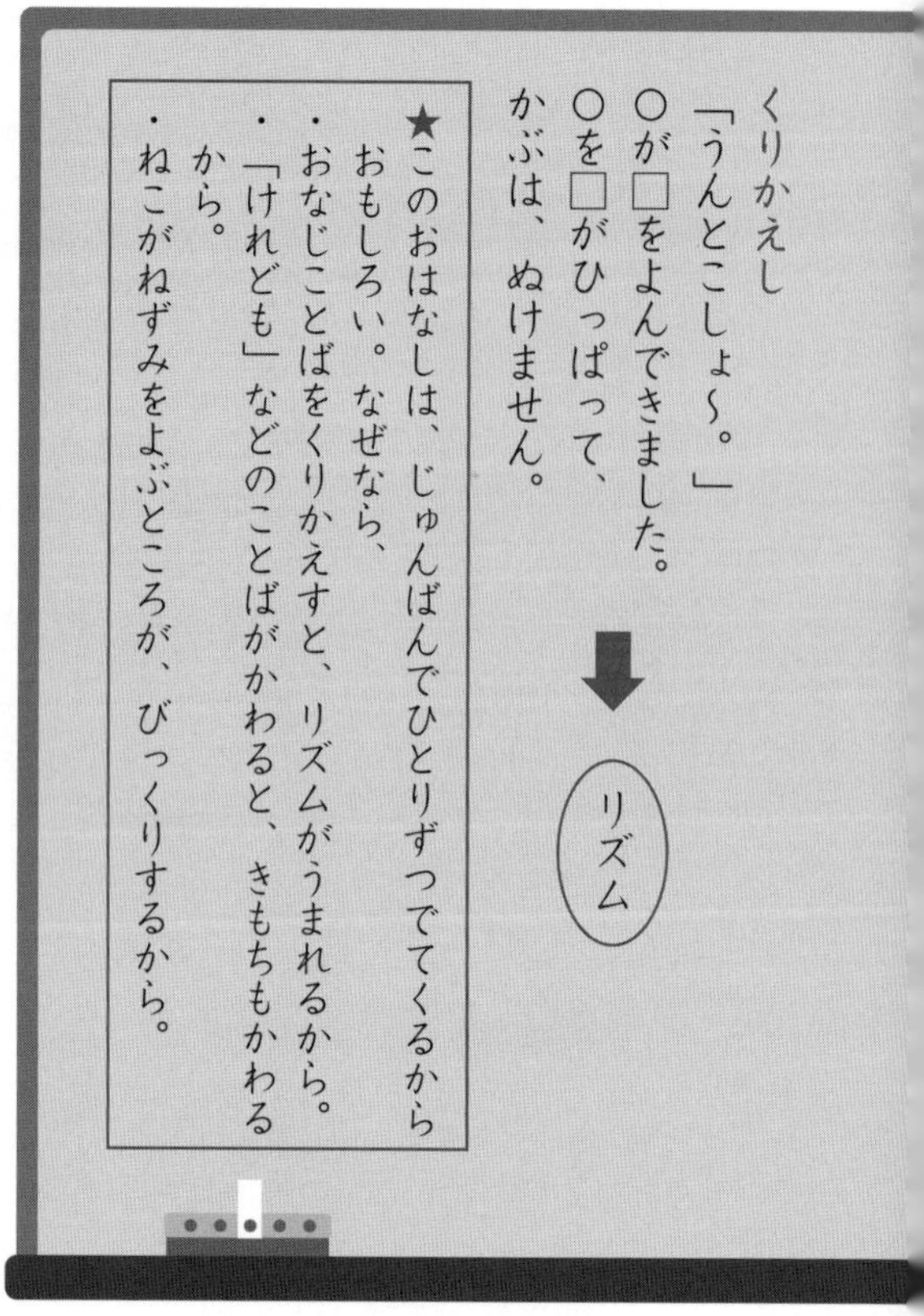

くりかえし
「うんとこしょ〜。」
○が□をよんできました。
○を□がひっぱって、
かぶは、ぬけません。
リズム
★このおはなしは、じゅんばんでひとりずつでてくるからおもしろい。なぜなら、
・おなじことばをくりかえすと、リズムがうまれるから。
・「けれども」などのことばがかわると、きもちもかわるから。
・ねこがねずみをよぶところが、びっくりするから。

[本時展開のポイント]

音読に合わせてセンテンスカードを提示することで、変化のある繰り返しを視覚的に理解させる。実際に音読することでその効果（同じ言葉や展開の繰り返しによって生まれるリズムの面白さ）を味わわせたい。

[個への配慮]

㋐配役に指名し、劇に参加させる

集中が持続しにくい児童に配慮して、学習の意欲付けを図るために、劇に参加させる。

㋑手元で絵カードを並べ替えさせる

板書を見て並べ替えることが困難な場合、考えやすくなるように、小さく印刷した絵カードを手元で操作させる。

3 お話の楽しさを話し合う

みんないっぺんに出てきちゃだめ？

「かぶが抜けるなら、みんないっぺんに出てきてもいいんじゃないかな」と問いかける。

言葉の繰り返しによってリズムが生まれることや、変化のある接続語がかぶの強さを強調し、読み手の感情移入を誘っていることなどに気付かせる。

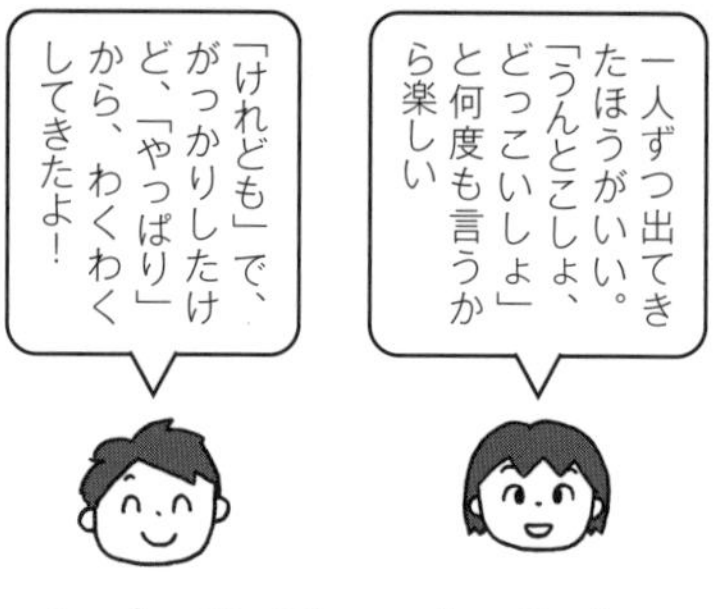

一人ずつ出てきたほうがいい。「うんとこしょ、どっこいしょ」と何度も言うから楽しい
「けれども」で、がっかりしたけど、「やっぱり」から、わくわくしてきたよ！

4 続きの場面を音読する

みんなで読んでみましょう

座席順に役を決めて、自分の番になったら席を立って音読させる。

なお、語り手は教師が担当する。

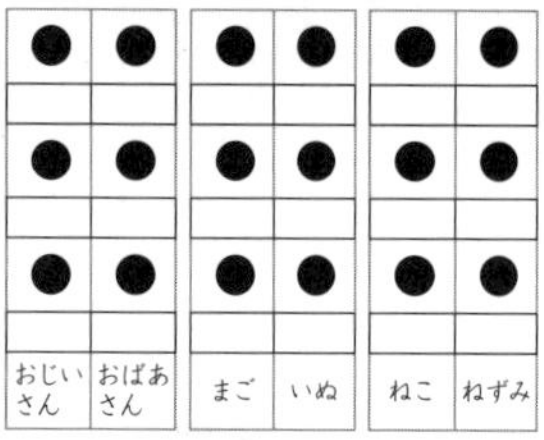

おじいさん
おばあさん
まご
いぬ
ねこ
ねずみ

準備物　・かぶと登場人物の絵カード　・センテンスカード 1-06～11　・大きなかぶ（透明袋に模造紙を何枚か丸めて入れ、緑のビニールテープなどで袋を縛り、つるにする）

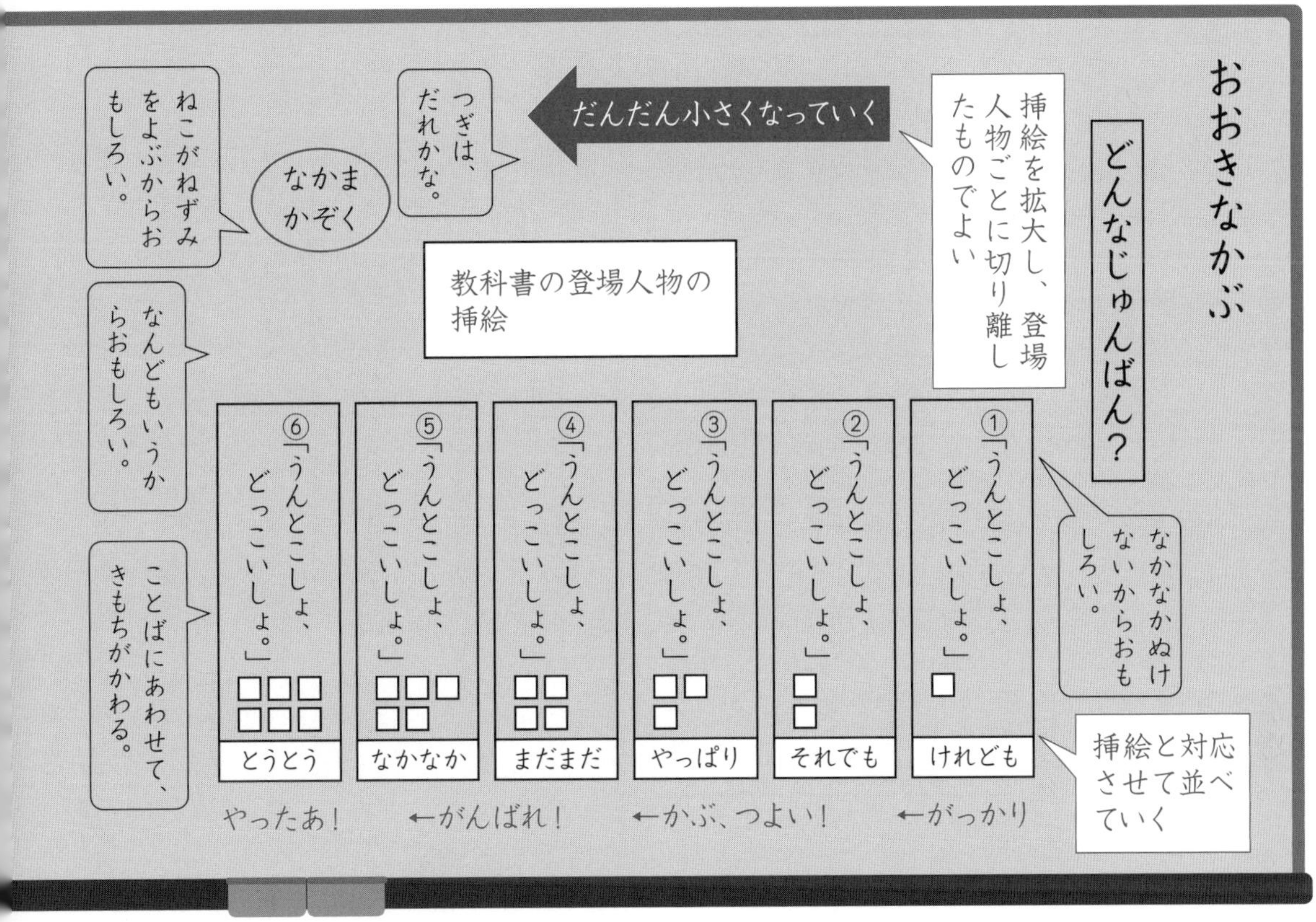

おおきなかぶ
どんなじゅんばん？
挿絵を拡大し、登場人物ごとに切り離したものでよい
だんだん小さくなっていく
つぎは、だれかな。
なかまかぞく
ねこがねずみをよぶからおもしろい。
教科書の登場人物の挿絵
①「うんとこしょ、どっこいしょ。」
けれども
②「うんとこしょ、どっこいしょ。」
それでも
③「うんとこしょ、どっこいしょ。」
やっぱり
④「うんとこしょ、どっこいしょ。」
まだまだ
⑤「うんとこしょ、どっこいしょ。」
なかなか
⑥「うんとこしょ、どっこいしょ。」
とうとう
なかなかぬけないからおもしろい。
なんどもいうからおもしろい。
ことばにあわせて、きもちがかわる。
挿絵と対応させて並べていく
←がっかり
←かぶ、つよい！
←がんばれ！
やったあ！

1 三～九の場面の劇をする

続きの劇をしましょう！

ぼくもやりたい！
一人ずつ呼ばれてから出ていくんだよ！

しかけ（置き換える）

児童を配役し、劇をする（語り手は教師）。三の場面の後、「おじいさんは、いっぺんにみんなを呼んできました」と言って、八・九の場面を読み上げる。全員同時に登場させて、一度にかぶを引き抜かせる。配慮ア

2 登場人物が出てくる順序を話し合う

誰がどんな順番で出てきますか？

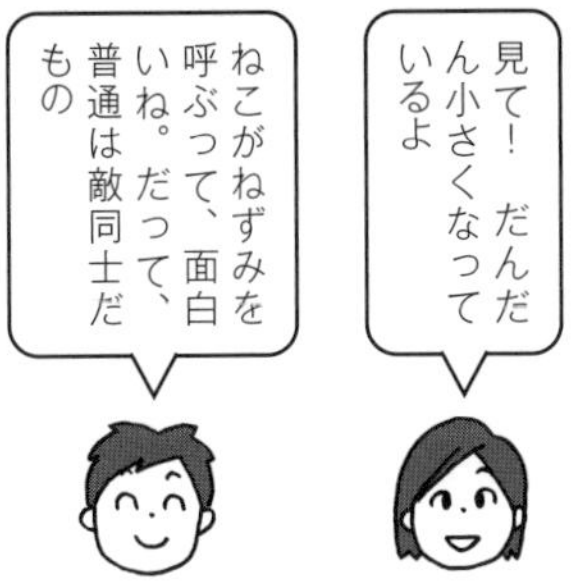

見て！　だんだん小さくなっているよ
ねこがねずみを呼ぶって、面白いね。だって、普通は敵同士だもの

しかけ（並べ替える）

正しい登場順序をペアで考えさせた後、全体で音読しながら、絵カードを正しく並べ替えさせる。配慮イ

✓ 本時の展開　第二次　第3時

目標　しかけ人物の是非やねずみの役割について話し合うことを通して、作品のテーマに気付き、物語のよさを味わうことができる。

[本時展開のポイント]

人物を仮定し、リライト文を本文と比べて読むことで、元の登場人物の役割や関係性に気付かせる。それによって、「協力」や「仲間」といった作品のテーマに触れさせる。

[個への配慮]

㋐はじめに立場を決めて、ハンドサインをさせる

考えを伝えることが苦手な児童がいる場合、立場を決めて話合いに参加しやすくするために、ねずみの力が必要だと思う人はグー、必要ないと思う人はパー、迷っている人はチョキなど、ハンドサインをさせる。

㋑書き出しの提示、書く内容の選択

考えを書くことが苦手な場合、書く内容に見当をつけさせるために、書き出しを提示したり、出てきた意見の中で自分の考えに近いものを板書の中から選んだりさせる。

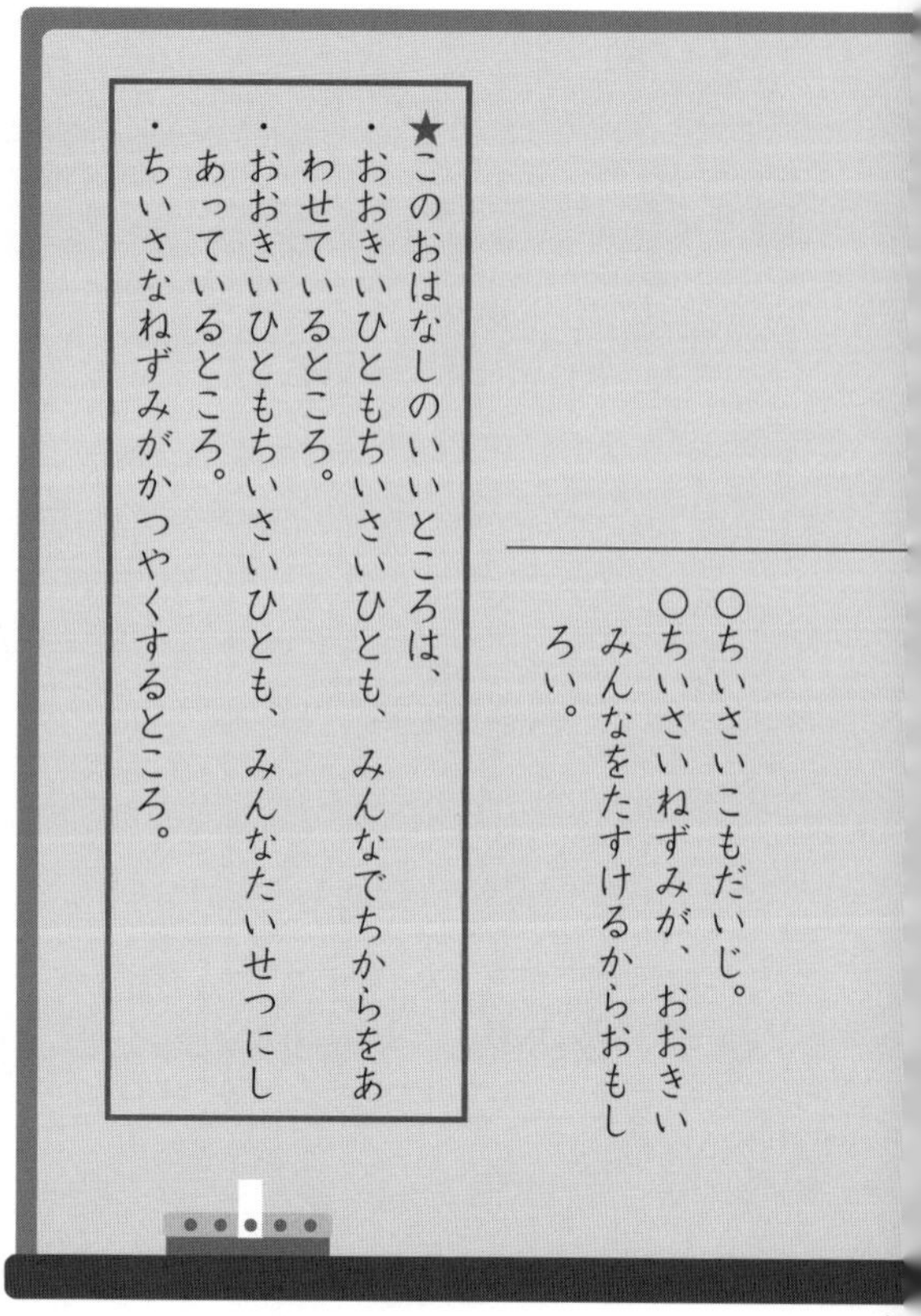

○ちいさいこもだいじ。
○ちいさいねずみが、おおきいみんなをたすけるからおもしろい。
★このおはなしのいいところは、
・おおきいひともちいさいひとも、みんなでちからをあわせているところ。
・おおきいひともちいさいひとも、みんなたいせつにしあっているところ。
・ちいさなねずみがかつやくするところ。

3 ねずみの必要性について話し合う

ねずみの力って、本当に必要かな？

本文のほうがいいお話であることを全体で確かめた上で、「でも、ねずみは本当に必要かな？」と問い、ねずみの役割について考えさせる。　配慮㋐

ねずみの小ささ、弱さに焦点を当て、それでも仲間に呼んでいるみんなの優しさや、その結果、ねずみがみんなを助けることになったことに注目させる。

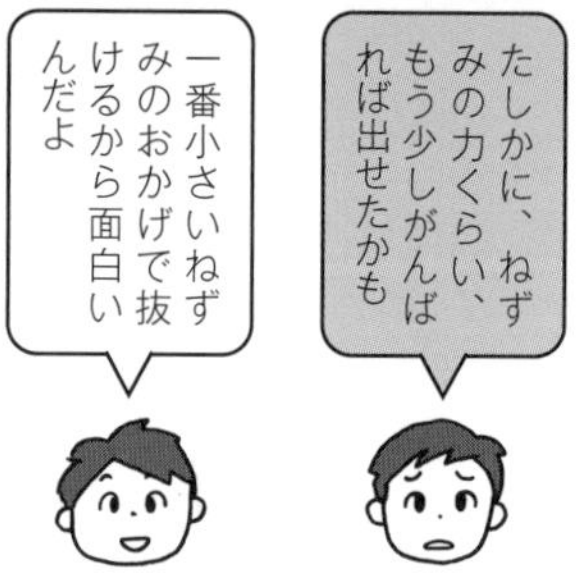

たしかに、ねずみの力くらい、もう少しがんばれば出せたかも
一番小さいねずみのおかげで抜けるから面白いんだよ

4 ノートに考えをまとめる

このお話のいいところは……

話し合った内容を基に、自分の考えをノートにまとめる。　配慮㋑

物語のよさを考えながら、全員で音読をする。

このお話のいいところは、大きい人も小さい人もみんなで力を合わせているところです

おおきなかぶ

どちらがいいおはなしかな？

おじいさんは、おおおとこをよんできました。
おおおとこは、ひとりでかぶをひっぱって、
「よいしょ。」
かぶは、すぐにぬけました。

ひとりのちから

よろこび

みんなのちから

教科書P.76〜77の挿絵

×ひとりでぬけたらつまらない。

×「うんとこしょ、どっこいしょ。」がなくて、つまらない。

×ほかのみんながかわいそう。

○ひとりより、みんなでかけごえをかけて、がんばるからおもしろい。（うんどうかい、おんがくさい）

○みんなでひっこぬいたほうが、よろこびがおおきい。

いらない

×もうちょっとがんばれば、ほかのみんなのちからでぬけたかも。

教科書のねずみの挿絵

ひつよう

○みんなぜんりょくをだしている。

○ねずみがいないとぬけない。

○なかまはずれはかわいそう。

1 リライト文を読む

先生もお話を考えてきたよ

わあ、大男だ！

そんなお話、おかしいよ！

しかけ（仮定する）

「先生も、おおきなかぶのお話を考えてきたよ」と言って、リライト文を提示し、読み上げる。

2 リライト文と本文を比べて話し合う

どちらがいいお話ですか？

一人より、みんなで力を合わせて抜けるほうがいい

そのほうが、成功したときにうれしいよね。例えば、運動会とか……

Which型課題

「大男を呼んだほうが、一度で抜けるからいいお話だよね」と尋ね、どちらがいいお話かを話し合わせる。

一人よりもみんなで協力するのがよいという意見が出た際に、生活経験を思い起こさせながら語らせる。

本時の展開　第二次　第4時

目標　好きな登場人物とその理由を話し合うことを通して、それぞれの登場人物のよさや役割に気付き、楽しんで劇の練習をすることができる。

［ 本時展開のポイント ］

登場人物の総選挙を行い、友達が好きな人物とその理由を聞くことによって、それぞれの人物のよさに気付かせる。実際に役割を決めて劇をする際にも、それらについて考えながら演じることができる。

［ 個への配慮 ］

㋐他の児童の発言をモデリングさせる

理由を話すことが苦手な場合、どのように発言するとよいか分かるように、他の児童数名に発表させた後に指名する。また、すでに出ている考えと同じでも、繰り返し発言してよいと先に伝えておくことで、話しやすい雰囲気をつくっておく。

㋑役決めを支援する

こだわりが強く、やりたい役ができずに困っている場合、全員が楽しく劇に参加できるように、発表の場を2回設けるなど柔軟に対応する。

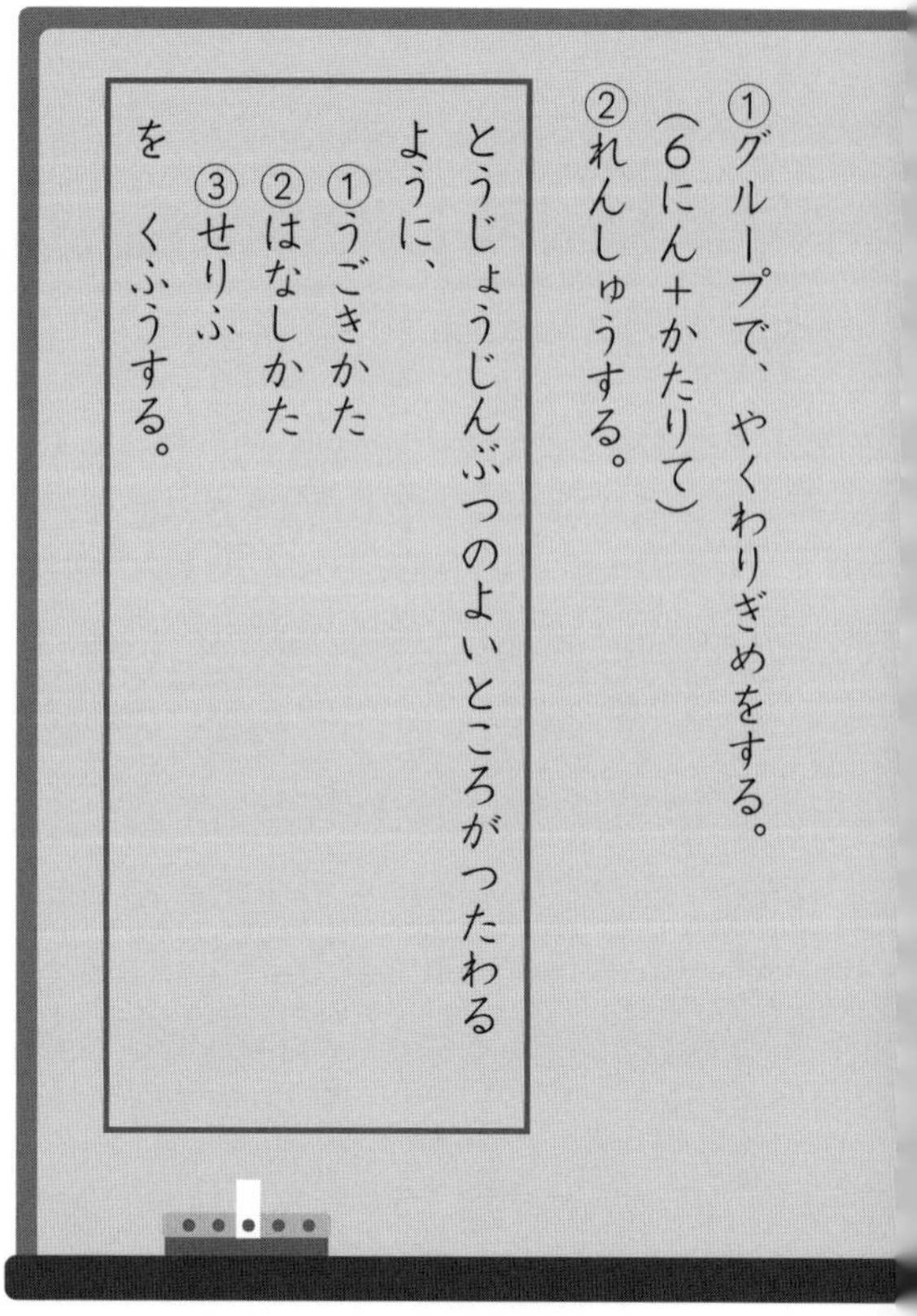
①グループで、やくわりぎめをする。
（6にん＋かたりて）
②れんしゅうする。
とうじょうじんぶつのよいところがつたわるように、
①うごきかた
②はなしかた
③せりふ
をくふうする。

3 劇をするときのポイントを確認する

こんないいところを見付けたよ

動きが大きいと、がんばっている感じが伝わるね
なるほど、セリフを足してもいいんだね

練習を一旦止めて、全体を集め、いくつかのグループのよい点を伝える。①動き方、②話し方、③せりふを工夫するとよいこと、を確認する。

はじめに話し合った登場人物のよさが伝わるように意識させながら、グループで練習を再開させる。

4 次時に向けて意欲をもつ

いよいよ本番、楽しみだね！

うまくいくといいなあ
どきどきするけど、楽しみだね

練習でのがんばりを褒め、次時の発表会に向けて意欲をもたせる。

準備物　・登場人物の絵カード　・お面やかぶなど劇遊びに必要なもの　・かぶ（かぶの作り方は、第二次第２時の準備物欄参照）

おおきなかぶ

いちばん　すきなのは？

2
○人
おじいさんの挿絵
・おじいさんのおかげで、あまくておおきなかぶができたから。
・はじめからずっとがんばってひっぱっているから。

○人
おばあさんの挿絵
・おじいさんをてつだってあげているから
・おとしよりなのに、えらいとおもうから。

3
○人
まごの挿絵
・おてつだいをがんばっているから。
・どうぶつをよんだから、やさしい。

○人
いぬの挿絵
・がんばってまごをひっぱっているから。
・ねこをなかまにいれてくれたから。

○人
ねこの挿絵
・ねずみをよんでくれたから。
・ねずみをなかまだとおもっているから。

1
○人
ねずみの挿絵
・ねずみのおかげでかぶがぬけたから。
・ちいさいけれどがんばっているから。

おおきなかぶシアターのれんしゅうをしよう！

1 好きな登場人物について話し合う

「おおきなかぶそうせんきょ」をしましょう！

おじいさんが好き。みんなのためにかぶを育ててくれたから

ねずみ。小さいけれど、みんなを助けたから

しかけ（選択肢をつくる）
登場人物のイラストを提示し、一番好きな登場人物に挙手をさせる。　配慮ア

好きな理由を発表させ、登場人物のそれぞれの役割やよさについて考えさせる。

2 劇遊びの準備をする

必要な役は何人ですか？

六人かな？

語り手も必要だよ

ぼくは、犬がやりたいな！

次時におおきなかぶシアターを開くことを伝える。

必要な役を数えさせ、登場人物の六人に加えて、語り手役が必要であることに気付かせる。

グループに分かれて役を決め、練習させる。　配慮イ

✓ 本時の展開　第三次　第1時

目標 劇遊びの発表会を通して、想像を広げて読む楽しさに気付き、場面の様子や登場人物を音読や動作で表現することができる。

[本時展開のポイント]

この時期の児童は、自分たちの発表に意識が集中してしまうところがあるので、他のグループのよいところや工夫しているところを見付けるという目的を与えることで、聞く意欲の向上をねらった。

[個への配慮]

㋐早めに指名し、発表させる

他のグループの発表に集中することが困難な場合、発表会への意欲が持続するように、早い段階で発表させたり、その都度聞き方について励ましたりする。

㋑学習ノートを振り返らせる

単元の感想をもつことが困難な場合、学習の歩みを思い起こすことができるように、これまでのノートを見返させ、その中で最も心に残っている、あるいは楽しかった学習を選ばせる。

・おじいさんが、とてもたいせつにたねをまいているようすがよくつたわった。

○グループ

・こえがおおきくて、ききやすかった。

・つづきのはなしをつくっていて、おもしろかった。

♡ふりかえり

★おおきなかぶシアターをして、……。

★おおきなかぶのがくしゅうで、いちばんこころにのこったことは、……。

4 これまでの学習を振り返る

全てのグループの発表を終えた後、はじめに立てた発表のめあてと聞き方のめあてを達成することができたか、◎○△を書いて自己評価させる。

リズムに乗って、音読することができたよ
他のグループのよいところをたくさん見付けることができた

「おおきなかぶ」の学習で、一番心に残っていることは何ですか？

これまでの学習を振り返り、一番心に残っていることを発表させる。 配慮㋑

ねずみについて考えたこと
おおきなかぶシアターで、おじいさんたちみたいに、みんなと力を合わせて劇ができて嬉しかったです

準備物 ・お面　・かぶ

おおきなかぶ

おおきなかぶシアターをしよう！

○はっぴょうじょうず

（はなしかた）
・はっきりと
・おおきなこえで
・ゆっくりと
・りずむよく

（うごきかた）
・なりきって
・おおきくうごく
・たのしんで

○ききじょうず
・しせいよく
・よくみて
・はくしゅでおうえん
・くふうしているところをみつける

【ノート】

はっぴょう

（れい）おおきくうごく。◎

ききかた

（れい）くふうしているところをみつける。◎

全グループの発表後に自己評価させる

よかったところ

○グループ
・りずむにのって、おんどくしていた。

1 発表の仕方と聞き方を確認する

どんな発表の仕方や聞き方がいいですか？

よい話し方とよい聞き方にはどのようなものがあるか挙げさせ、観点を確認する。

出てきた観点から一つずつめあてを選び、ノートに書く。

大きな声で発表するといいよ

いいところをたくさん見付けたいな

2 グループごとに発表する

おおきなかぶシアターのはじまり、はじまり！

グループごとに、劇遊びの発表をする。

発表が終わったら、観客役の児童からよかったところや工夫していたところを発表させる。

配慮ア

おじいさんが種をまいている様子が、とても丁寧でした

最後に、みんなで「やったー！」と言ったところがよかったです

3 めあてを評価する

めあてをがんばることができましたか？

「やくそく」の授業デザイン

（光村図書１年上）

教材の特性

この教材は、オノマトペが多く使われている。「むしゃ　むしゃ」「もりもり」「くんねり　くんねり」などによって比喩表現が学びやすい教材となっている。登場人物同士の会話が多く、児童同士の対話も生まれやすくなっている。また、教科書初掲載であり、作者の書き下ろしである点も興味深い。「やくそく」という「題名」からも内容を豊かに想像しやすく、入学したての１年生の姿と重なる内容となっている。

繰り返しの論理である。「おおきなかぶ」で学んだ論理構成を生かしていきたい。

「初め→中→終わり」の論理展開が分かりやすくなっている。はじめ、大げんかしていた３匹が、大きな木の言葉によって争いを止め、海に行く約束をする話である。事件（出来事）を解決するきっかけも読み取りやすい展開となっている。

終わり	中	初め		設定	
[8][7][6][5]	[4]	[3]	[2]	[1]	
争いの解決	木の登場	３匹の争い	２匹の争い	場所	登場人物
ちょうになったら、海に行く約束をする。	大きな木の言葉	あおむしたちのけんか		大きな木	あおむし三匹

身に付けさせたい力

・語のまとまりや言葉の響きなどに気を付けて音読する力

・場面の様子や登場人物の行動など、内容の大体を捉え、場面の様子に着目して、登場人物の行動を具体的に想像する力

授業づくりの工夫

焦点化

○心情の変化を表す言葉に着目させ、きっかけを読み取らせ、心情の変容を読み取ることに焦点化する。

○行動を表す言葉に着目し、はじめの行動と終わりの行動を比較することに活動を焦点化する。

視覚化

○思考の流れや学習の見通しがもてるように、構造的な板書で思考を視覚的にする。

○児童の発言などの消えてしまいやすい音声言語等を文字化し、学習内容を視覚的にする。

共有化

○授業の途中でも、評価の対象となる自分の考えを隣の席の児童に述べ、思考を共有化する。

○他の児童の動作化を見て、自分の考えを述べることで、表現活動の根拠を共有化する。

単元目標・評価規準

目標 場面の様子や登場人物の行動など、内容の大体を捉えるとともに、場面の様子に着目して、登場人物の行動を具体的に想像することができる。

知識・技能

○語のまとまりや言葉の響きなどに気を付けて音読している。 (1)ク

思考・判断・表現

○「読むこと」において、場面の様子や登場人物の行動など、内容の大体を捉えている。 Cイ

○「読むこと」において、場面の様子に着目して、登場人物の行動を具体的に想像している。 Cエ

主体的に学習に取り組む態度

○積極的に、登場人物の行動を具体的に想像し、学習課題に沿って、役割を決めて音読したり、演じたりしようとしている。

単元計画（全8時間）

次	時	学習活動	指導上の留意点
一	1	**「やくそく」は、どんなおはなしかな？**	
		○「題名」や登場人物から話の内容を想像する。	・題名「やくそく」が想像しやすいように挿絵を活用する。
二	1	**話の内容を読み取ろう**	
		○誰が、いつ、どこで何をした話なのかなどの作品の設定を捉える。	・場面の様子や登場人物の行動、会話などを手がかりにして読むように指導する。
	2	○作品のあらすじを捉える。	・「誰が、〜をして、〜になった話」を一文で書くように指導する。
	3	○②③場面の「いいあい」と「おおげんか」に着目して、登場人物の行動を具体的に想像する。	・行動と話し方を表に整理することで、表情、口調、様子などを想像しながら読むように指導する。
	4	○大きな木の言動から、「中・きっかけ」④場面における登場人物の行動を具体的に想像する。	・大きな木の行動や口調、様子を表す言葉などに着目するように指導する。
	5	○「やくそく」の理由を考える。	・場面の様子の違いを想像させるために、2枚の挿絵の比較を取り上げる。
	6	○話の続きを考える。	・3匹の終わりの場面での行動や会話、場面の状況を表す言葉などに着目するように指導する。 ・場面の様子や誰の言葉なのかに着目しながら音読するように指導する。
三	1	**読み取ったことをもとに音読発表をしよう**	
		○グループごとに音読発表をする。 ○学習の感想を書き、共有する。	・グループごとに、順番に読みたい場面を音読するように指導する。 ・①物語のよさ（いいなと思ったこと）、②学びのよさ（学んだこと）、③友達のよさ、について書くように指導する。

教材分析

あおむしの登場。

オ 登場人物②（二匹目のあおむし）

【比較】

一匹目のあおむしと二匹目のあおむしの共通点。

○姿　○葉を食べる　○言葉遣いから性別　○場所

カ 会話文と地の文

「　」の記号の役割と誰が誰に話をしているのかを丁寧に押さえたい。会話文に続く「あおむし」は誰が言ったのかを誤読のないように読み取らせたい。地の文は、「　」が付いていないことも読み取らせる。

場面③

キ 出来事②

三匹目のあおむしの登場。「じぶんたちと」の複数形になっている。

ク 登場人物③（三匹目のあおむし）

【比較・類推】

三匹の共通点・相違点。

○姿　○葉を食べる　○性別　○場所

ケ 繰り返し

行動描写が繰り返されている。二匹目の登場場面との共通点を読み取らせたい。

コ
なんと、じぶんたちと　そっくりな　あおむしが、
おなじ　木で、はを　たべて　います。

「その　はっぱは、ぼくのだぞ。」

と、いっぴきめが　いいました。

「わたしの　はっぱを　たべないで。」

と、にひきめも　いいました。すると、

「そんな　こと　しる　ものか。」

さんびきめが　いいかえしました。

あおむしたちは　おおげんか。

4 その　ときです。
「うるさいぞ。」
おおきな　木が、ぐらりと　ゆれて　いいました。
「みんな、もっと　うえまで　のぼって、
そとの　せかいを　みて　ごらん。」

5 あおむしたちは、いわれた　とおりに、
のぼって　いきました。
いちばん　たかい　えだに　つくと、
さんびきは　めを　まるく　しました。
この　おおきな　木は、はやしの　なかの
たった　いっぽんだったのです。
「ぼくら、こんなに　ひろい　ところに
いたんだね。」
「そらも、こんなに　ひろいんだね。」
とおくには、うみが　みえます。
あおむしたちは、まだ　うみを
しりません。
「あの　ひかって　いる
ところは、なんだろう。」
さんびきは、えだに　ならぶと
せのびを　しました。
「きれいだね。
からだが　ちょうに　かわったら、
あそこまで　とんで　みたいな。」
「わたしも、あそこまで
とんで　みたい。」

（しかけ「順序を変える」）

挿絵を並び替える活動を行うことで、物語の大体（あらすじ）を捉え、物語の順序性に気付かせる。また、繰り返しの論理に気付かせることもできる。

（ウ、オ、ク、ス）

■第二次・第3時
「どちらが○○？」

（Which型課題）

物語の繰り返しの論理展開に気付かせる。より豊かに場面を想像させるために、比較して思考する場面を取り入れる。

（ウ、オ、ク、ス）

■第二次・第4時
「どう読む？」

（考える音読）

場面の様子や登場人物の行動を具体的に想像させるために、音読を取り入れる。音読に合わせて動作化も取り入れるとより効果的である。

（ウ、オ、ク、ス）

■第二次・第5時
「何が変わったかな？」

（しかけ「限定する」）

場面の変化をより具体的に想像させるために、二つの場面の挿絵を比較させる。同じ登場人物が描かれた挿絵だが、場所や出来事が違う点に着目させる。

（ウ、オ、ク、ス）

◆教材分析のポイント　その①【論理の展開】

場面の様子や登場人物の行動など、内容の大体を捉えさせたい。「おおきなかぶ」と同様に、繰り返しの論理展開である。「一匹目、二匹目」とあおむしが増えていく。また、「いいあい」から「おおげんか」への事件の繰り返し。大きな木の登場をきっかけとして、話が急展開し、終末を迎える分かりやすい論理展開をしっかりと分析した上で授業を構成したい。

◆教材分析のポイント　その②【叙述を基にした想像】

本単元では、場面に着目して、登場人物の行動を具体的に想像させたい。「誰が」「何をした」のか、具体的に児童が想像できることが大切である。あおむしたちの会話は、児童にとって、行動を想像しやすいとても身近な言葉遣いとなっている。また、「いいあい」や「おおげんか」をするという行動は、児童にとって行動を想像するのに身近な出来事が設定されている。

指導内容

ア　題名

作品のテーマと関わる。「やくそく」に関わる自分自身の体験や身近な出来事と重ね合わせることができる。

場面①

イ　作品の設定

【場所】
あるおおきな木

【登場人物】
一匹目のあおむし

ウ　登場人物①（一匹目のあおむし）

「あおむし」とは、いずれさなぎになり、ちょうになることを確認したい。一人で住んでいること。友達がいない。

場面②

エ　出来事①

自分（一匹目）とそっくりな

やくそく　　こかぜ　さち

1 ある　おおきな　木に、
いっぴきの　あおむしが　いました。
あおむしは、まいにち
木の　はを　たべて、
からだが　ちょうに　かわる
ひを　まって　いました。

2 ある　とき、いつものように
はを　たべて　いると、どこからか、
むしゃむしゃ　むしゃむしゃと、
おとが　きこえます。
なんと、じぶんと　そっくりな　あおむしが、
おなじ　木で、はを　たべて　います。
「だめ　だめ。この　木は、ぼくの　木。
ぼくの　はっぱ。」
あおむしが　いうと、
その　あおむしも、いいました。
「この木は、わたしの　木。
だから、はっぱも、わたしの　はっぱ。」

3 にひきが　いいあいを　して　いると、
どこからか、もりもり　もりもりと、
おとが　きこえます。

指導のポイント

■第一次・第1時、第二次・第1～4時

「登場人物や挿絵の一部を隠し、どの登場人物か考える」
（しかけ「かくす」）

授業の導入で、登場人物や場面の様子に関心をもたせる。挿絵の一部分を隠して提示し、クイズ形式にすることで授業への集中力も高める。（ウ、オ、ク、ス）

■第二次・第1時

「挿絵と合う文章は？」
（しかけ「配置する」）

挿絵の下に対応する文章を貼っていく。挿絵から登場人物の行動を挿絵と文章に着目させて想像しやすくする。
（ウ、オ、ク、ス）

■第二次・第2時

「並び替えクイズ」

教材分析

タ　繰り返し

助詞「も」を繰り返し、効果的に心情を表している。

チ　会話文

「　」の言葉を誰が言っているのか考えさせたい。

「わたし」という表現から、二匹目のあおむしは分かるが、その他は、一匹目か三匹目か判断がしにくい会話文がある。

ツ　表現技法

「せのびをしました」は動作化させやすい。また、比喩表現でもある。

テ　心情の変化

「えだにならぶと」の行動描写から、ばらばらだった三匹の心情がそろっている。

「みんなでいこう」という言葉の表現から、人物の関係性の変化を読み取らせる。「いいあい←おおげんか←『みんなでいこう』」の変化にも気付かせたい。

指導内容

コ 地の文

「なんと」の驚いた表現は、語り手の視点から心情を表した言葉である。

サ 助詞

「も」の言葉に着目させると、三匹とも同じように、自分一人の生活や境遇であった背景が読み取れる。

シ 行動描写の変化

いいあらそい←おおげんか

三匹の様子が大きく変化している。

「いいあい」や「おおげんか」という表現が児童にとって作品を身近に感じ、音読表現において同化させやすくしている。

場面④

ス 登場人物④（おおきな木）

あおむしとの比較。

場面⑤

セ 主語・述語

「あおむしたちは」と複数形になっている。

ソ 表現技法

「めをまるくしました」という比喩表現が使われている。驚いた様子が比喩表現によって表されている。

「それなら、みんなで　いこう。」
さんびきの　あおむしは、
やくそくを　しました。
そして、くんねり　くんねり
おりて　いきました。
木の　はが、
さらさら　そよいで　います。

指導のポイント

■第二次・第6時

「物語の続きを考える?」

話の続きを考える活動を取り入れる。文章の内容と自分の体験などと結び付けて、解釈したことを基に、豊かに想像を広げさせたい。また、考えたことを友達に伝えることで、より想像したことを深めさせる。

（ウ、オ、ク、ス）

■第三次・第1時

「考えの共有」

文章を読んで感じたことや分かったことを共有させる。文章構造と内容を把握して、解釈を通して感じたことを友達と共有させる。一人一人の感じ方の違いや考え方の違いを多様な言語活動で表現させたい。

（ウ、オ、ク、ス）

✓ 本時の展開 第一次 第1時

目標 題名や作者、物語について話し合う活動を通して、大まかな物語の内容に興味をもち、簡単な感想にまとめることができる。

[本時展開のポイント]

あおむしについての知識をそろえ、児童の「どんな物語だろう？」「読んでみたい！」という意欲を喚起する。物語の内容の感想をもてるような観点を示す。

[個への配慮]

ア先行読書をする

あおむしについての知識がなく、教材の内容に興味をもてない児童がいる場合がある。あおむしについて書かれた図鑑などを教室に置いておき、読むように声かけをする。クイズの際には、教師が側に立ち、ヒントを出すなどの個別の配慮を行う。

イ教科書の文を1枚の用紙にする

音読が複数ページにわたると、音読についていけず、どこを読んでいるか見失ってしまう場合がある。そこで、教材文が1枚の用紙に収まるようにする。全文が一覧できるようにすることで、指でなぞりながら追い付いていける。物語全体を視野に入れられるような工夫をする。

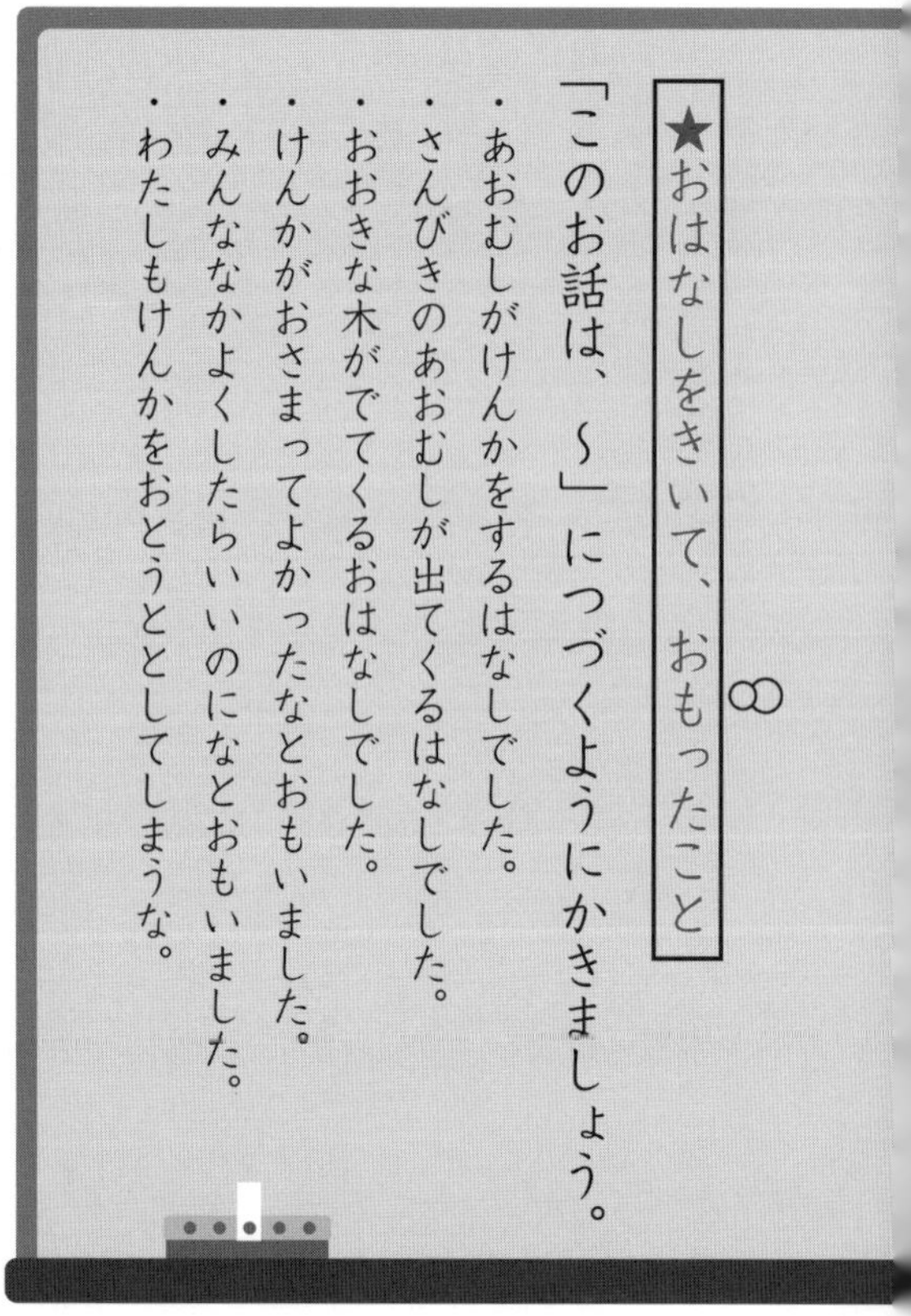

★おはなしをきいて、おもったこと
「このお話は、〜」につづくようにかきましょう。
・あおむしがけんかをするはなしでした。
・さんびきのあおむしが出てくるはなしでした。
・おおきな木がでてくるおはなしでした。
・けんかがおさまってよかったなとおもいました。
・みんななかよくしたらいいのになとおもいました。
・わたしもけんかをおとうとしてしまうな。

3 全文を通読し、新出漢字について知る

あおむしについて書かれた文章があるんだけど、読んでみない？

あおむしが大きくなっていく物語じゃないかな？
追い付けない……。どこを読んでいるのかな？

2の活動で、作品に対する読みたいと思う気持ちを十分に高め、あおむしについてのイメージをもたせて本文を読む。どこを読んでいるか分からない児童には紙を渡す。 配慮イ

4 読んだ感想をまとめる

「このおはなしは、」の後に続くようにノートに書きましょう

このお話は、三匹のあおむしが出てくる話でした。……
このお話は、けんかをする話でした……

どんな感想でもよいので、できるだけ多くの児童に発言を求める。その後、自分の考えを隣りの席の児童に伝える。

準備物　・あおむしの挿絵　・短冊黒板（文字指導版１枚）　・「木」のカード（漢字、絵）　2-01、02

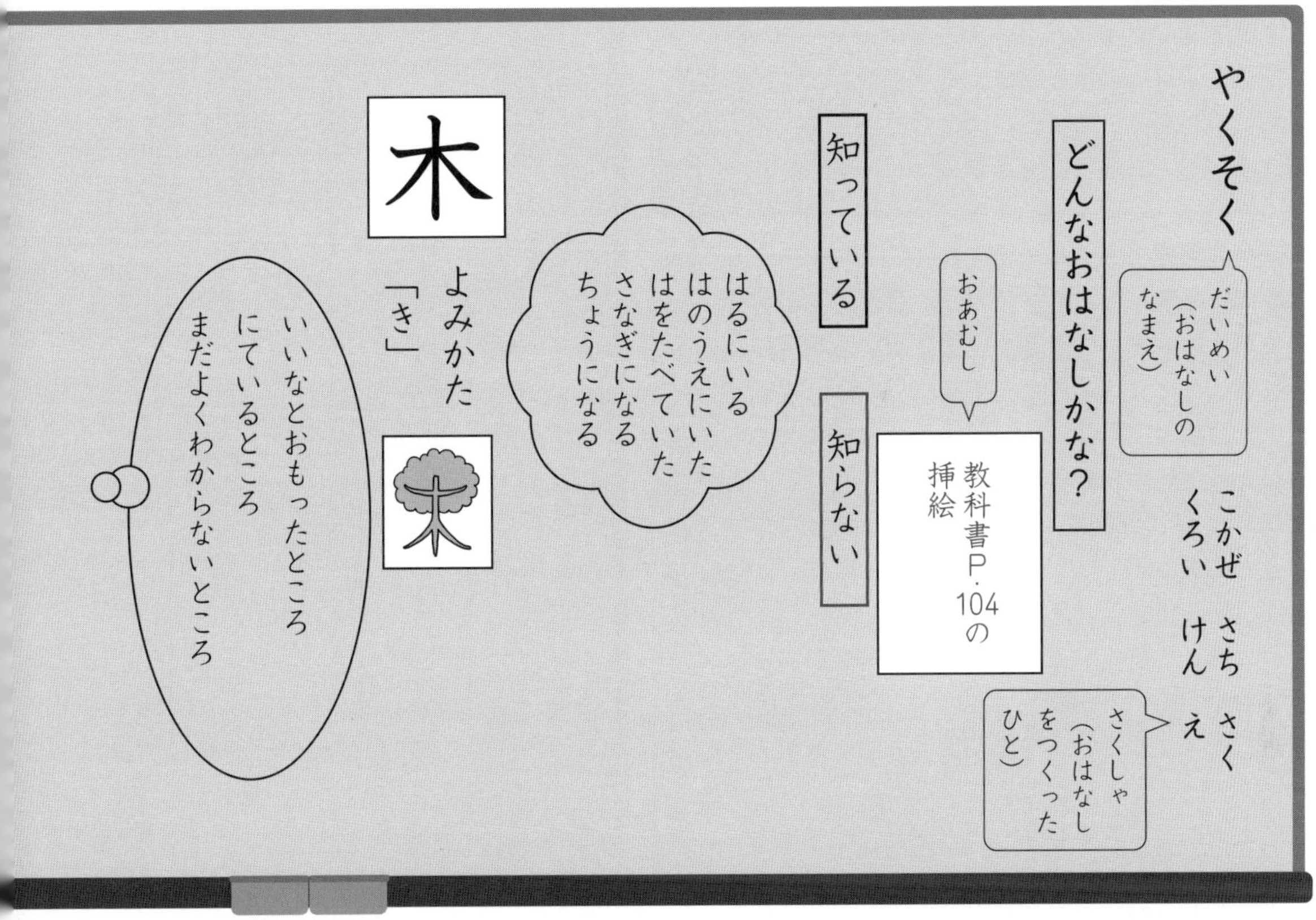

やくそく
だいめい（おはなしのなまえ）
こかぜ　さち　さく
くろい　けん　え
さくしゃ（おはなしをつくったひと）
どんなおはなしかな？
おあおむし
教科書P.104の挿絵
知っている
知らない
はるにいる
はのうえにいた
はをたべていた
さなぎになる
ちょうになる
木
よみかた
「き」
いいなとおもったところ
にているところ
まだよくわからないところ

1　クイズであおむしが出てくる話の内容を想像する。

これは何でしょう？

けむしかな？あおむしってなんだろう？

あおむしは葉っぱを食べていました

しかけ（かくす）

登場人物である「あおむし」の挿絵を提示する。挿絵を少しずつ提示し、色や形に着目させる。**配慮ア**

自分が見たことがあるあおむしについて、５Ｗ１Ｈを意識して発表させる。

2　クイズで話の内容を想像する

どんな題名かな？

「やま」かな？

「やく」……「やくそう」かな？

しかけ④かくす

隠されている文字を想像させ、題名から内容を想像する。

「やくそく」と「あおむし」から考えられる話の内容はどんなものか、児童の自由で楽しい発想と想像を促す。

✓ 本時の展開　第二次　第1時

目標 挿絵と文章の正しい組合せを話し合う活動を通して、挿絵と文章の対応に気付き、登場人物の具体的な行動を想像し、どんな話かをペアに伝えることができる。

［ 本時展開のポイント ］

挿絵を基に出来事を確認する。場面ごとの出来事を丁寧に確認する。挿絵と本文との対応をクイズ形式で考える。

［ 個への配慮 ］

ア手元に挿絵とセンテンスカードを用意する

文章と挿絵が対応できない児童がいる場合には、手元に挿絵とセンテンスカードを用意する。黒板に提示された挿絵と文章では、念頭操作となってしまい、並び替えに困難が生じることがある。読むことが苦手な児童も、手元で操作してから発表することで参加する意欲が高まる。

イ多様な表現方法を選択させる

声に出して発表することが困難な場合がある。ノートに書いたことを提示したり、ICT 機器を活用して発表したりするなど、多様な表現方法が選択できるようにする。書くことが苦手な児童には、ペアの子供に話してもらい、教師が側で聞くなどの配慮をする。

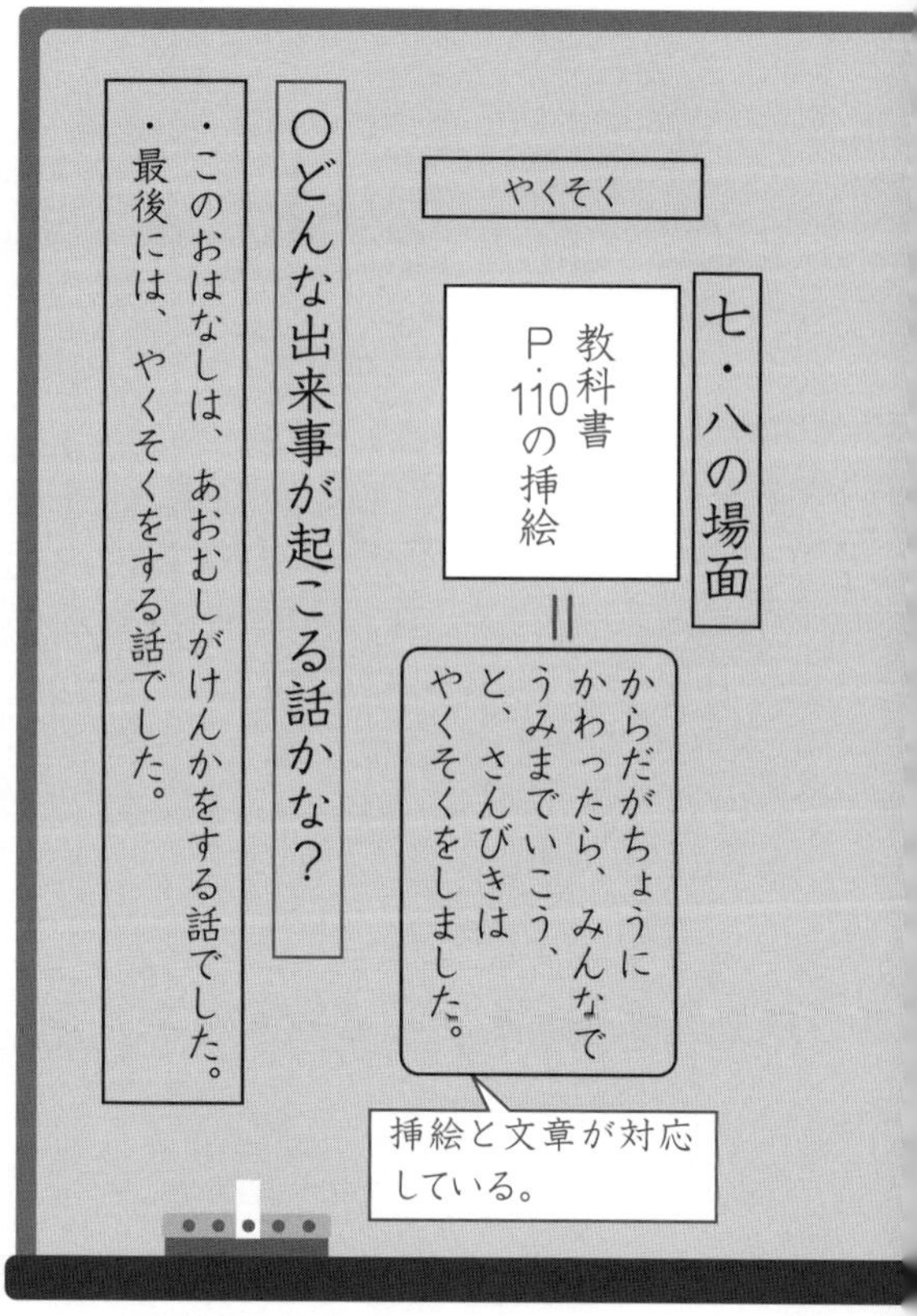

七・八の場面
やくそく
教科書P.110の挿絵
＝
からだがちょうにかわったら、みんなでうみまでいこう、と、さんびきはやくそくをしました。
挿絵と文章が対応している。
○どんな出来事が起こる話かな？
・このおはなしは、あおむしがけんかをする話でした。
・最後には、やくそくをする話でした。

3 挿絵と文章が合っているものを選ぶ

挿絵に合う文章を選びましょう

自分で動かしてみたい！

「さんびきが」という言葉があるから、三匹がいる挿絵だと思うな

しかけ（配置する）

挿絵の下に文章を配置していく。　配慮ア

その際に、文章を選んだ根拠を見付けるように指導する。「あおむしたちが一番高いところに着いているから、この挿絵とこの文章が合うと思います」のような形で説明させたい。

4 学習の内容をまとめる

「このおはなしは、」の後に続くようにノートに書き、ペアの子に伝えましょう

書けるけど、話すのは苦手だな

おおげんかをする話でした。

今日の学習内容をまとめる。　配慮イ

○分かったこと

「どこで」「だれが」をヒントとする。

・一の場面は、……。

・二の場面は、……。

準備物　・あおむしの挿絵５枚　・センテンスカード

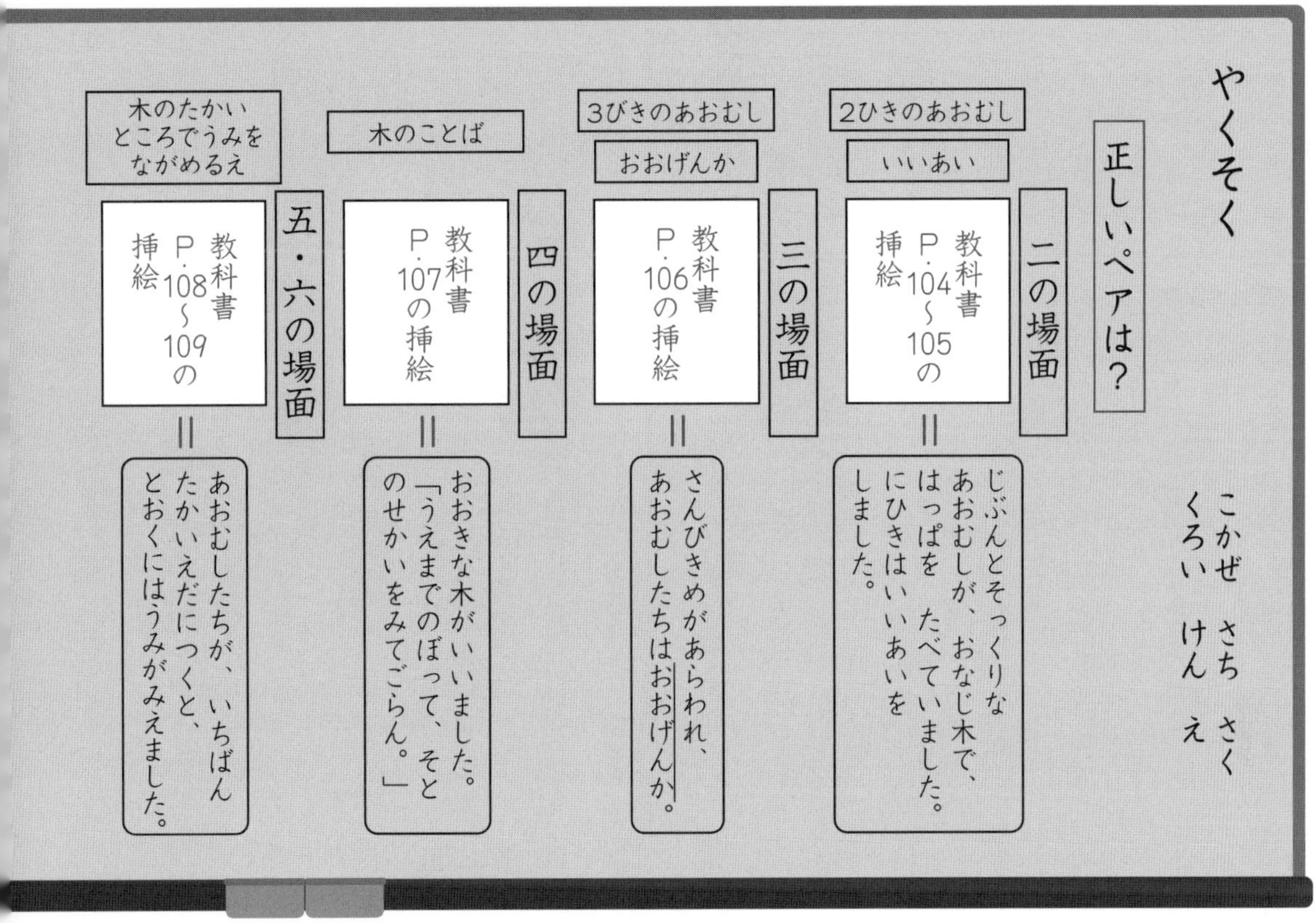
やくそく
正しいペアは？
こかぜ　さち　さく
くろい　けん　え
二の場面
2ひきのあおむし
いいあい
教科書P.104〜105の挿絵
＝
じぶんとそっくりなあおむしが、おなじ木で、はっぱを　たべていました。にひきはいいあいをしました。
三の場面
3びきのあおむし
おおげんか
教科書P.106の挿絵
＝
さんびきめがあらわれ、あおむしたちはおおげんか。
四の場面
木のことば
教科書P.107の挿絵
＝
おおきな木がいいました。「うえまでのぼって、そとのせかいをみてごらん。」
五・六の場面
木のたかいところでうみをながめるえ
教科書P.108〜109の挿絵
＝
あおむしたちが、いちばんたかいえだにつくと、とおくにはうみがみえました。

1 話の内容を確認し、本時の学習の見通しをもつ

全文を声に出して音読しましょう。この後に、どんな話だったかクイズを出します

あおむしが出てくるお話

約束する話

全文を音読する。

点交代読みや丸交代読みなどの豊富なバリエーションで読ませ、音読を楽しく行わせる。

2 「だれでしょう？どこでしょう？クイズ」で作品の設定を考える

これは誰でしょう？　ここはどこでしょう？

葉っぱの上かな？

木の上のほうだよ！

挿絵を一枚ずつ提示し、「誰」「どこ」と作品の設定を考えさせることで物語の様子を想像させる。

出来事を確認するために、「いいあい」などのように、挿絵にネーミングをしていく。

✓ 本時の展開 第二次 第2時

目標 挿絵と文章を並び替える活動を通して、大まかな物語の内容を捉え、短くまとめて発表することができる。

本時展開のポイント

挿絵の並び替えをすることで、時間の経過と場面の移り変わりを理解させる。大まかな物語の展開が理解できているかを見取るために、10秒（または一文）でこの話を説明する活動を取り入れる。

個への配慮

㋐教科書の文を1枚の用紙にする

並び替えが難しい児童には、教科書を見てもよいことを伝える。その際に、探す個所が複数ページにわたると、ページをめくっている間に音読についていけず、どこを読んでいるか見失ってしまうことがある。全文が一瞥できるようにすることで、探しやすくなる。

㋑多様な表現方法を選択させる

声に出して発表することが困難な場合がある。ノートに書いたことを提示したり、ICT 機器を活用して発表したりするなど、多様な表現方法が選択できるようにする。

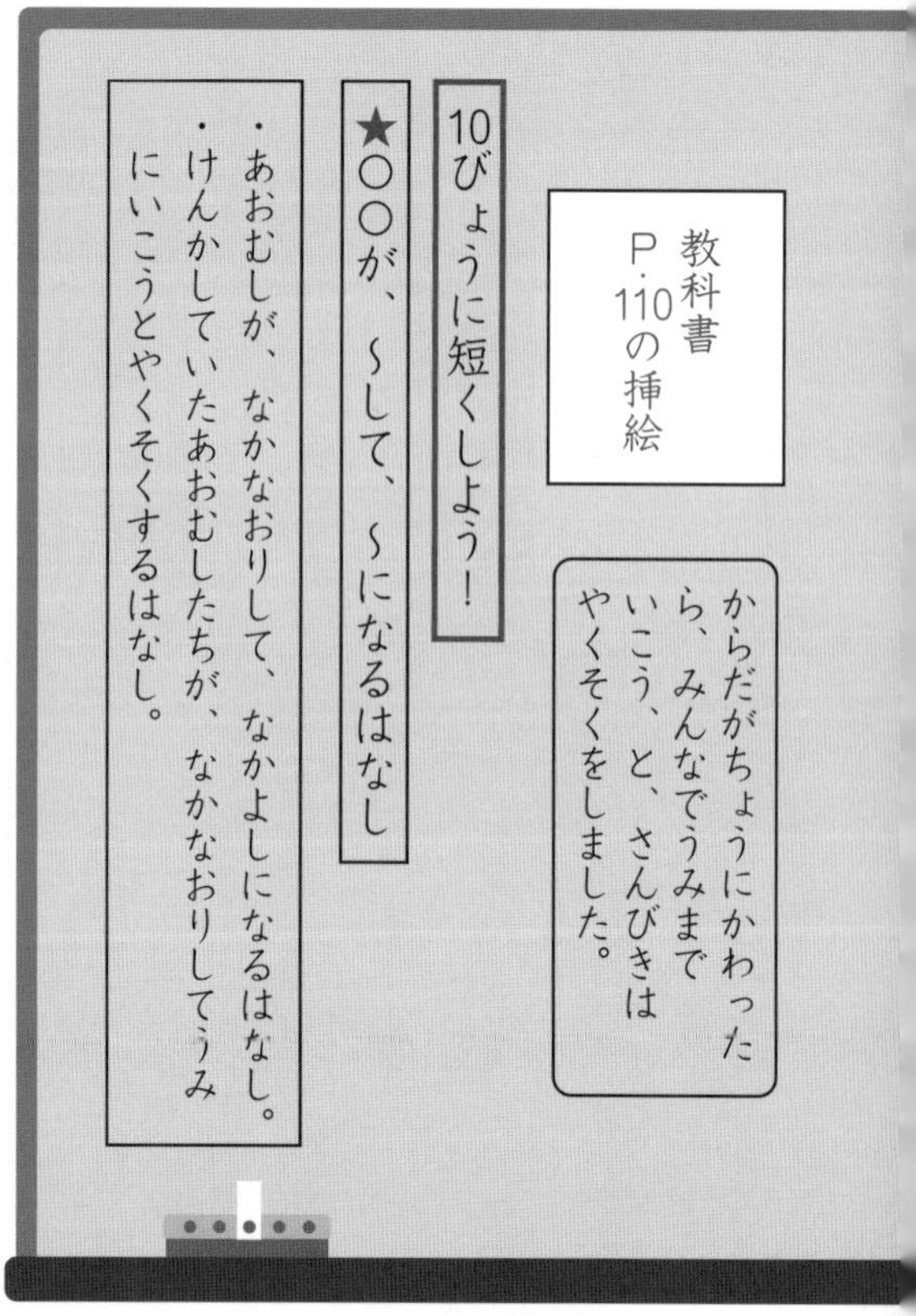

教科書 P.110の挿絵
からだがちょうにかわったら、みんなでうみまでいこう、と、さんびきはやくそくをしました。
10びょうに短くしよう！
★〇〇が、〜して、〜になるはなし
・あおむしが、なかなおりして、なかよしになるはなし。
・けんかしていたあおむしたちが、なかなおりしてうみにいこうとやくそくするはなし。

3 あらすじを考える

このままだと、ちょっと長いよね？ 一〇秒で言えるようにできますか？

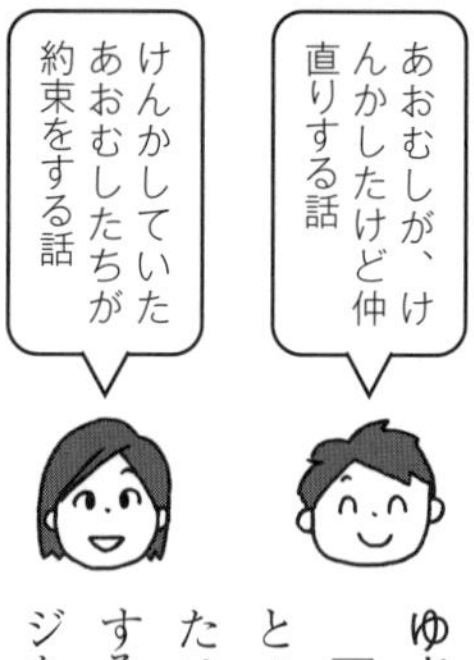

あおむしが、けんかしたけど仲直りする話
けんかしていたあおむしたちが約束をする話

ゆさぶり発問

「ちょっと長いよね？」とゆさぶる。一〇秒（または一文）と時間を設定することで、ゴールイメージをもちやすくする。

「〇〇が、〜して、〜する話」とヒントを伝え、ゆっくりと読むことも併せて指導する。

4 「はじめ、〜だったあおむしたちが、〜によって〜になるはなし」で書き、発表する

短くまとめて発表しましょう

うまくまとめられているかな？
あおむしがけんかしていて、大きな木に注意されて、最後は仲直りする話です

「〇〇が、〜して、〜になるはなし」でまとめたことを発表する。教師が一〇秒を数えて発表させるが、超えてもよいし、短くても答えたことを許容したい。 配慮㋑

準備物 ・あおむしの挿絵５枚　・センテンスカード

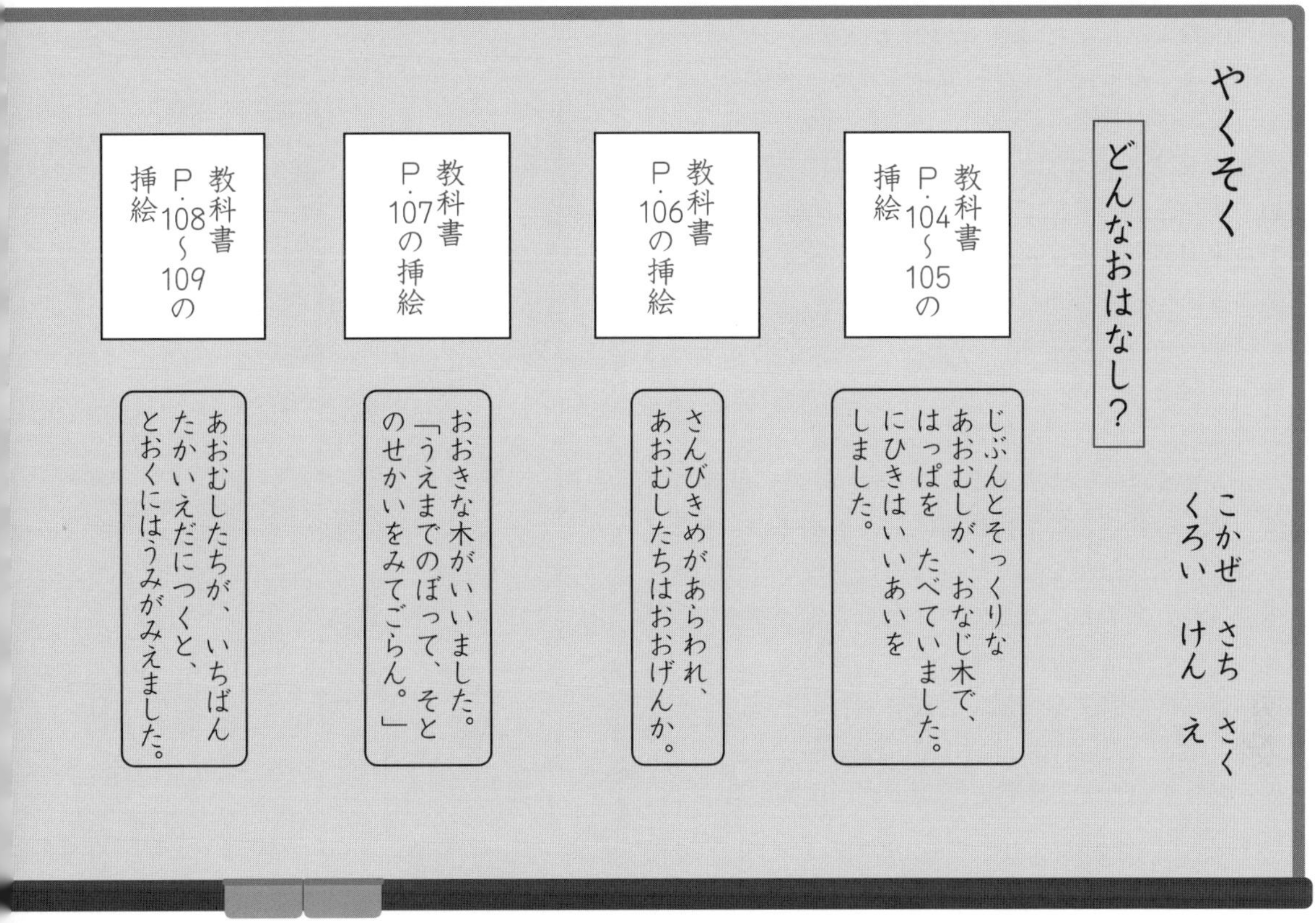
やくそく
こかぜ　さち　さく
くろい　けん　え
どんなおはなし？
教科書 P.104～105の挿絵
じぶんとそっくりなあおむしが、おなじ木で、はっぱを　たべていました。にひきはいいあいをしました。
教科書 P.106の挿絵
さんびきめがあらわれ、あおむしたちはおおげんか。
教科書 P.107の挿絵
おおきな木がいいました。「うえまでのぼって、そとのせかいをみてごらん。」
教科書 P.108～109の挿絵
あおむしたちが、いちばんたかいえだにつくと、とおくにはうみがみえました。

1 挿絵クイズをする

これは何でしょう？

あおむしだよ！

顔が黄色いから一匹めかな！

しかけ（かくす）

あおむしの一部分を隠して提示する。前時までの復習となる。

全文を音読する。音読の際には、丸読みやたけのこ読みなどの工夫をするとよい。

2 並び替えクイズをする

この順番だったよね？

順番が違う！最初は二人で……

最初は？

しかけ（順序を変える）

挿絵と文章がペアになっているものを並び替えた状態で提示する。

児童が並び替える際には、できるだけ根拠を明確にしながら並べるようにさせる。　配慮ア

本時の展開　第二次　第3時

目標　「いいあい」と「おおげんか」の様子を比較する活動を通して、登場人物の行動や言動を具体的に想像し、どちらが大事件かを理由を加えて書くことができる。

本時展開のポイント

空欄になった表の中にセンテンスカードを置いていき、登場人物の行動や言動を具体的に想像させる。

児童の思考をより活性化させるために、Which 型課題でゆさぶる。児童がどちらが大事件かを自分の言葉で話すことで、場面の展開と次時で扱う大きな木の言葉の意味へとつなげていきたい。

個への配慮

ア心情を表すマークを用意する

自分の立場以外で物事を考えることが苦手な児童がいる。その場合、行動や会話文に気持ちが込められていることに気付かせたり、気持ちの移り変わりが分かるキーワードを示したりしてから言葉で表現させる。

イ多様な表現方法を選択させる

声に出して発表することが困難な場合がある。ノートに書いたことを提示したり、ICT 機器を活用して発表したりするなど、多様な表現方法が選択できるようにする。

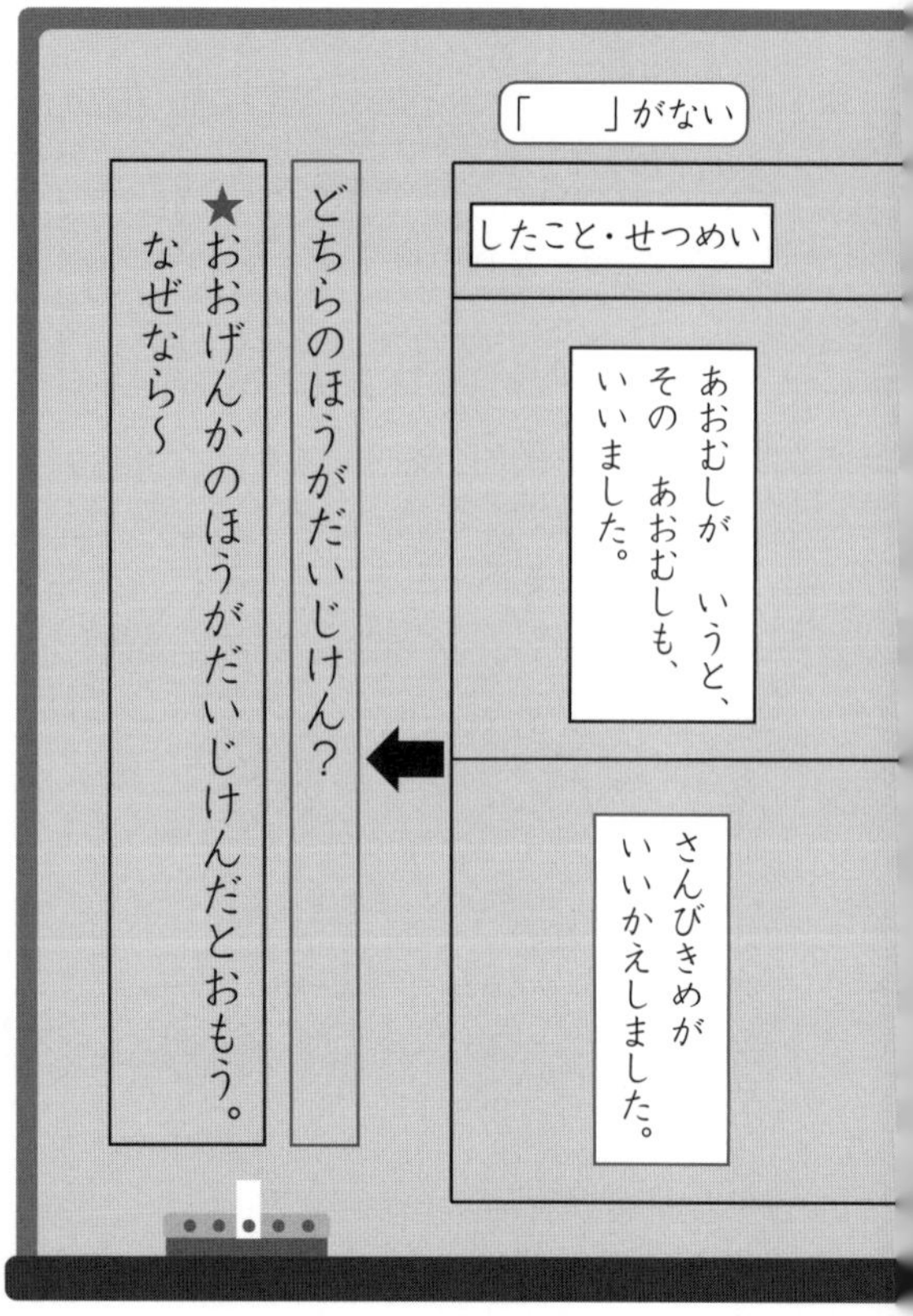

「　」がない
したこと・せつめい
あおむしが　いうと、
その　あおむしも、
いいました。
さんびきめが
いいかえしました。
どちらのほうがだいじけん？
★おおげんかのほうがだいじけんだとおもう。
なぜなら～

3 「いいあらそい」と「おおげんか」のどちらが大事件かを考える

どちらのほうが大事件でしょうか？

三匹でけんかしていて、大人数だから、「おおげんか」のほうが大事件！

止められないくらいのけんかだから、「おおげんか」のほうが大事件だと思う

Which型課題

場面の様子を確認することができたら、どちらのほうが大事件かを問う。「どちらが○○？」と問うことで、児童は「だって、～だから」と答えはじめる。

4 どちらが大事件かを書く

どちらが大事件か書きましょう

大事件なのは、○○だと思います。なぜなら、……

どう書いたらいいのかな？

3の活動を通して考えたことを、本時のまとめとして文章にする。理由を書き加えられない児童には、理由の形を使わなくてもよいことを伝える。

配慮イ

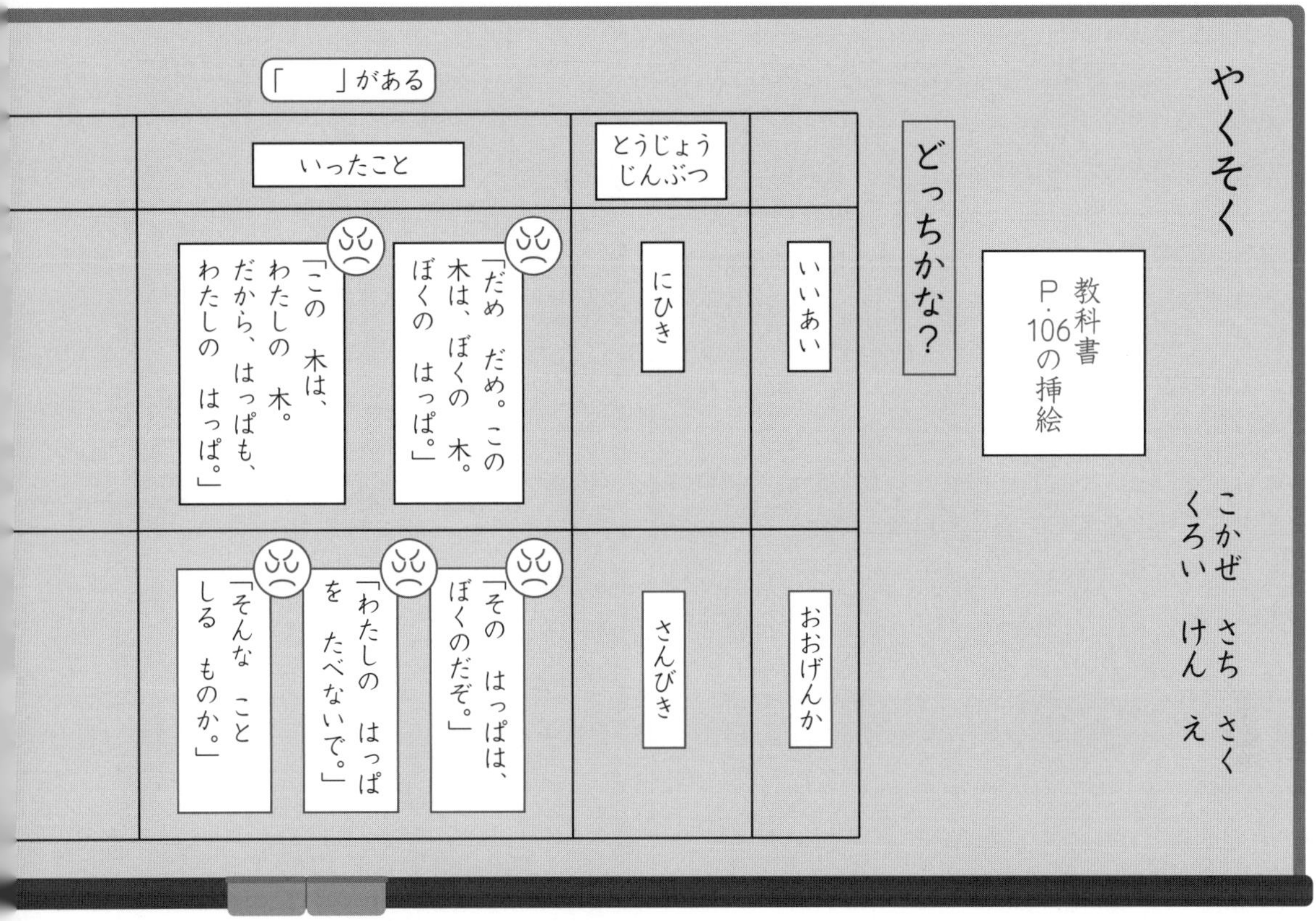
やくそく
こかぜ　さち　さく
くろい　けん　え
教科書 P.106の挿絵
どっちかな？
とうじょう じんぶつ
いったこと
「　　」がある
いいあい
にひき
「だめ　だめ。この 木は、ぼくの 木。ぼくの　はっぱ。」
「この　木は、わたしの　木。だから、はっぱも、わたしの　はっぱ。」
おおげんか
さんびき
「その　はっぱは、ぼくのだぞ。」
「わたしの　はっぱを　たべないで。」
「そんな　こと　しる　ものか。」

1 「だれでしょうクイズ」をする

これは何でしょう？

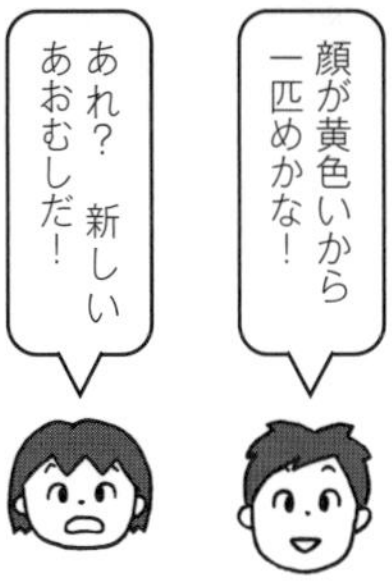
顔が黄色いから一匹めかな！
あれ？ 新しいあおむしだ！

しかけ（かくす）

あおむしの一部分を隠して提示する。前時までの復習と本時の見通しをもつことになる。

全文を音読する。音読の際には、丸読みやたけのこ読みなどの工夫をするとよい。

2 「いいあらそい」と「おおげんか」、どちらのことか考える

「いいあらそい」でしょうか？「おおげんか」でしょうか？

どっちだろう？ 会話文は難しいな……
二匹だから「いいあい」だ！

「どちらが○○？」と、叙述や挿絵を根拠に考えさせ、行動の様子を具体的に想像させる。配慮㋐

動作化を取り入れ、第三次の音読へつなげていくことを意識する。

本時の展開 第二次 第4時

目標 おおきな木の言動や行動を想像する活動を通して、登場人物の行動や言動を具体的に想像し、音読をすることができる。

本時展開のポイント

3びきがなぜ、けんかをやめて高い枝に登っていったのか、二つの対照的な読み方から木の言葉に着目し、場面を豊かに想像させる。

個への配慮

㋐気持ちを表す言葉を例示する

自分の立場以外で物事を考えることが苦手な児童がいる。その場合には、日常的な生活経験に関する例文を示し、行動や会話文に気持ちが込められていることに気付かせたり、気持ちの移り変わりが分かる文章の中のキーワードを示し、視覚的に分かるように示したりしてから言葉で表現させる。

㋑多様な表現方法を選択させる

声に出して発表することが困難な場合がある。ノートに書いたことを提示したり、ICT 機器を活用して発表したりするなど、多様な表現方法が選択できるようにする。

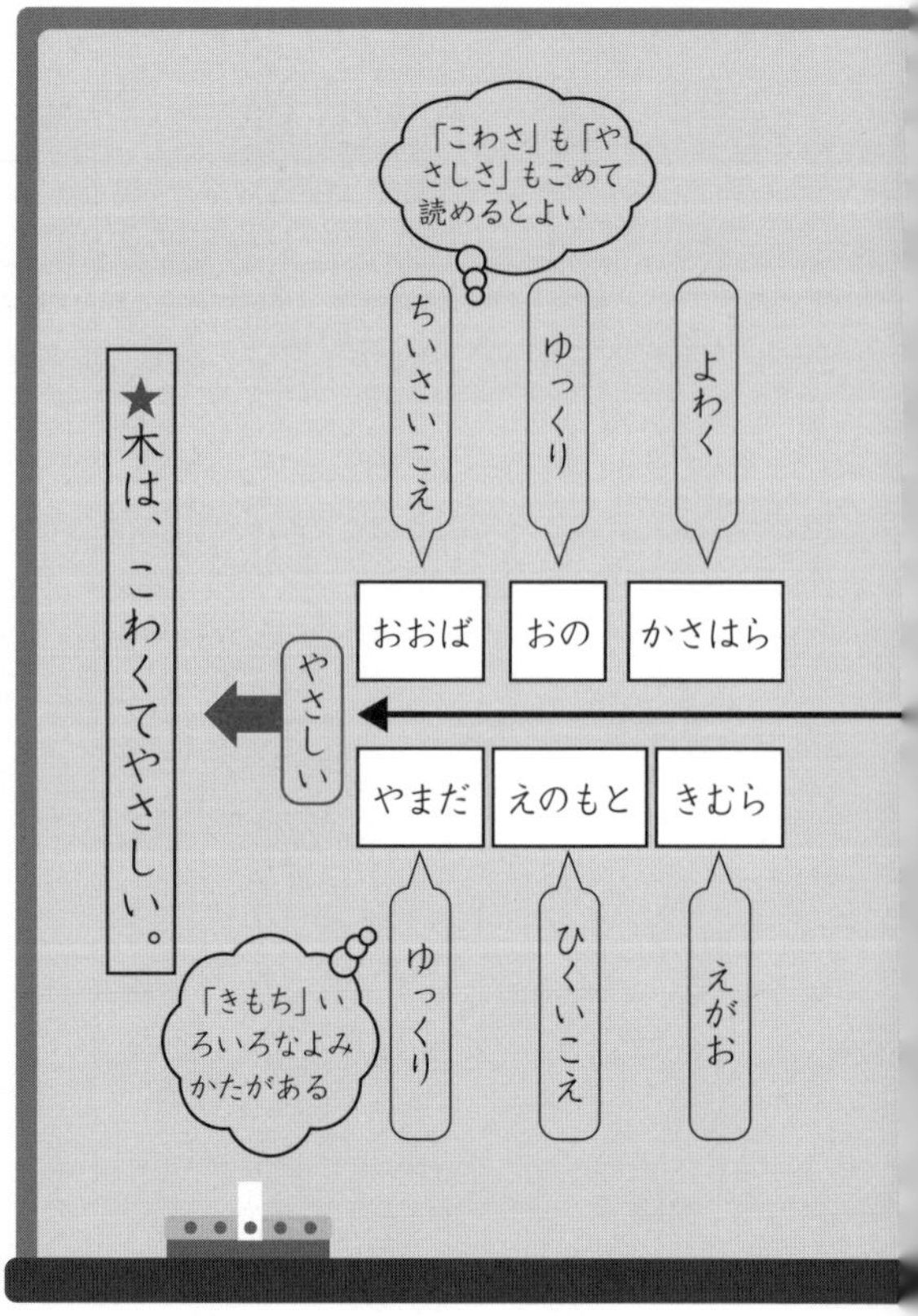

「こわさ」も「やさしさ」もこめて読めるとよい
よわく
ゆっくり
ちいさいこえ
かさはら
おの
おおば
やさしい
★木は、こわくてやさしい。
きむら
えのもと
やまだ
えがお
ひくいこえ
ゆっくり
「きもち」いろいろなよみかたがある

3 登場人物（木）の行動を考える③

木はどんな性格ですか？

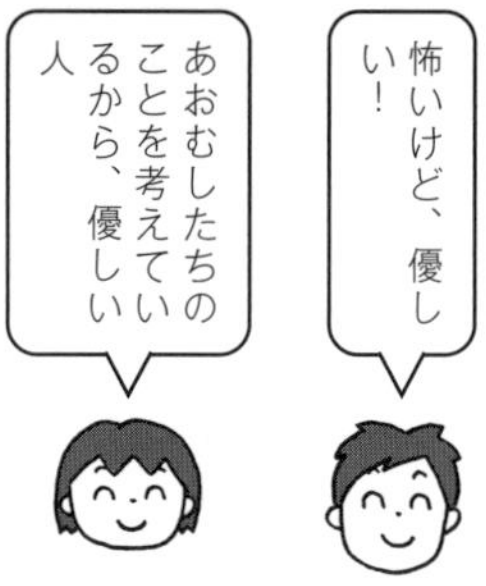

怖いけど、優しい！
あおむしたちのことを考えているから、優しい人

二つの言葉を比較することで、木の性格や行動の理由を想像させる。

ただ大きくけんかごしに音読するだけでなく、強くありつつも穏やかに諭すような口調であることに気付かせたい。

4 木の場面を音読する

役割音読をしてみましょう

「うるさいぞ」は怖く読もう
音読が不安だな……

3の活動を通して考えたことを、本時のまとめとして音読する。優しく読むのか、強い口調で読むのか考えたことを基に音読する。二つの会話の違いを明確にすることで、この場面の様子を豊かに想像できる。　配慮㋑

準備物　・おおきな木の挿絵１枚　・センテンスカード　2-19　・ネームプレート

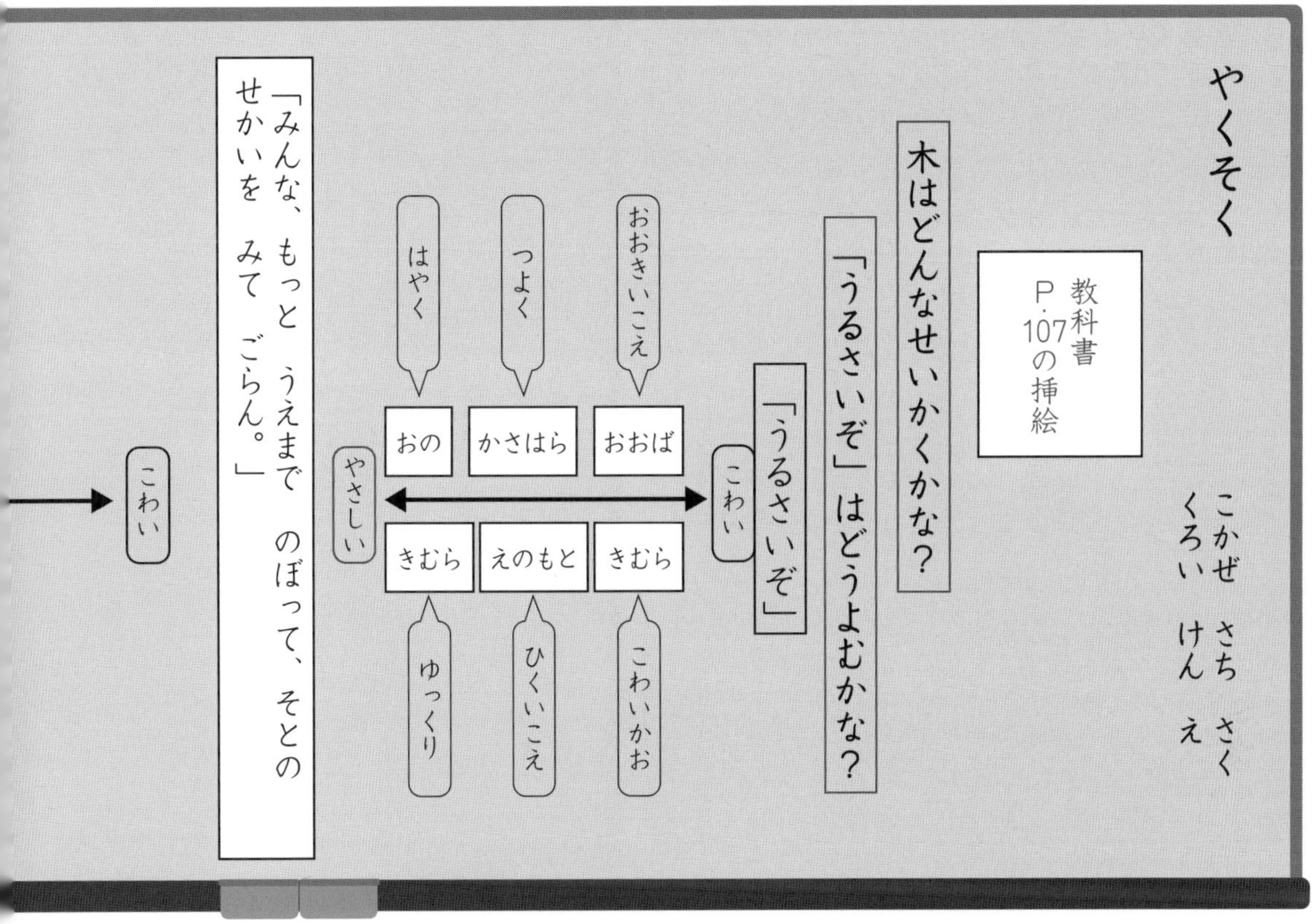

やくそく
こかぜ　さち　さく
くろい　けん　え
教科書
P.107の挿絵
木はどんなせいかくかな？
「うるさいぞ」はどうよむかな？
「うるさいぞ」
こわい
おおば
おおきいこえ
きむら
こわいかお
かさはら
つよく
えのもと
ひくいこえ
おの
はやく
きむら
ゆっくり
やさしい
「みんな、もっと　うえまで　のぼって、そとの
せかいを　みて　ごらん。」
こわい

1

登場人物（木）の行動を考える①

どの読み方がいいでしょうか？

怖い感じで読もう！

どう読んだらいいんだろう……

木の言葉「うるさいぞ」の読み方を比較しながら考えさせる。動作化をするなど、木になりきって音読することで、場面をより豊かに想像することが可能となる。**配慮ア**

2

登場人物（木）の行動を考える②

どの読み方がいいでしょうか？

どっちだろう？

怒っているわけではないのかな？

考える音読

「みんな、もっとうえまでのぼって、そとのせかいをみてごらん」を1の活動と同じ軸で考える。「うるさいぞ」と比較させることにより、場面の様子の違いや行動の違いを文章から確認することができる。

本時の展開　第二次　第5時

目標 2枚の挿絵を比較する活動を通して、登場人物の行動や言動を具体的に想像し、約束の理由を考えることができる。

[本時展開のポイント]

2枚の挿絵の比較を通して読み取らせることで、場面を豊かに想像させたい。みんなで見付けたから、みんなで一緒に行きたいと考えたことに気付かせたい。

[個への配慮]

ア気持ちを表す言葉を例示する

自分の立場以外で物事を考えることが苦手な児童がいる。その場合には、日常的な生活経験に関する例文を示し、行動や会話文に気持ちが込められていることに気付かせたり、気持ちの移り変わりが分かる文章の中のキーワードを示し、視覚的に分かるように示したりしてから言葉で表現させる。

イ動作化を入れる

場面の様子を捉えきれないことがある児童がいる。教師や仲間が会話文を読み上げ、読み上げられた会話文に合わせて動作化をすることで場面の様子を捉えやすくする。

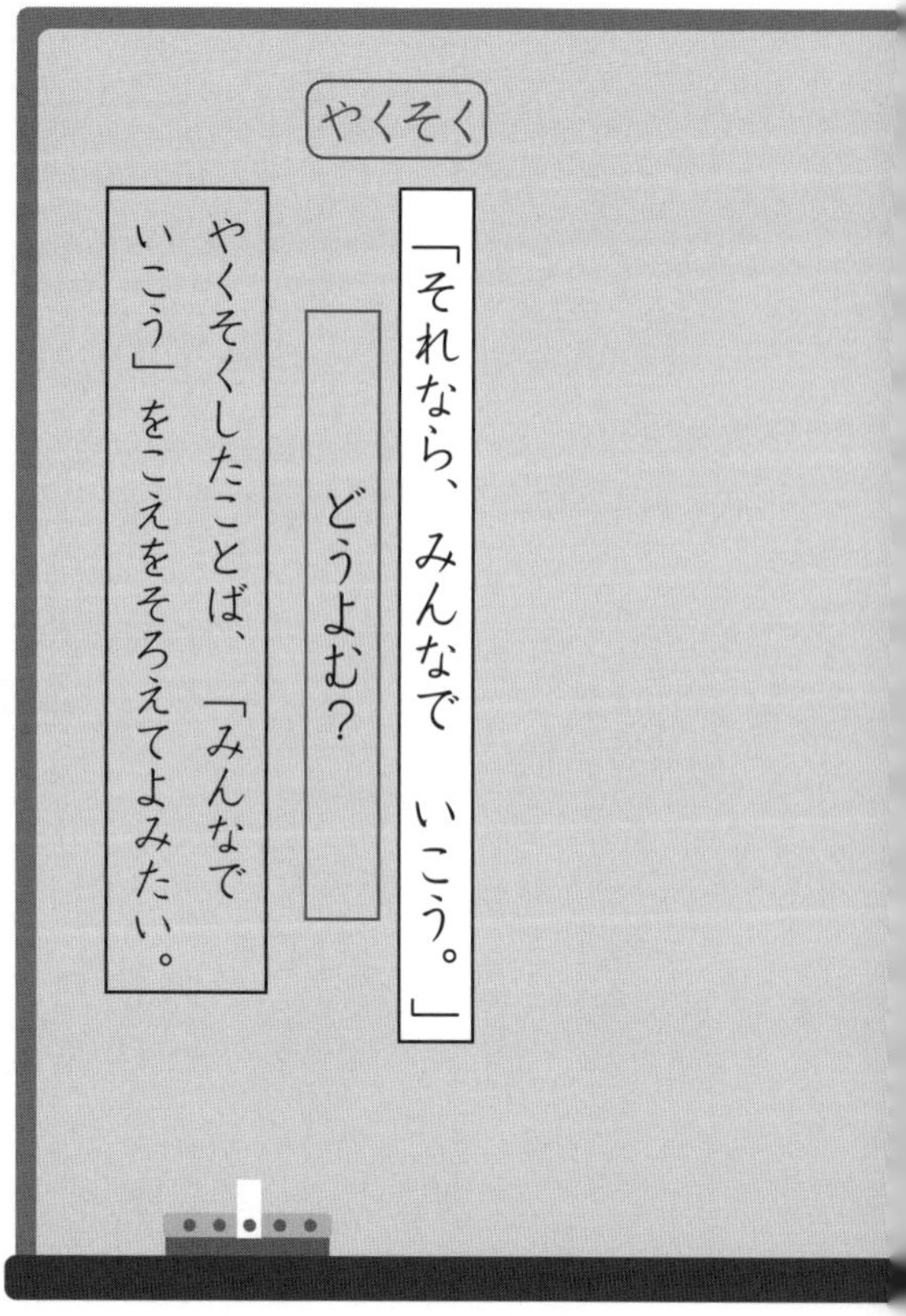

やくそく
「それなら、みんなで　いこう。」
どうよむ?
やくそくしたことば、「みんなで　いこう」をこえをそろえてよみたい。

3 一番高い枝に着いたときの行動を想像する②

間にどんなことがありましたか?

みんなで海に行こうと約束したよ！
うまく読めるかな……

叙述や挿絵を根拠に、行動の様子を読み取らせる。なぜ「みんなでいこう」なのか、会話や行動を具体的に想像させる。動作化も入れて音読につなげ、「一緒に海を見たから、一緒に行きたくなった」などの発言を引き出したい。　配慮イ

4 役割音読をする

役割を決めて音読してみましょう

「みんなで」のところを呼びかけるように読んでみよう
この場面は、全体的に幸せそうに読むといいよね

3の活動を通して考えたことを、本時のまとめとして音読で表現する。「みんなでいこう」という言葉をより深く考えさせたい。役割は、①地の文、②青のあおむし、③赤のあおむし、④緑のあおむし、に分かれて読む。

準備物 ・挿絵（4場面、5・6場面、7・8場面。デジタル教科書で印刷可能） ・センテンスカード
↓ 2-20、21

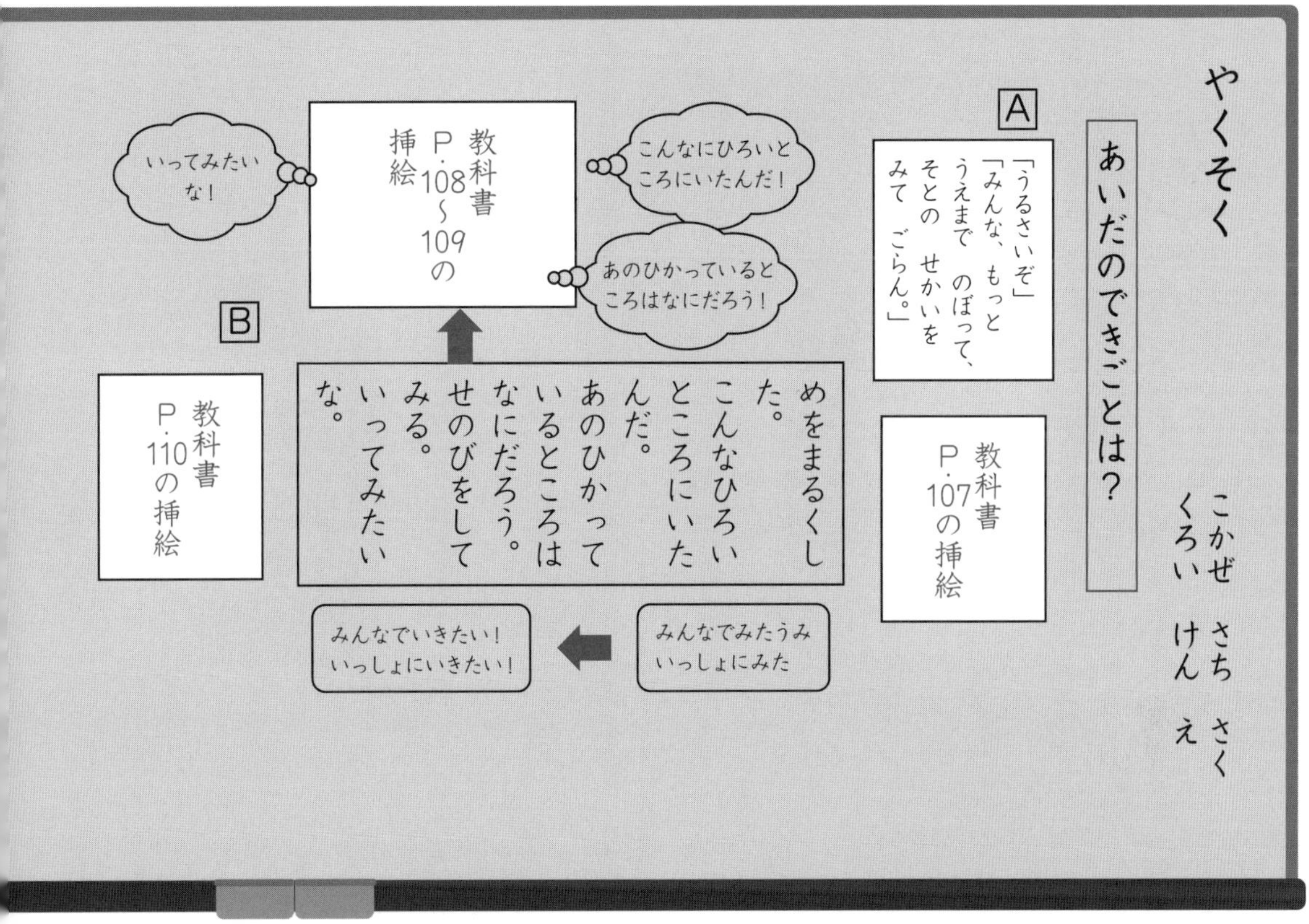

やくそく
こかぜ さち さく
くろい けん え
あいだのできごとは？
A
「うるさいぞ」
「みんな、もっとうえまで のぼって、そとの せかいを みて ごらん。」
教科書P.107の挿絵
こんなにひろいところにいたんだ！
あのひかっているところはなにだろう！
教科書P.108～109の挿絵
いってみたいな！
めをまるくした。こんなにひろいところにいたんだ。あのひかっているところはなにだろう。せのびをしてみる。いってみたいな。
みんなでみたうみ いっしょにみた
みんなでいきたい！ いっしょにいきたい！
B
教科書P.110の挿絵

1 音読をして、クイズに答える

何が変わりましたか？

右の絵は木に怒られている！

自信がもてない……

しかけ（限定する）

全文を音読する。音読の際には、丸読みやたけのこ読みなどの工夫をするとよい。AとBの二枚の限定された挿絵の共通点や相違点を探し、場面の様子を想像しやすくする。

配慮ア

2 一番高い枝に着いたときの行動を想像する①

木に叱られて、降りてきたんだね？

約束をしたからだよ！

仲直りしたんだよ！

ゆさぶり発問

「木に叱られたから降りてきた」とゆさぶることで、二枚の挿絵の間に起きた出来事に目を向けさせる。ここでは、「あの光っているところは何だろう」「行ってみたいな」などの言葉を引き出したい。

本時の展開 第二次 第6時

目標 作品のあらすじを捉え、物語の続きを考える活動を通して、場面や行動を具体的に想像し、音読をすることができる。

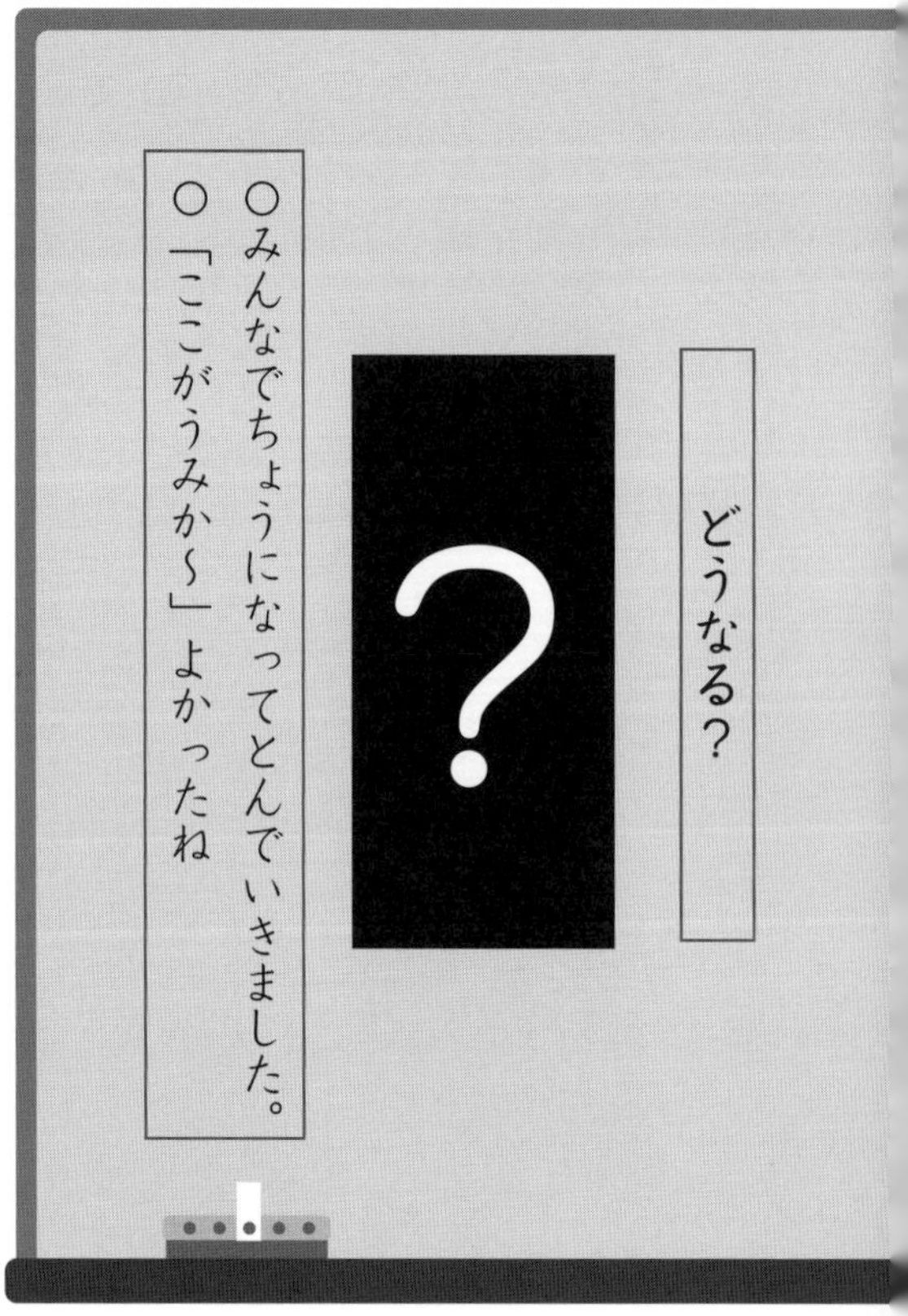

どうなる?
?
○みんなでちょうになってとんでいきました。
○「ここがうみか~」よかったね

[本時展開のポイント]

話の展開を想起し、あらすじを捉える活動から始める。話の続きを考えるという発展的な課題を行う。考えた話の続きを共有する。

[個への配慮]

㋐教科書を見てもよいことを伝える

全文を理解できていない児童には、教科書を読んでよいことを伝える。ここまでの学習の流れを提示しておき、掲示物を参考に既習を確認することを許容する。既習を丁寧に確認していくことは、知識を定着させ、思考を促す手段となる。

㋑ペアで教え合う活動を入れる

「話の続きは?」と聞かれた際に答えに窮する児童は、友達の意見から正解を導いてもよいことを伝える。ペアでの学習により、自分一人では気付かなかったことに気付けるようになり、また、友達のよさや、困ったときには友達に頼ってよいことにも気付かせたい。

3 続きの理由を考え、理由を含めて共有する

配慮㋑

どうしてそう考えたのですか?

話の続きをどうしてそのように考えたのか、根拠となる文章を基に発言させる。

作品全体をより豊かに想像し、また、物語の順序性を確認して作品全体を俯瞰する機会ともなる。

だって、あおむしたちはチョウになるからです。~
木のおかげで仲直りできたから、木に「ありがとう!」と言うと思う

4 考えた続きの文章を入れて音読する

第8場面の続きも入れて音読してみましょう

3の活動を通して考えたことを、本時のまとめとして音読する。ペアやグループを決めておき、役割音読をするとよい。その後、ペアの児童の考えたお話の続きのよさについて発言させたい。

海に着いたときのせりふも考えていて面白いです
木に「ありがとう」というところが面白いね

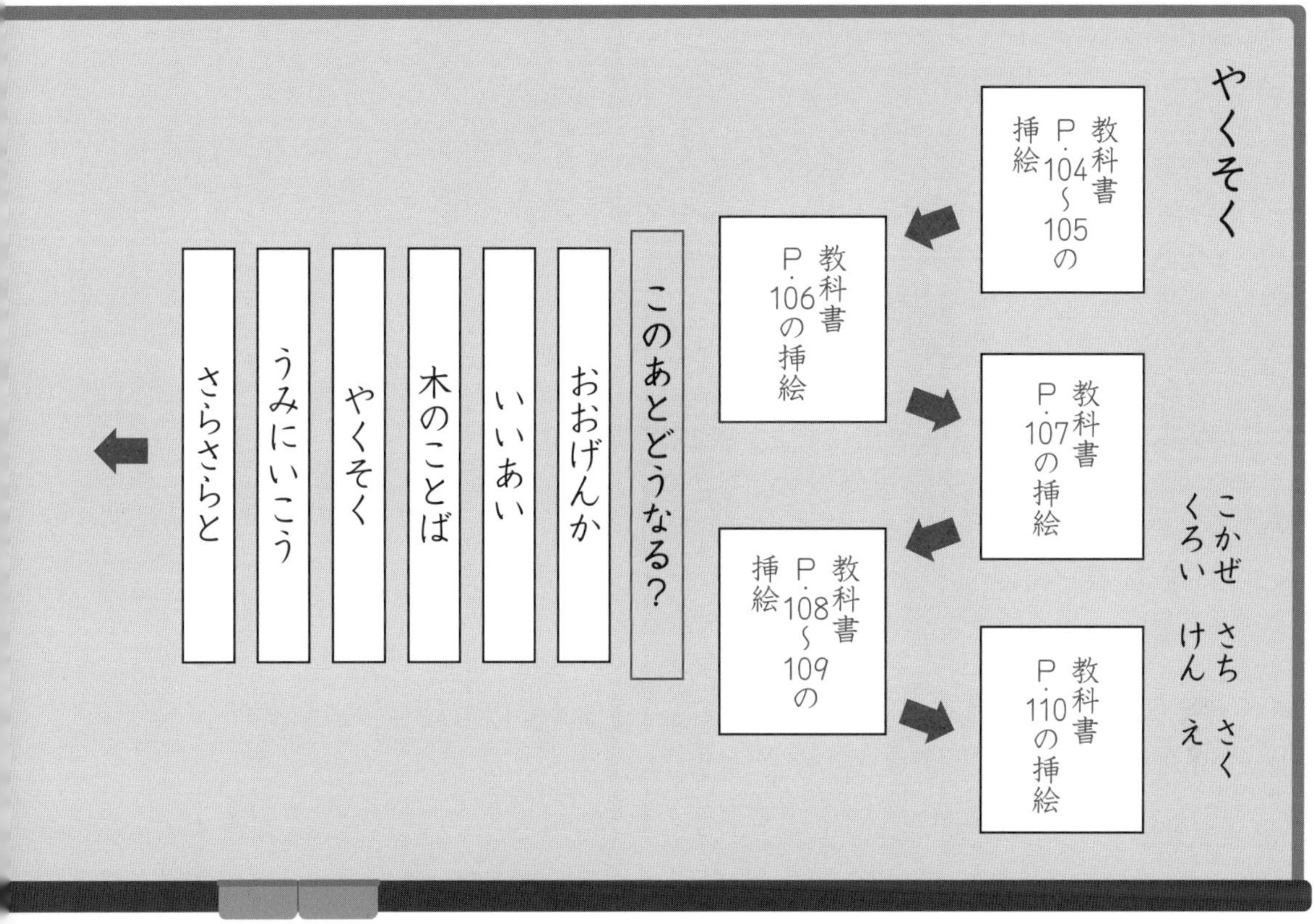
やくそく
こかぜ さち さく
くろい けん え
教科書P.104～105の挿絵
教科書P.106の挿絵
教科書P.107の挿絵
教科書P.108～109の挿絵
教科書P.110の挿絵
このあとどうなる?
おおげんか
いいあい
木のことば
やくそく
うみにいこう
さらさらと

1 「正しいのはどれでしょうクイズ」をする

正しい順番は?

最初は二匹のあおむしだったかな?
最後は、仲よくなった絵だよ!

しかけ（並び替える）

本時の活動へつなげるために、話の流れを挿絵で確認しておく。ここまでの学習の流れを提示しておき、導入とすることも考えられる。

全文を音読する。配慮ア 音読の際には、丸読みやたけのこ読みなどの工夫をするとよい。

2 物語の続きを考える

この後、どうなりますか?

思いつかないな……
チョウになって、みんなで飛んでいくと思うな

物語の続きを考える活動を通して、前時までの活動をまとめ、発展的な活動を行う。

黒板に「?」を提示し、「どうなるのかな?」と、活動に興味をもてるような工夫をする。

✓ 本時の展開　第三次　第1時

目標　音読発表を通して、互いの感じ方や考え方の違いやよさを認め合いながら、文章を読んで分かったことや感じたことを共有することができる。

[本時展開のポイント]

自分の気に入っている場所を音読しようと投げかける。グループで枠割を決め、音読練習をする。グループごとに音読を発表する。学習の振り返りを行う。

[個への配慮]

㋐選択肢を与える

音読したい場面を決めることができない児童がいる場合、児童の興味･関心に寄り添い、選択肢を与える。音読したい場面はどこか、一番気に入っている登場人物は誰か、面白いなと思った会話文はどれか、などの選択肢を与えることで、音読する文章を選びやすくする。

㋑ペアで音読発表を行う

音読に対して、自信のなさから、消極的な姿勢が見られる児童がいる場合、2人で声をそろえての発表を認めるなど工夫を行う。音読が難しい場合でも、役になりきって動作をすることで、登場人物の行動を具体的に想像していることとする。

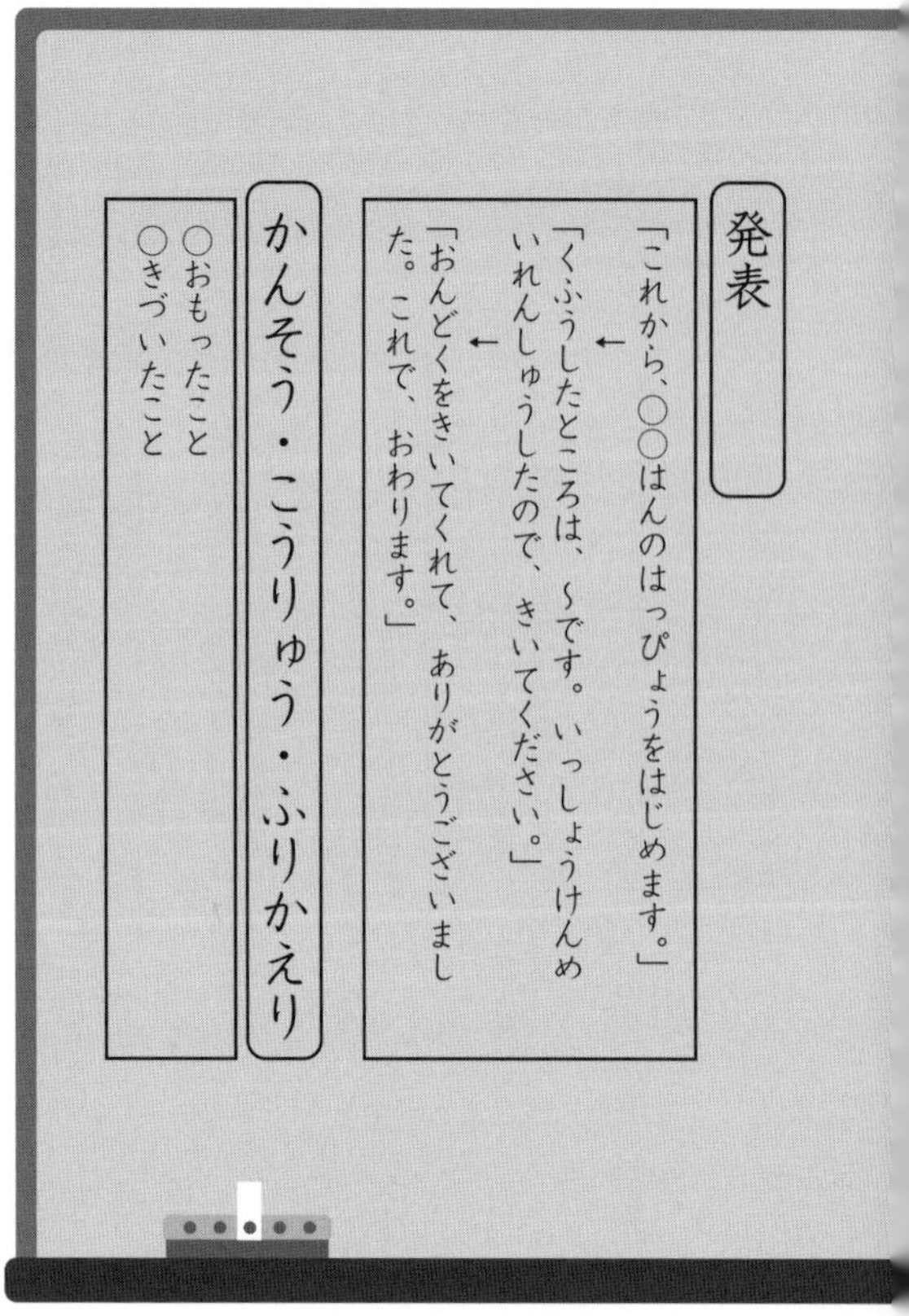

発表
「これから、○○はんのはっぴょうをはじめます。」

「くふうしたところは、~です。いっしょうけんめいれんしゅうしたので、きいてください。」

「おんどくをきいてくれて、ありがとうございました。これで、おわります。」

かんそう・こうりゅう・ふりかえり
○おもったこと
○きづいたこと

3 グループごとに音読を発表する

グループごとに音読を発表しましょう

○班の発表を始めます
工夫したところは、動きも入れたところです

聞き手が簡単な感想を伝えるなどの活動も取り入れたい。聞き手の感想を聞くことで活動に対する自信を深めることができる。

4 学習の感想を書き、交流する

学習の感想を書き、みんなに伝えましょう

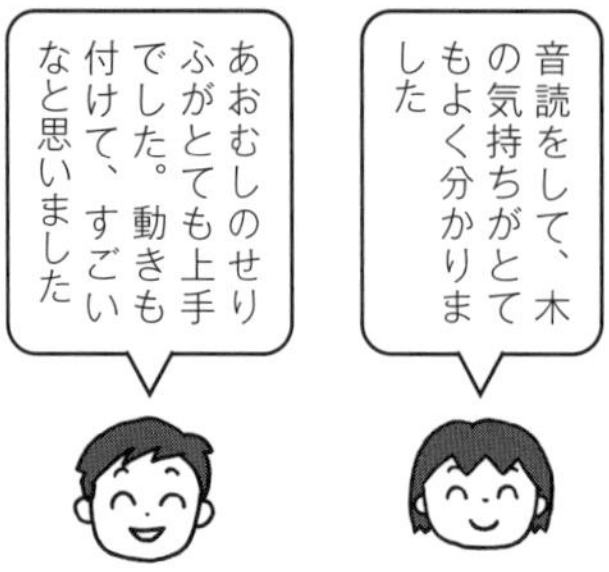

音読をして、木の気持ちがとてもよく分かりました
あおむしのせりふがとても上手でした。動きも付けて、すごいなと思いました

学習のまとめとして、「思ったこと」「気付いたこと」の観点で振り返りを行う。発表者としての感想や聞き手としての感想、物語に対しての感想などを書くことが期待される。

準備物 お面

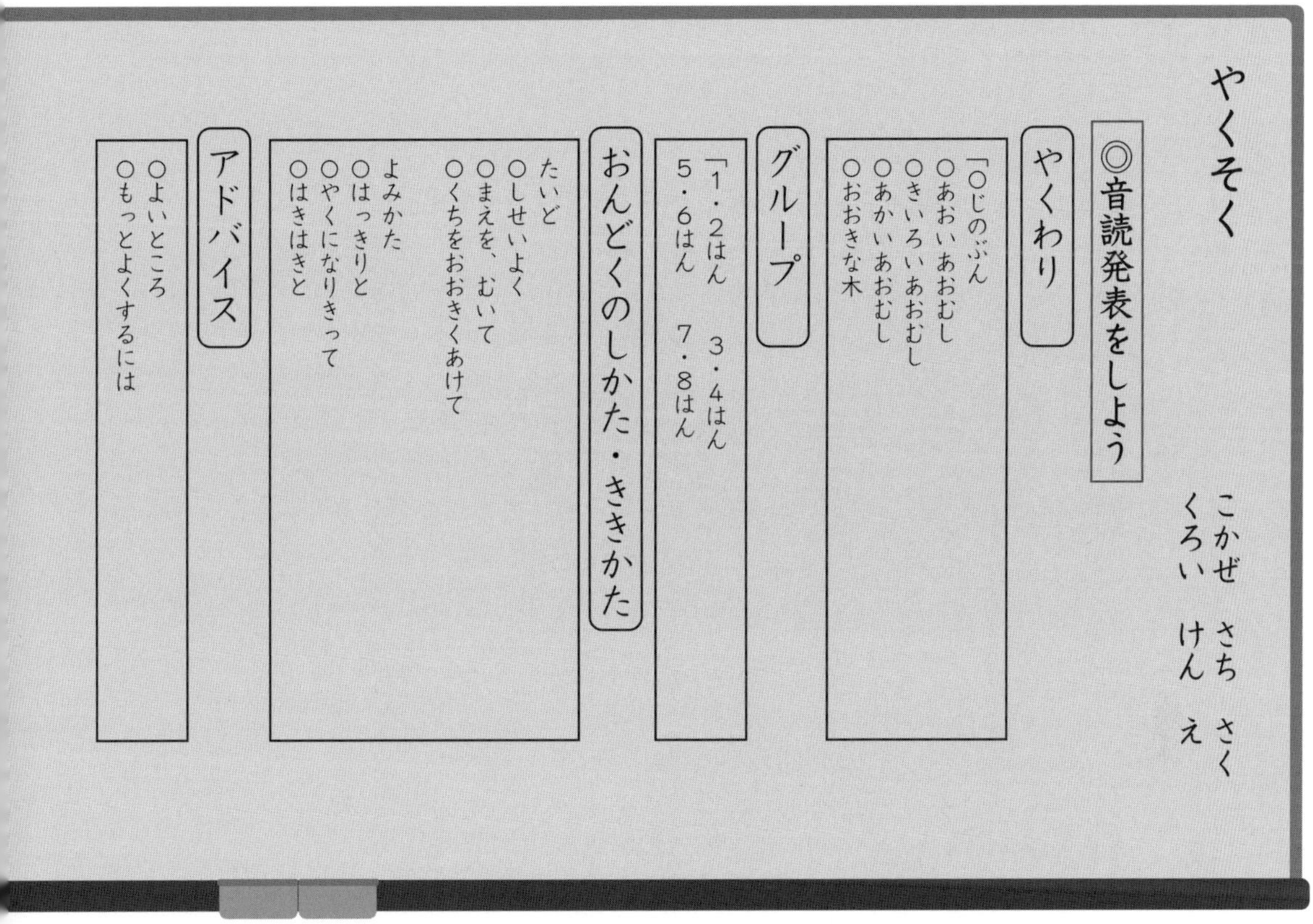

やくそく
こかぜ さち さく
くろい けん え
◎音読発表をしよう
やくわり
「○じのぶん
○あおいあおむし
○きいろいあおむし
○あかいあおむし
○おおきな木
グループ
「1・2はん 3・4はん
5・6はん 7・8はん
おんどくのしかた・ききかた
たいど
○しせいよく
○まえを、むいて
○くちをおおきくあけて
よみかた
○はっきりと
○やくになりきって
○はきはきと
アドバイス
○よいところ
○もっとよくするには

1 登場人物の行動や会話文を確認し、音読したい文章を決める

自分の気に入っている場面を決めましょう

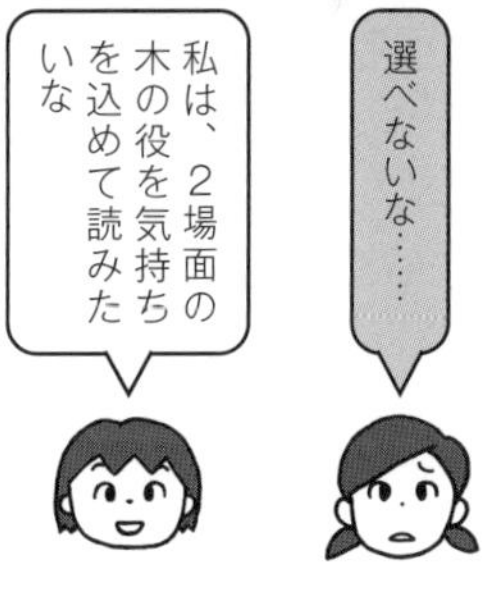

選べないな……
私は、2場面の木の役を気持ちを込めて読みたいな

まずは、児童がどこを音読したいかを決める。①登場人物、②場面、③会話文、④地の文、などを与え、児童の希望を確認する。 配慮ア

2 グループで役割を決め、音読練習をする

グループで役割を決め、音読練習をしましょう

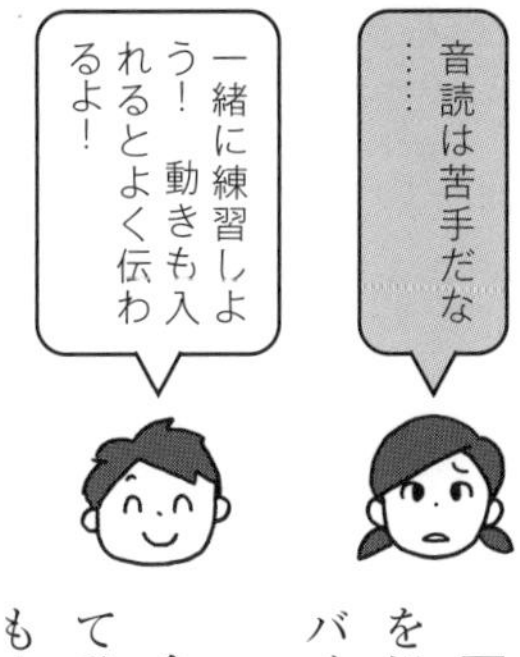

音読は苦手だな……
一緒に練習しよう！ 動きも入れるとよく伝わるよ！

「よい読み方・聞き方」を提示して、友達にアドバイスをするように促す。 配慮イ

会話文や言葉に合わせて動作化をしていくこともすすめていく。気持ちを込めた読み方と、丁寧に聞くよさを伝える。

「ずうっと、ずっと、大すきだよ」の授業デザイン
（光村図書１年下）

教材の特性

この教材は、中心人物の「ぼく」と飼い犬の「エルフ」の交流が描かれている。動物が好きな児童が多いことが予想され、エルフを大切に思う「ぼく」の行動や言葉は共感できるものが多いだろう。これまで、動物を育てたり、飼っていたりする児童もクラスにはいることも考えられる。そのときの経験なども交流しながら、エルフを思う「ぼく」の心情やそのことについての考えを共有していきたい。

本教材は、大きく四つの場面に分けられ、「ぼく」やエルフの様子を手がかりに大まかな場面の様子が捉えやすい。また、語り手の言葉、「ぼく」の行動や会話によって、その心情を読み取ることができる。また、題名が「ずうっと、ずっと、大すきだよ」と「ぼく」の言葉になっている。その言葉がどのような意味なのか考えさせていきたい。

結		転		承		起
7	6	5	4	3	2	1
回想する。	隣りの子にエルフのバスケットをあげる。	エルフが死ぬ。	エルフがだんだん年を取る。	元気なエルフ	「ぼく」とエルフが一緒に大きくなっていく。	「ぼく」がエルフのことを回想する。

身に付けさせたい力

・物語の言葉に着目したり、友達の発言を聞いたりする中で語彙を増やす力
・叙述を基に、エルフの変化や「ぼく」の心情を読み取り、自分の考えを伝える力

授業づくりの工夫

焦点化	視覚化	共有化
○「エルフ」の変化や「ぼく」の心情など、本時で扱う内容を一つにする。 ○「Which 型課題やゆさぶり発問などを使い、立場を決める→理由を考える」と思考を焦点化し、段階的に思考をまとめる。	○動作化によって場面を視覚的に捉え、内容理解を深める。 ○挿絵を使って、エルフや場面の変化を視覚的に捉えるようにする。	○ペアでの話合い活動から全体での話合い活動にするなど、話合い活動を組織化する。 ○学習事項に関わる発言は再話をさせ、繰り返し取り上げることで共有を図る。

✓ 単元目標・評価規準

目標 場面の大まかな移り変わりやエルフの変化、「ぼく」の心情について、叙述を基に捉えるとともに、登場人物の言葉や行動について自分の考えをもち、表現することができる。

知識・技能	思考・判断・表現	主体的に学習に取り組む態度
○身近なことを表す語句の量を増し、話や文章の中で使うとともに、言葉には意味による語句のまとまりがあることに気付き、語彙を豊かにしている。 (1)オ	○「読むこと」において、場面の様子に着目して、登場人物の行動を具体的に想像している。 C(1)エ	○場面の様子に着目して登場人物の行動を具体的に想像し、学習の見通しをもって進んで本文を読んだり、好きなところを進んで紹介カードで伝えようとしたりしている。

✓ 単元計画(全8時間)

次	時	学習活動	指導上の留意点
一	1	**「ずうっと、ずっと、大すきだよ」を読もう。** ○お話を読み、好きな場面とその理由を伝え合う。	・場面の絵を基にして物語の内容について交流させ、児童の読む意欲を高めるようにする。 ・好きな場面を決めてから好きな理由を表現させ、段階的に自分の考えをもてるようにする。
二	1	**「ずうっと、ずっと、大すきだよ」のいいところを探そう。** ○一人称視点の効果を考える。	・教師版の文と比べて話し合うことを通して、一人称視点の地の文のよさに気付かせ、表現できるようにする。
	2	○エルフの変化を捉え、大まかな話の内容をつかむ。	・場面絵の様子やセンテンスカードを手がかりにして、大まかなエルフの変化を捉えられるようにする。 ・リード文を示し、話の大まかな内容をまとめられるようにする。
	3	○エルフを好きと思い続ける「ぼく」の心情を読み取る。	・題名を仮定することで、エルフのことを好きだと思い続ける「ぼく」の気持ちに気付くことができるようにする。
	4	○「ぼく」の行動に対する自分の考えをもつ。	・エルフのバスケットを渡したところを動作化することで、具体的な場面を想像する。 ・「自分だったら」と仮定することを通して、「ぼく」の行動に対する自分の考えがもてるようにする。
三	1・2	**「ずうっと、ずっと、大すきだよ」のいいところを伝えよう。** ○「ずうっと、ずっと、大すきだよ」の紹介カードを書く。	・挿絵とセンテンスカードを提示し、作品の全体像を捉えられるようにする。 ・ダウト文を提示し、児童が紹介カードに必要な内容に気付けるようにする。

✓ 教材分析

エ　作品の設定

「時」に着目することで、七つの場面に分けることができる。

オ　視点

この物語は「ぼく」の視点で語られている一人称視点である。一場面の二文は敬体、その後は常体で語られている。また、語りかけるような表現もあり、読み手を引き付ける効果がある。

ケ　対人物

エルフは「ぼく」が飼っている犬である。「ぼく」より早く大きくなり、そして「ぼく」より早く老いていくエルフがいることで、物語の主な出来事が起こっていく。

だれも、いって やらなかった。いわなくっても、わかると おもって いたんだね。

転

4 いつしか、ときが たって いき、ぼくの せが、ぐんぐん のびる あいだに、エルフは、どんどん ふとって いった。

エルフは、年を とって、ねて いる ことが おおくなり、さんぽを いやがるように なった。ぼくは とても しんぱいした。

ぼくたちは、エルフを じゅういさんに つれて いった。でも、じゅういさんにも、できる ことは なにも なかった。

「エルフは、年を とったんだよ。」

じゅういさんは、そう いった。

まもなく、エルフは、かいだんも 上れなくなった。でも、エルフは、ぼくの へやで ねなくちゃ いけないんだ。

ぼくは、エルフに やわらかい まくらを やって、ねる まえには、かならず、「エルフ、ずうっと、大すきだよ。」って、いって やった。エルフは、きっと わかって くれたよね。

5 ある あさ、目を さますと、エルフが、しんで いた。よるの あいだに しんだんだ。

ぼくたちは、エルフを にわに うめた。みんな ないて かたを だきあった。

にいさんや いもうとも、エルフが すきだった。でも、すきって いって やらなかった。ぼくだって、かなしくて たまらなかったけど、いくらか 気もちが らくだった。だって、まいばん エルフに、「ずうっと、大すきだよ。」って、いって やって いたからね。

結

6 となりの 子が、子犬を くれると いった。もらっても、エルフは 気に しないって わかって いたけど、ぼくは、いらないって いった。

■第二次・第2時

「エルフは、どう変わった？」

（しかけ「順序を変える」）

エルフの場面絵に見出しのカードを配置する活動を通して、エルフの変化を捉える。最後に「エルフは、どう変わったのか」を短くまとめて大まかに内容をつかむ。

（エ、ケ）

◆教材分析のポイント　その①【中心人物の心情】

本単元の中心的な指導内容の一つが、「中心人物の心情」を読み取ることである。地の文、行動描写、会話文などに着目させて、中心人物の心情や行動の理由を捉えられるようにすることが大切である。

◆教材分析のポイント　その②【好きなところを見付ける】

作品の「好きなところを見付ける」という点も本単元では重要となる。同じ作品を読んでいても、好きな場面が違ったり、同じ場面でも理由が違ったりするということを実感させる。そうして、読んで感じたことを伝え合う経験を豊かにしていきたい。

指導内容

ア　題名

物語の題名は、最後の「ずうっと、ずっと、大すきだよ」という言葉とつながっている。他の動物を飼ったとしてもエルフと同じように、毎晩言うのは変わらないということ、第3場面の会話文と比べると「ずっと」の言葉が加わっている。この言葉に込められた「ぼく」の心情を考えさせたい。

イ　作者

アメリカの絵本作家。

ウ　訳者

外国語の文章を日本語の文章に直す人。原題は「I, ll Always Love You.」。エルフの表記は、「she」となっていてメス犬であることが分かる。

指導のポイント

■第一次・第1時

「お話の好きなところは？」（Which型課題）

単元の導入では、自分の好きなものを話し合い、それから題名を提示する。自分の好きな場面を交流する。

■第二次・第1時

「どこが　違うかな？」（考える音読「つぶやき読み」）

教師のしかけ文を読み、一人称視点の効果に気付けるようにする。また、「考える音読」を通してその効果が実感できるようにする。

（オ）

起

ずうっと、ずっと、大すきだよ

ハンス＝ウイルヘルム　さく・え

ひさやま　たいち　やく

1 エルフの　ことを　はなします。エルフは、せかいで　いちばん　すばらしい　犬です。

2 ぼくたちは、いっしょに　大きく　なった。でも、エルフの　ほうが、ずっと　早く、大きく　なったよ。

ぼくは、エルフの　あったかい　おなかを、いつも　まくらに　するのが　すきだった。

そして、ぼくらは、いっしょに　ゆめを　見た。

ぼくらにいさんや　いもうとも、エルフの　ことが　大すきだった。でも、エルフは、ぼくの　犬だったんだ。

承

3 エルフと　ぼくは、まい日　いっしょに　あそんだ。

エルフは、リスを　おいかけるのが　すきで、ママの　花だんを　ほりかえすのが　すきだった。

ときどき、エルフが　わるさを　すると、うちの　かぞくは、すごく　おこった。でも、エルフを　しかって　いながら、みんなは、エルフの　こと、大すきだった。

すきなら　すきと、いって　やれば　よかったのに、

✓ 教材分析

指導内容

コ 人物像

中心人物の「ぼく」は、一緒に育ったエルフに対して、優しく接し続ける人物である。それは、エルフを「世界で一番すばらしい犬」、年老いたエルフに自分の枕をやっていることや「エルフ、ずうっと、大すきだよ」という会話文などから読み取れる。

サ 自分の経験と関連付けながら読む

「ぼく」が、エルフのバスケットを隣りの子にあげる叙述がある。この行動について、児童の意見は分かれるだろう。自分の考えを交流して読ませていきたい。

かわりに、ぼくが、エルフの　バスケットを　あげた。ぼくより、その　子の　ほうが、バスケット　いるもんね。

結

7 いつか、ぼくも、ほかの　犬を　かうだろうし、子ねこや　きんぎょも　かうだろう。なにを　かっても、まいばん、きっと　いって　やるんだ。「ずうっと、ずっと、大すきだよ。」って。

指導のポイント

■第二次・第3時

『ぼく』がエルフを好きなことが一番伝わるのは？」（Which型課題）

どの場面の「ぼく」が一番エルフを好きだということが伝わるのか話し合う。物語の結末にある「ずうっと、ずっと、大すきだよ」には「ぼく」のどんな気持ちが表れているのか考えさせたい。（ア、コ）

■第二次・第4時

「『ぼく』がバスケットをあげたのは？」（しかけ「置き換える」）

教師のしかけ文を基に、バスケットをあげた「ぼく」の行動の理由を考える。また、自分だったらバスケットをあげるか、自分と比べながら「ぼく」の行動を捉えられるようにする。（サ）

本時の展開　第一次　第1時

目標 お話のよいところはどこかを話し合うことを通して、自分の好きな場面を選び、その理由を表現することができる。

[本時展開のポイント]

初めて物語に触れる時間である。自分の好きなものや好きな場面の話合いを通して、児童の読む意欲を高めながら活動を展開したい。

[個への配慮]

㋐振り仮名のついた本文を用意する

文字を読むのが苦手な児童がいる場合には、自分で文章を読めるように、振り仮名を書いた教材文を用意し、自分で読み進めることができるようにする。

㋑スモールステップで考えをまとめる

自分の考えを決めるのに迷ってしまう児童がいる場合には、自分の考えをまとめられるように、友達の発言の中から自分の考えに近いものを選ばせたり、一部の言葉を変えたりすることで考えをまとめられるようにする。

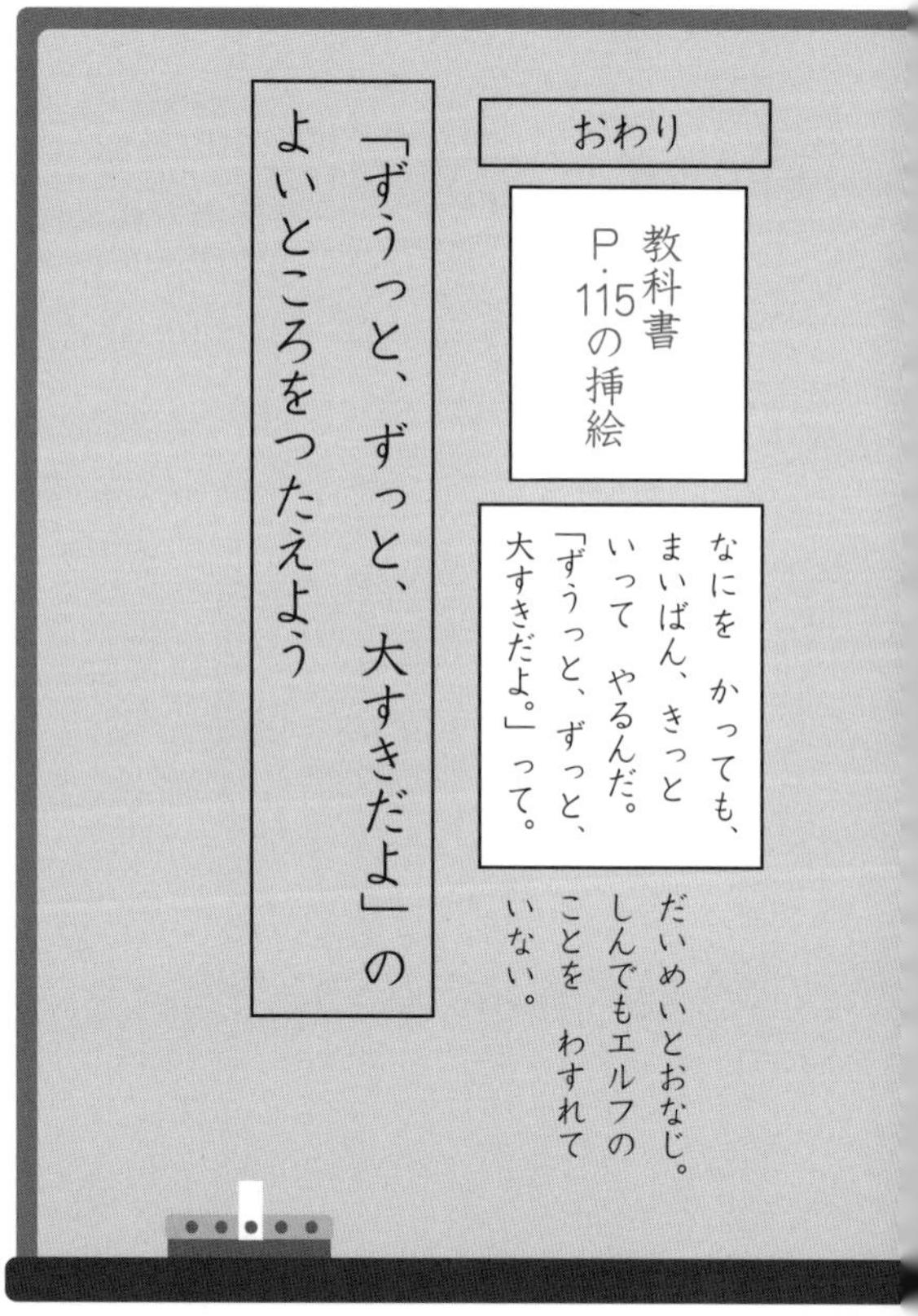
おわり
教科書P.115の挿絵
なにを　かっても、まいばん、きっと　いって　やるんだ。「ずうっと、ずっと、大すきだよ。」って。
だいめいとおなじ。
しんでもエルフのことを　わすれていない。
「ずうっと、ずっと、大すきだよ」のよいところをつたえよう

3 感想を交流する

このお話のよいところはどれですか？

場面絵を貼り、「はじめ」「中」「おわり」の三つの選択肢にする。いいなと思った部分とその理由をノートに書かせる。いいなと思った場面の人数を聞き取り、多いところから順番に感想を発表させる。　配慮㋑

寝る前に、エルフに「ずっと、大すき」と言ってあげるのがいい
好きなところが選べないよ

4 学習の見通しをもつ

このお話のよいところを伝えましょう

感想を振り返り、たくさんのいいところを見付けたことを確認する。このお話のいいところをお家の人に教えることを伝え、単元の学習の見通しをもたせる。

たくさん、いいところがあるな
このお話のいいところをお家の人にも伝えたいな

準備物　・教科書の挿絵５枚　・センテンスカード６枚　3-01～06

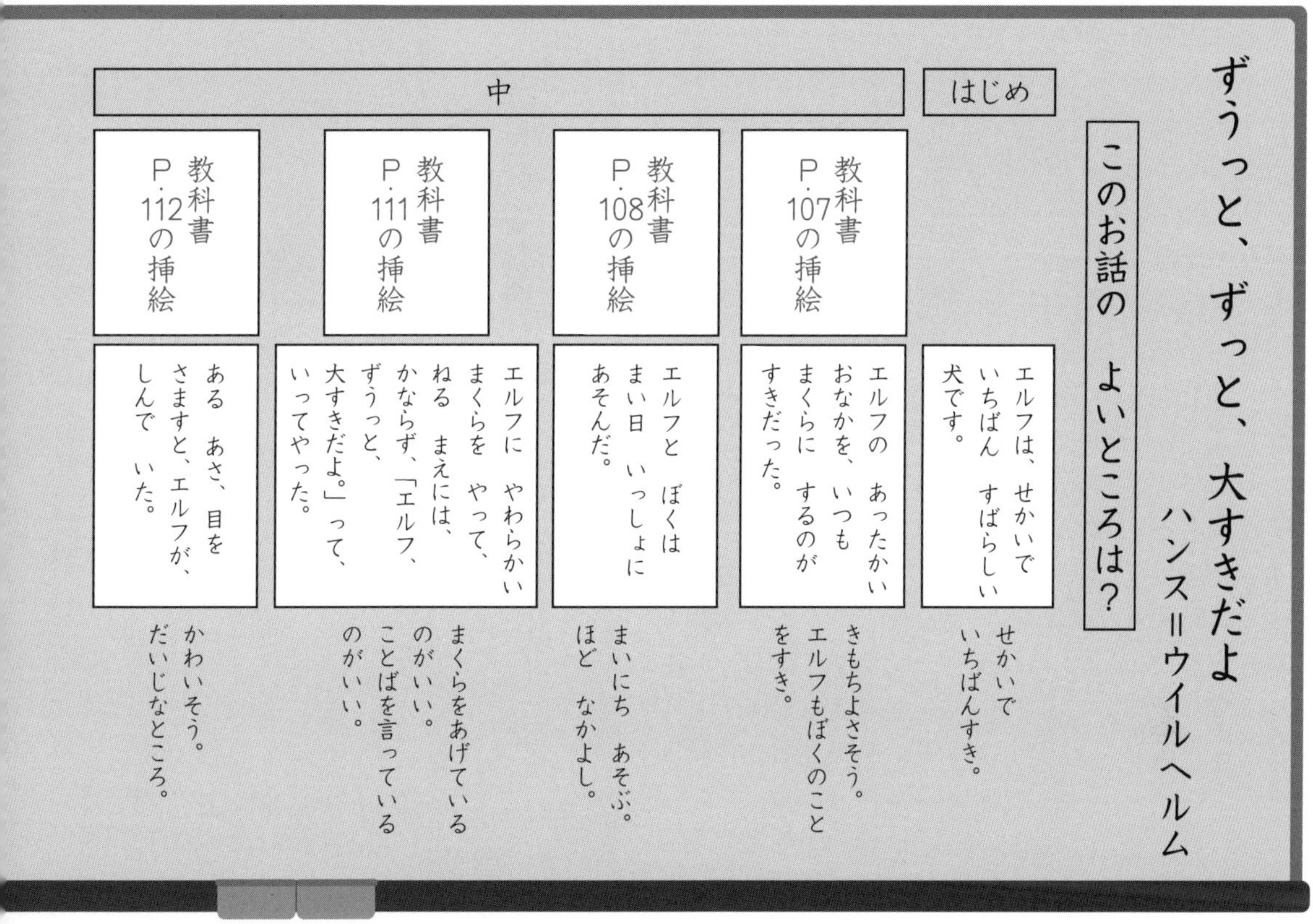

ずうっと、ずっと、大すきだよ
ハンス＝ウイルヘルム
このお話の　よいところは？
はじめ
エルフは、せかいで　いちばん　すばらしい　犬です。
せかいで　いちばんすき。
中
教科書　P.107の挿絵
エルフの　あったかい　おなかを、いつも　まくらに　するのが　すきだった。
きもちよさそう。エルフもぼくのことをすき。
教科書　P.108の挿絵
エルフと　ぼくは　まい日　いっしょに　あそんだ。
まいにち　あそぶ。ほど　なかよし。
教科書　P.111の挿絵
エルフに　やわらかい　まくらを　やって、ねる　まえには、かならず、「エルフ、ずうっと、大すきだよ。」って、いってやった。
まくらをあげている　のがいい。ことばを言っている　のがいい。
教科書　P.112の挿絵
ある　あさ、目を　さますと、エルフが、しんで　いた。
かわいそう。だいじなところ。

1　自分の好きなものを話し合う

みんなの好きなものは何ですか？

チョコレートが好きです

家で飼っている犬が大好きです

自分が好きなものやそれが好きな理由を自由に話させる。自分の飼っている動物が好きという児童がいれば、その動物との関わりを詳しく聞き取り、次の活動につなげる。

2　挿絵を手がかりに、内容を予想する

どんなお話だと思いますか？

男の子が犬のことを好きな話

どこを読んでいるか分からない……

しかけ（隠す）

「ぼく」とエルフの挿絵をエルフを隠して提示する。　配慮ア

好きという気持ちは犬と男の子のどちらの気持ちなのかに絞って話し合わせる。訳者について説明後、教師が判読する。

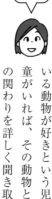

本時の展開 第二次 第1時

目標 教師が設定した本文ではいけない理由を話し合うことを通して、一人称で書かれた作品の設定に気付き、音読することができる。

[本時展開のポイント]

三人称視点の文と一人称視点の本文を比べることで、その効果を発見させるとともに、「考える音読」を通してその効果を体感させたい。

[個への配慮]

㋐注目する場所を教える

注目する場所が見付けられない児童がいる場合には、「男の子」と「大きくなった」の場所が違うことを伝える。教科書を開かせて、本文がどのように書かれているのか確認できるようにする。

㋑音読の負担を軽減する

音読が苦手な児童がいる場合には、字のサイズを大きくし、行間を広げた本文を配る。また、読む場面を1場面だけにして、あとは聞き手役にすることや、教師と一緒にゆっくり音読をするという方法も考えられる。

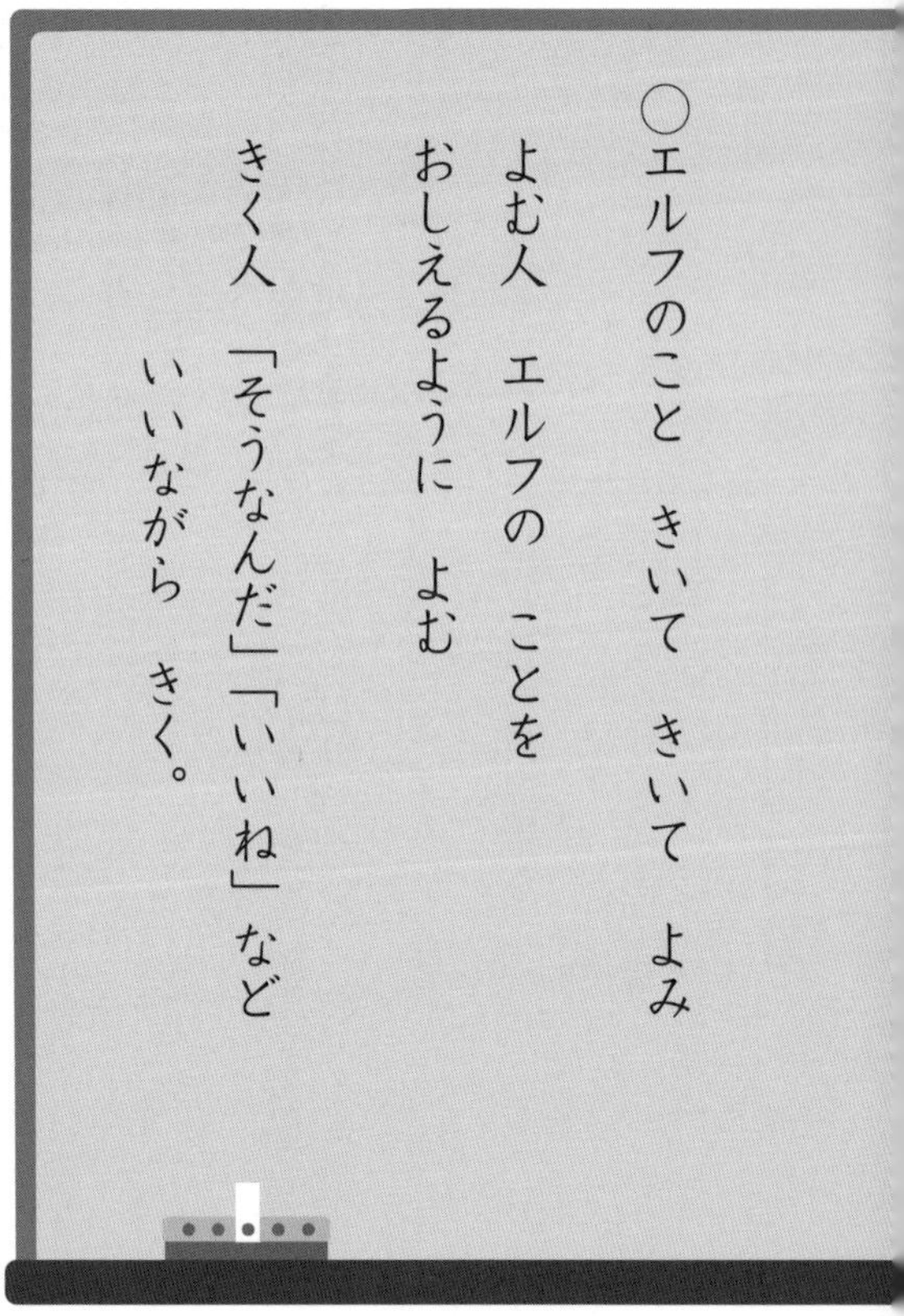

○エルフのこと　きいて　きいて　よみ
よむ人　エルフの　ことを
おしえるように　よむ
きく人　「そうなんだ」「いいね」など
いいながら　きく。

「ぼくたちは、いっしょに 大きく なった」
兄弟みたいだね

聞き手は反応しながら聞くことを伝える。

教師が読み手、児童が聞き手になって、二場面の音読の進め方が分かるようにする。

4 音読をする

ペアの友達とやってみましょう

「エルフと ぼくは、まい日 いっしょに あそんだ」
とても仲よしだね

ペアで音読をする。場面ごとに読む児童と聞く児童を交代させる。

最後まで読んだら、読む児童と聞く児童の順番を変えて、もう一度通読させる。

配慮㋑

準備物　・挿絵１枚　・センテンスカード１枚　3-07

ずうっと、ずっと、大すきだよ

ハンス＝ウイルヘルム

どこが　ちがう　かな？

先生の「ずうっと、ずっと、大すきだよ」

二ばめん

教科書P.107の挿絵

男の子と　エルフは、いっしょに　大きく
なった。でも、エルフの　ほうが　ずっと
早く　大きくなった。
男の子は、エルフの　あったかい　おなかを
いつも　まくらに　するのが　すきだった。
そして、男の子と　エルフは、いっしょに
ゆめを見た。
にいさんや　いもうとも、エルフの　ことが
だいすきだった。
でも、エルフは、男の子の　犬だったんだ。

男の子　→　ぼく
なった　→　なったよ

おしえている　かんじ
大すきな　かんじ
やさしい　かんじ

1　間違い探しをする

どこが違うかな？

「ぼく」が、「男の子」に変わっている
「大きくなった」ではなくて、「大きくなったよ」だよ

しかけ（置き換える）

場面二の挿絵と教師版の本文を貼る。

教師が音読した後、教科書の文とどこが違うのかを確認する。　**配慮ア**

2　教師版の本文ではいけない理由を考える

様子が分かるから、この文でもいいかな？

教科書のほうが教えてくれる感じがする
教科書のほうが優しい感じがする

しかけ（仮定する）

場面絵を見て、教師版の本文でも状況が伝わることを確認する。

教師版の本文ではいけない理由をペアで話した後、全体で交流する。

3　学習の進め方を理解する

「エルフのことをきいてきいて読み」をしましょう

考える音読

読み手は教えるように、

本時の展開　第二次　第2時

目標 挿絵に合ったセンテンスカードはどれかを話し合うことを通して、物語の設定をつかみ、物語の大まかな内容を表現することができる。

[本時展開のポイント]

物語の大まかな流れを捉えることが本時のねらいとなる。文章と挿絵を対応させたり、動作化させたりして、視覚的にエルフの変化を捉えさせたい。

[個への配慮]

ア注目する場所を示す

どのカードか決められない児童がいる場合には、根拠となる言葉に着目できるように、「どんどんふとっていった」などのキーワードの色を変えた手持ちのカードを用意し、挿絵の様子と対応させてカードの場所が決められるようにする。

イ話しながら考えを整理する

自分の考えがまとまらない児童がいる場合には、まとめることができるように、友達の発表の中からどの説明が自分に近いのかを選ばせ、その発表に言葉を足したり、変えたりして自分の考えをまとめられるようにする。

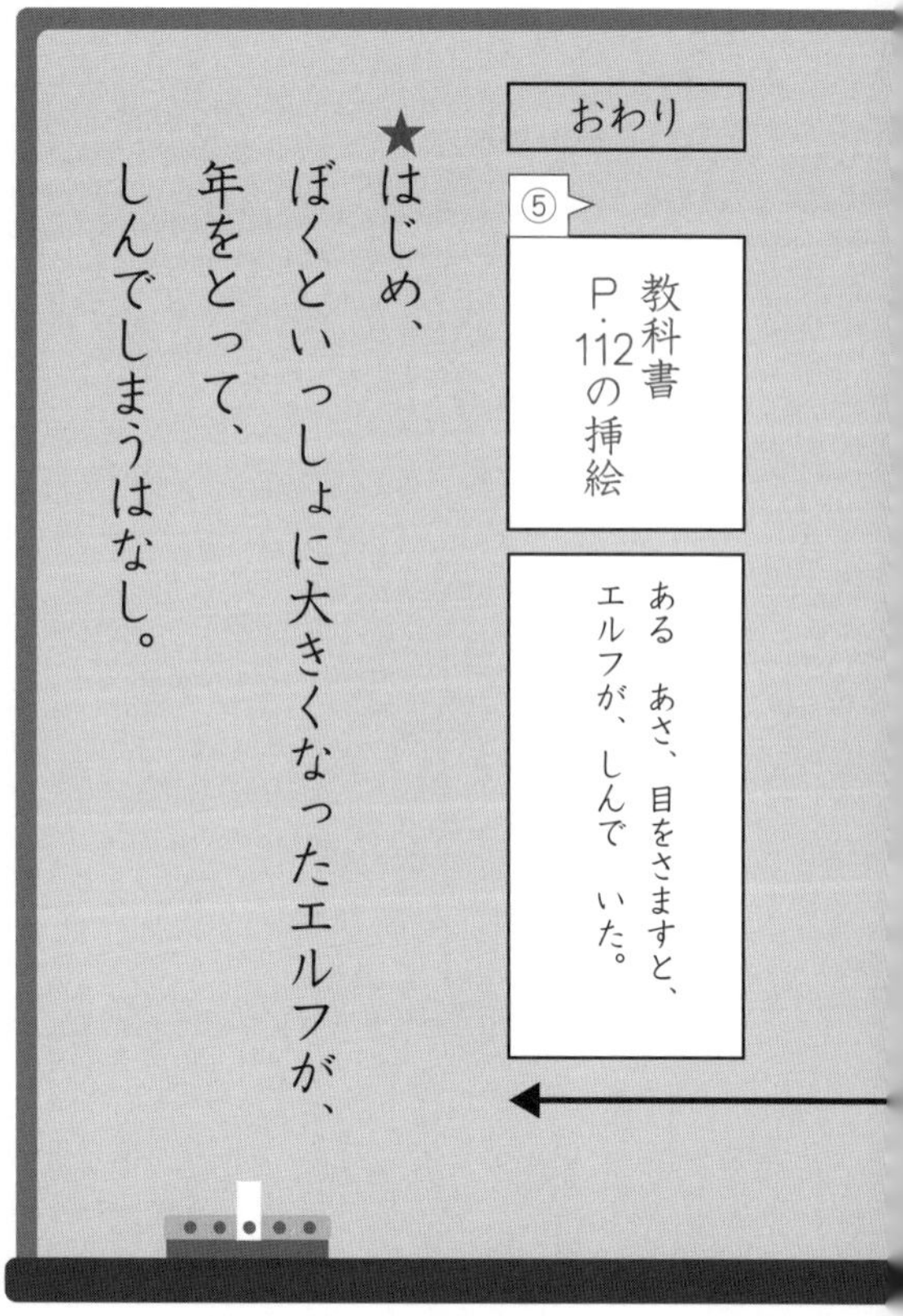
おわり
⑤
教科書P.112の挿絵
ある　あさ、目をさますと、エルフが、しんで　いた。
★はじめ、ぼくといっしょに大きくなったエルフが、年をとって、しんでしまうはなし。

3 大まかに物語の内容を説明する

配慮ア

エルフは、どんなふうに変わったのでしょうか？

エルフが死んでも好きなのがいいところだから、ダメ
なんて言えばいいんだろう？

「はじめ～だったエルフが～して、～する話」と話型を示す。その話型に沿って大まかに話の内容を説明させる。ペアで説明した後に、ノートにエルフの変化を書くようにする。

クラスの実態によっては、代表児童に話をさせてからペアで話したり、黒板の中から当てはまる言葉を選ばせたりして、大まかな内容を捉えられるようにするという方法も考えられる。 配慮イ

準備物 ・挿絵６枚 ・センテンスカード６枚 3-08～13

ずうっと、ずっと、大すきだよ
ハンス＝ウイルヘルム

エルフは どう かわった？

中				はじめ
②	⑥	①	③	④
教科書 P.111の挿絵	教科書 P.109の挿絵	教科書 P.108の挿絵	教科書 P.107の挿絵	教科書 P.106の挿絵
エルフは、かいだんも 上れなく なった。	ぼくの せが、ぐんぐん のびる あいだに、エルフは どんどん ふとって いった。	エルフは、りすを おいかけるのが すきで、ママの 花だんを ほりかえすのが すきだった。	エルフの ほうが、ずっと 早く、大きく なったよ。	ぼくたちは、いっしょに 大きく なった。

だんだん、年を とっている。げんきが なくなって きている。

1 挿絵の並び替えをする

正しい絵の順番を考えてください

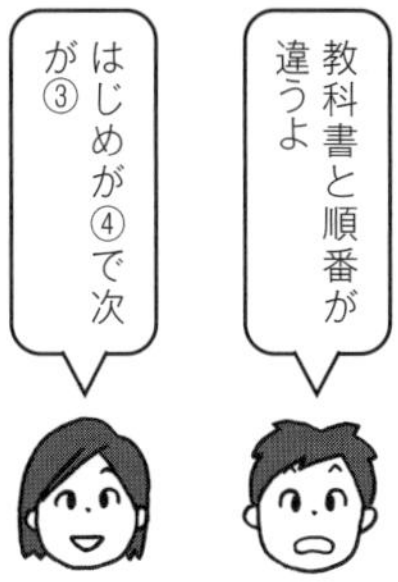

教科書と順番が違うよ
はじめが④で次が③

しかけ（順序を変える）

「エルフクイズ」をすることを伝える。はじめとおわりの挿絵を貼る。間の場面の挿絵をバラバラに黒板に貼り、正しい順番をペアで相談した後、全体で確認する。めあてを板書する。

2 挿絵に合うカードを置かせる

絵に合うカードはどれですか？

エルフも大きくなっているから、④に置けばいい
どのカードなんだろう？

しかけ（配置する）

④と⑤のカードを黒板に貼る。他のカードを落としてどこに貼るか分からなくなったことを伝える。ペアで確認した後、全体で発表させる。挿絵と言葉を対応させたり、動作化したりしてエルフの様子を捉えさせる。

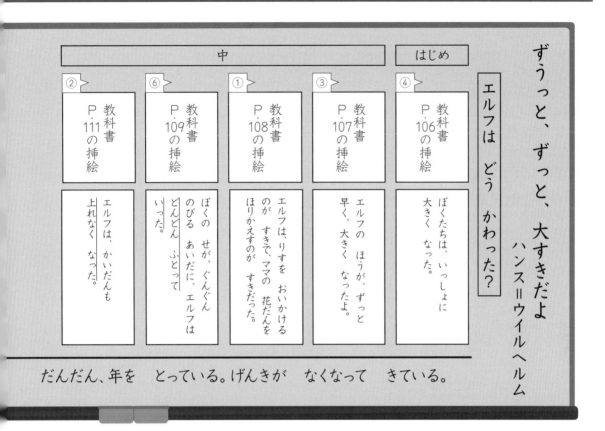

本時の展開　第二次　第3時

目標　一番エルフを好きなのが伝わるのはどこかを話し合うことを通して、エルフのことを好きでい続ける「ぼく」の心情に気付き、表現することができる。

[本時展開のポイント]

どのように会話文を言ったのかなど、具体的に場面のイメージを交流したい。そのイメージを足場として「ぼく」の心情がつかめるようにしていきたい。

[個への配慮]

㋐間違えている場所を教える

カードの間違いを見付けるのが難しい児童がいる場合には、注意する場所を絞れるように、間違っている箇所を教え、正しい言葉は何かを考えることができるようにする。

㋑考えの手がかりを示す

どの場面が一番か決められない児童には、決められるように、前の活動でやった動作化を思い出させたり、先に書いている友達の意見を紹介したりして、自分の考えと理由を書くことができるようにする。

○「ずうっと、ずっと、だいすきだったよ」
でもいい？
ダメ → しんでも　エルフのことを
ずっとすき
エルフのことを　おぼえている
エルフも　ほかの　どうぶつも
すき

★おはなしの　いいところ
エルフがしんでも　ずっと「大」すきな
のがいい。

3　他の題名でもいいか考える

題名が、「ずうっと、ずっと、大すきだったよ」では、だめ？

「ずうっと」が二回あるから、それだけ好きだってことだと思う

エルフ以外の動物も入れて大好きってことだと思う

エルフが生きていたのは前のことだから、題名は「ずうっと、ずっと、大すきだったよ」ではいけないかと児童の思考をゆさぶる。

ペアで交流した後、全体で考えを交流する。

4　今日の学習の感想を交流する

今日見付けたお話のいいところは何ですか？

エルフが死んだ後も、「ずうっと、ずっと、大すき」って好きな気持ちを持ち続けているのがいいところ

全体で発表する前に、ペアで交流させる。

内容についての気付きや考えの広がりについての感想を共有できるようにする。

準備物 ・挿絵４枚　・センテンスカード５枚 3-14～18

ずうっと、ずっと、大すきだよ

ハンス＝ウイルヘルム

一ばん「ぼく」が、エルフのことをすきなのは？

①
エルフは、せかいで いちばん すばらしい 犬です。

せかいで いちばんすき。

② 教科書P.107の挿絵
エルフの あったかい おなかを、いつも まくらに するのが すきだった。

おなかをまくらにできるくらい なかよし

③ 教科書P.108の挿絵
エルフと ぼくは まい日 いっしょに あそんだ。

まいにち あきないで あそんでいるから

④ 教科書P.111の挿絵
ねる まえには、かならず、「エルフ、ずうっと、大すきだよ。」って いって やった。

年をとっても せわをしている。ずうっとだいすきと いっている。

⑤ 教科書P.115の挿絵
なにを かっても、まいばん、きっと いって やるんだ。「ずうっと、ずっと、大すきだよ。」って。

ずっとのかずが おおい。だいめいと おなじ

1 「『ぼく』クイズ」をする

それぞれのカードの間違いはどこですか？

背中ではなくておなか
「すき」じゃなくて「大すき」

しかけ（置き換える）

それぞれのカードに間違いがあることを伝え、一枚ずつ音読する。

ペアで間違いを確認する。それぞれの会話文はどんなふうに言ったと思うかなども交流し、場面を具体的に想像する。

配慮ア

2 「ぼく」の心情を考える

一番、エルフを大すきなのが伝わるのはどのときですか？

④だと思う。エルフが年を取っても、ずうっと大好きと伝えているから

Which型課題

児童全員を立たせる。一番がどのときなのか決まった児童から座らせる。

選んだカードの番号とその理由を書かせ、ペア全体の順番で発表させる。

配慮イ

✓ 本時の展開 第二次 第4時

目標 「ぼく」の行動の気持ちに共感できるかどうか話し合うことを通して、自分と登場人物との相違点に気付き、表現することができる。

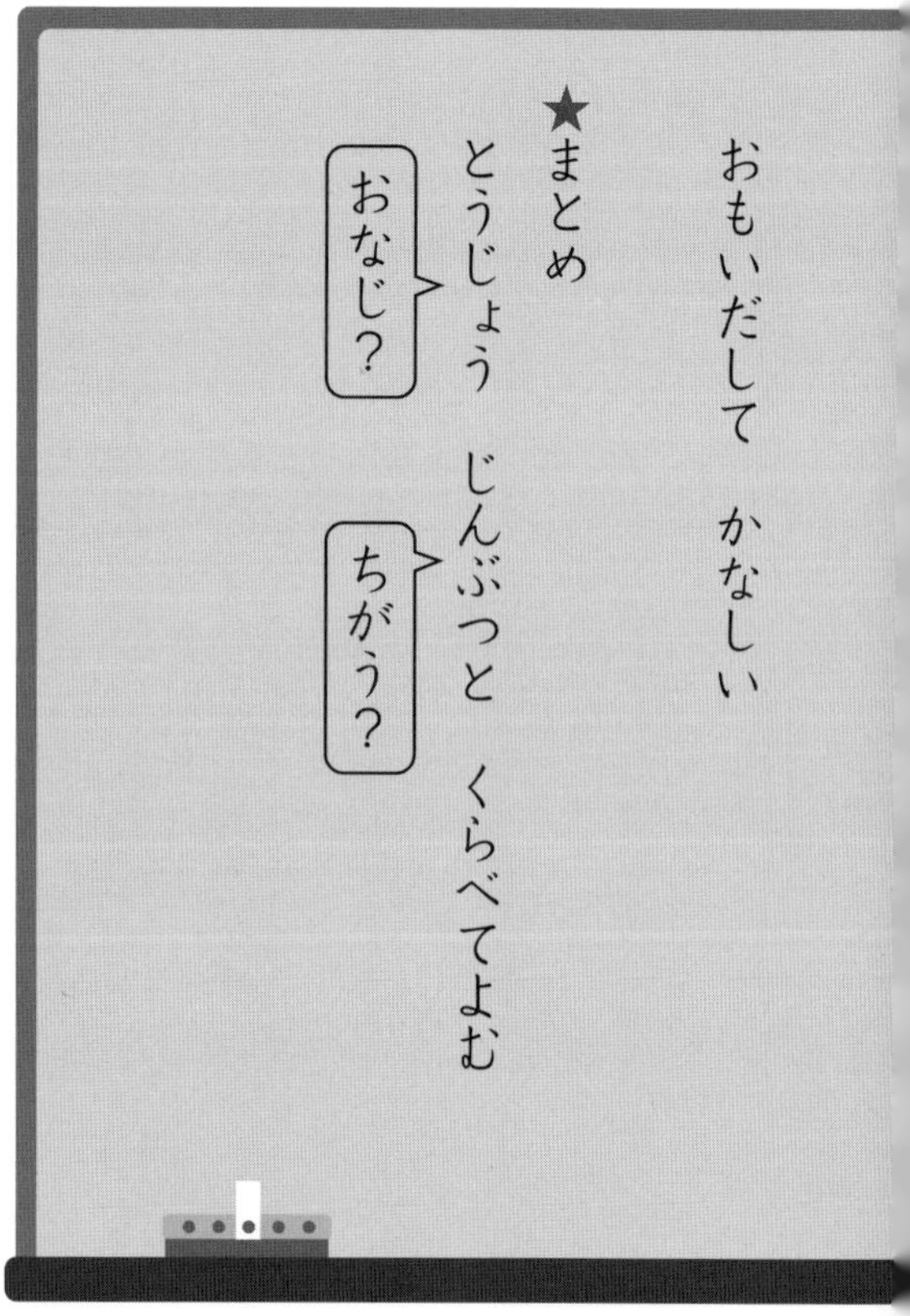

おもいだして　かなしい
★まとめ
とうじょう　じんぶつと　くらべてよむ
おなじ？
ちがう？

[本時展開のポイント]

自分と中心人物を比べて読むということが本時の一番のポイントとなる。「ぼく」の気持ちをつかんだ上で感想を交流し、考えを広げられるようにしたい。

[個への配慮]

㋐手本を見せる

どのように動作化をしたらいいか困っている児童がいる場合には、自分のイメージをもてるように、先に教師や友達が動作化を見せる。自分だったらどうするかについて話し、相違点を整理した上で動作化をさせるようにする。

㋑友達の考えを参考にする

自分の立場がどちらか迷う児童がいる場合には、自分の考えをもてるように、他の児童のノートの内容を読ませたり、伝えたりして、自分の考えとの相違点をつかみ、自分の考えが表現できるようにする。

3 自分だったらどうするか考える

みなさんだったらバスケットをあげますか？

ぼくだったら渡さない。だって、大切なバスケットだもん
どっちかな？迷うな

全員を立たせ、あげるかあげないか立場が決まったら座らせる。人数を確認し、ペアで話し合った後、ノートに自分の考えを書かせる。全体で交流する。　配慮㋑

4 お話のいいところを話し合う

このお話のいいところはどこですか？

エルフのバスケットは渡すんだけど、好きという気持ちが変らないのがいいところ

全体で発表する前に、ペアで交流させる。内容についての気付きや考えの広がりについての感想を共有できるようにする。

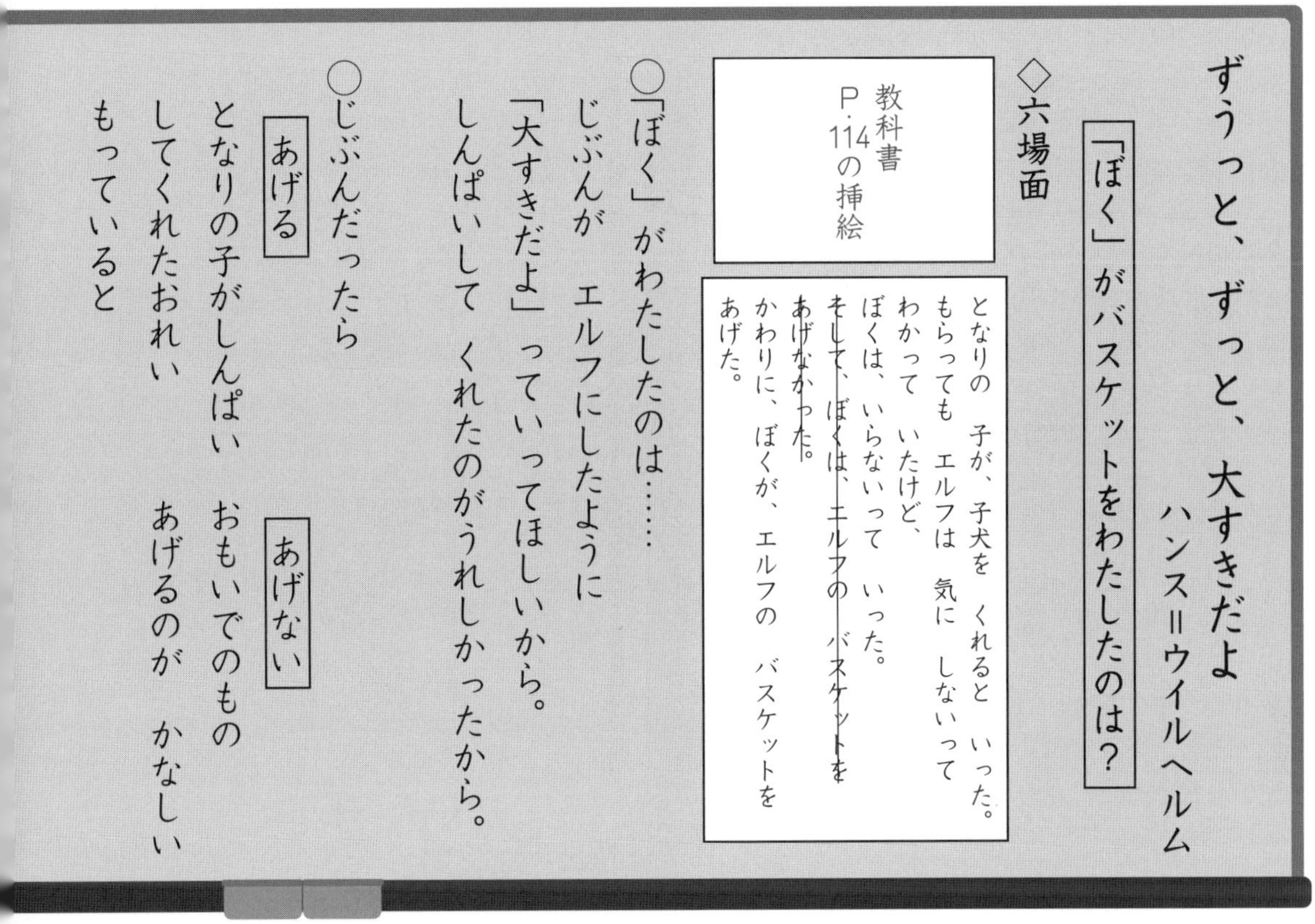
ずうっと、ずっと、大すきだよ
ハンス＝ウイルヘルム
「ぼく」がバスケットをわたしたのは？
◇六場面
教科書 P.114の挿絵
となりの 子が、子犬を くれると いった。
もらっても エルフは 気に しないって
わかって いたけど、
ぼくは、いらないって いった。
~~そして、ぼくは、エルフの バスケットを~~
~~あげなかった。~~
かわりに、ぼくが、エルフの バスケットを
あげた。
○「ぼく」がわたしたのは……
じぶんが エルフにしたように
「大すきだよ」っていってほしいから。
しんぱいして くれたのがうれしかったから。
○じぶんだったら
あげる
となりの子がしんぱい
してくれたおれい
あげない
おもいでのもの
もっていると
あげるのが かなしい

1 第六場面を音読する

みんなで読みましょう

バスケットを隣りの子に渡していないよ！

しかけ（置き換える）

拡大コピーを黒板に貼り、音読させる。児童に間違いに気付かせる。どの文が違っているのか確認をする。エルフのバスケットをあげたことに注目させ、児童の課題意識を高める。

2 バスケットを渡した様子を考える

「ぼく」は、どんなふうにバスケットを渡したのでしょう？

心配してくれたのが嬉しかったから渡した

どう動いたらいいんだろう？

めあてを書く。ペアで「ぼく」役と「となりの子」役を決めて交代で動作化させ、全体に発表させる。なぜそのような渡し方になったのかについて話をさせる中で、「ぼく」の考えを捉えられるようにする。 配慮ア

本時の展開 第三次 第1・2時

目標 お話のいいところはどこかを話し合うことを通して、自分の学びを整理し、紹介カードを書くことができる。

[本時展開のポイント]

これまで読んできたお話のいいところをカードに書いて紹介する。本単元の1時間目の感想と比べて、児童の読みの深まりや考えの広がりも見取りたい。

[個への配慮]

㋐事前に考えをまとめておく

お話のいいところを選べない児童がいる場合には、自分の考えをもつことができるように、事前に本時の活動を伝え、好きな場面を選び、その理由も聞き取り、教師がメモをしておく。

㋑リード文を提示する

書くことを苦手としている児童がいる場合には、児童が文章を書けるように、「すきなところは、」「そのりゆうは、」とワークシートにリード文を示して、考えをまとめられるようにする。また、穴埋め式にしたり、児童の話を教師がメモしたものを児童に写させたりするなどの方法も考えられる。

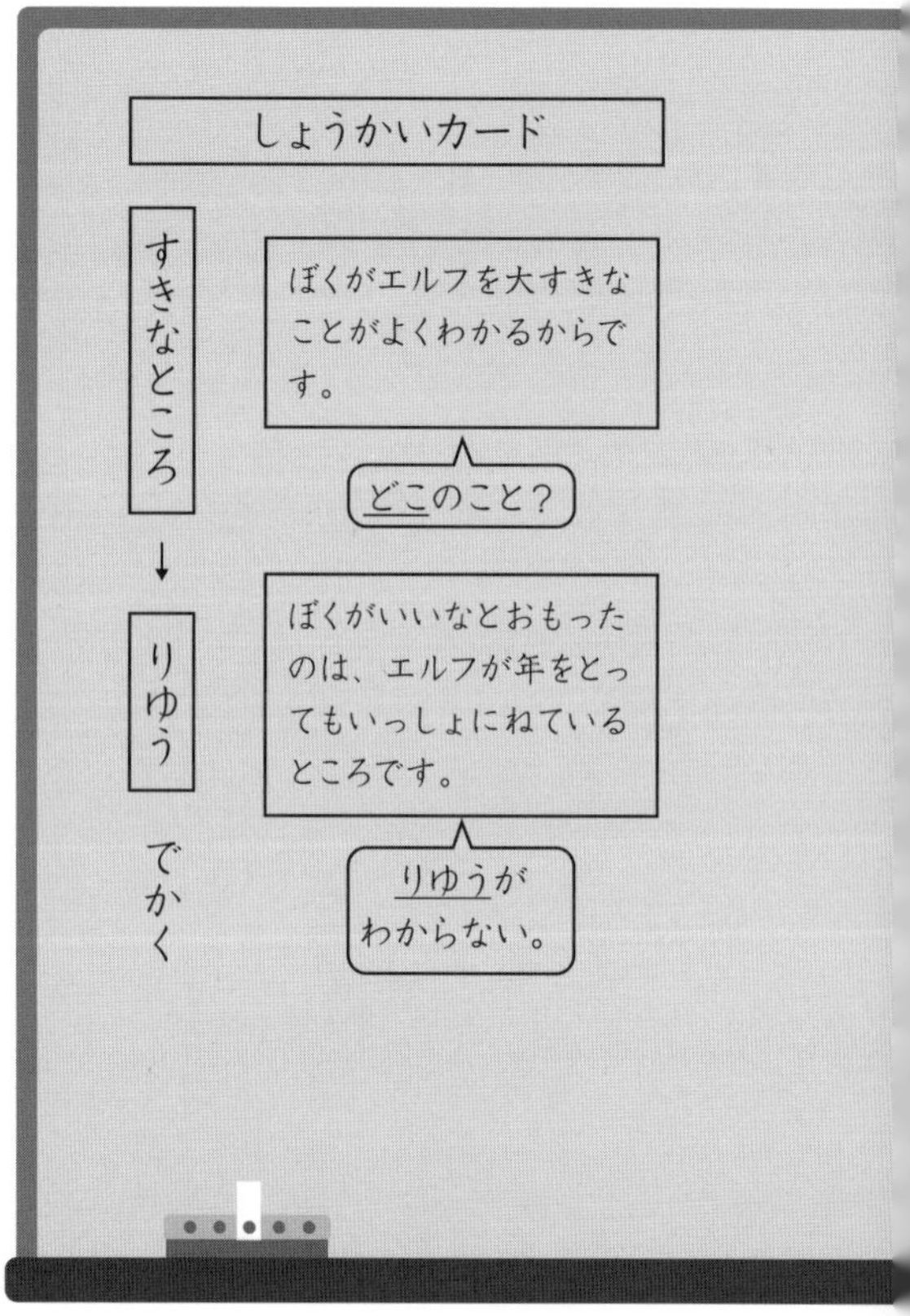

しょうかいカード
すきなところ
↓
りゆう
でかく
ぼくがエルフを大すきなことがよくわかるからです。
どこのこと？
ぼくがいいなとおもったのは、エルフが年をとってもいっしょにねているところです。
りゆうがわからない。

3 紹介カードを読み合う

できた紹介カードを読みましょう

寝る前に、エルフに「ずうっと、大すきだよ」と言ってあげるのがいい

「机の上に紹介カードを置いて、自由に歩き回って読み合う」「紹介役、聞き役に分かれて、聞き役がいろいろな席に動く」「ワークショップ形式」など、児童や学級の実態に応じて活動を展開したい。

4 心に残った紹介カードを紹介する

友達のカードを読んで、どんな感想をもちましたか？

ぼくと同じ場面を選んでいて、なるほどと思いました

同じ場面を選んでいても、理由が違ってびっくりした

紹介カードを読んで、いいなと思った友達をペア、全体で発表する。他にも、児童に付箋を配り、コメントを書いて友達に渡していくなどの方法も考えられる。

準備物　・場面絵６枚　・センテンスカード１枚　3-20　・紹介カード

ずうっと、ずっと、大すきだよ

ハンス＝ウイルヘルム

おはなしの　すきなところを　つたえよう。

はじめ

エルフは、せかいで　いちばん　すばらしい　犬です。

中

教科書P.107の挿絵
いっしょに　大きくなったのがいい。

教科書P.108の挿絵
エルフと　まい日　いっしょに　あそんだのがいい。

教科書P.111の挿絵
いままでとは、はんたいで、年を　とっても　やさしくしているのがいい。

教科書P.112の挿絵
しんでもすきって　いうところがいい。

教科書P.114の挿絵
エルフのことが　すきなのに　バスケットを　あげるのがいい。

おわり

教科書P.115の挿絵
ほかのどうぶつも　エルフも大すきって　おもっているのがいい。

1 お話のいいところを話し合う

お話を読んでみて、どこがいいと思いましたか？

年を取ってもエルフに優しくしているのがいい
どこが好きなところか決められないよ

　これまでの学習を振り返り、お話のいいところをペアで話し合わせた後に、全体で共有する。児童の発言に合わせて板書していき、たくさんのいいところが見付かったことを実感させる。配慮ア

2 紹介カードを書く

来年の一年生にいいところを紹介するカードを書きましょう

理由だけだと、どこのことか分からない
どう書いたらいいんだろう？

　めあてを書き、紹介カードの拡大コピーを貼る。教師のダウト文を貼り、だめなところを指摘する。「好きなところ←理由」の順番で書くことを確認する。構成に従ってペアに説明した後、カードに書かせる。配慮イ

「うみの　かくれんぼ」の授業デザイン

（光村図書１年上）

教材の特性

本教材は第１段落に「初め」として全体にかかる大きな問いがあり、それ以降の「中」に答えに当たる三つの事例が列挙されている。

また、「中」の部分においては、紹介されている三つの生き物について２段落、３文で説明がされており、それぞれの文において説明されている事項が共通している。

更に、生き物につき３枚ずつ用意されている写真が、中の３文の内容と合致しており、文と資料のつながりがはっきりしていることも特性として挙げられるだろう。

<table>
<tr><td colspan="9">中</td><td>はじめ</td></tr>
<tr><td colspan="2">7</td><td>6</td><td colspan="2">5</td><td>4</td><td colspan="2">3</td><td>2</td><td>1</td></tr>
<tr><td colspan="3">事例３
もくずしょい</td><td colspan="3">事例２
たこ</td><td colspan="3">事例１
はまぐり</td><td rowspan="2">話題提示
「うみには、いきものが　かくれて　います。」
問い
「なにが、どのように　かくれて　いるのでしょうか。」</td></tr>
<tr><td>三文目：隠れ方</td><td>二文目：体の特徴</td><td>一文目：名前・場所</td><td>三文目：隠れ方</td><td>二文目：体の特徴</td><td>一文目：名前・場所</td><td>三文目：隠れ方</td><td>二文目：体の特徴</td><td>一文目：名前・場所</td></tr>
<tr><td colspan="10">← 事例の順序性</td></tr>
</table>

身に付けさせたい力

・重要な言葉を捉えて内容を理解し、資料と文のつながりを理解する力
・文章構成と段落の役割の大体を捉える力

授業づくりの工夫

焦点化	視覚化	共有化
○１時間の授業における指導事項を明確化し、一つに絞る。 ○センテンスカード等で扱う情報量を絞り、思考を拡散させないようにする。	○写真資料やセンテンスカードを用いて板書を構造化し、共通の理解や素材を基に学習を進める。 ○板書資料を再利用することで、既習内容を生かす。	○重要な考えは、ペアで再現させるなど、繰り返し取り上げることで理解を促す。 ○音読の工夫や動作化を通じて、全員が授業に参加できるようにして、学び合いを促す。

単元目標・評価規準

目標 重要な語や文を押さえながら、文章の構成や段落の役割、資料と文とのつながりを叙述を基に捉えるとともに、自らの文章に生かすことができる。

知識・技能
○事柄の内容を理解するとともに、事例の順序や資料と文のつながりについて理解している。 (1)カ

思考・判断・表現
○事柄の順序などを考えながら、文章構成や段落の役割の大体を捉えている。Cア

主体的に学習に取り組む態度
○進んで事柄の順序などを捉え学習の見通しをもって分かったことを伝えようとしている。

単元計画（全８時間）

次	時	学習活動	指導上の留意点
一	1	**なにが　どのように　かくれんぼを　して　いる？**	
		○本文を読み、図鑑を個人で書くことを知る。	・どんな生き物がどんな隠れ方をしていたかを、動作化なども通じて確認した上で図鑑を書く計画を提示する。
二	1	**じょうずな　かくれんぼずかんの　コツは？**	
		○比較をして、書き方のコツを検討する。	・文の比べ読みから、教科書の文が問いの文と対応することを確認する。
	2	○はまぐりとたこの文の比較を通じて、書き方のコツを確認する。	・はまぐりとたこの文の比べ読みから、たこの文も問いの文に応える内容になっている事ことを確認させる（前時の掲示を再使用する）。
	3	○三つの文の段落内の役割を確認する。	・２文目の、生き物の身体の特徴を表したり、１文目と３文目をつないだりする役割に気付かせる（前時の掲示を再使用する）。
	4	○文と資料のつながりについて検討する。	・写真の重要性の順番を問うことを通じて、本文と写真資料や写真同士のつながりに気付かせる。
	5	○書き方のコツについてノートにまとめる。	・これまでに学習した説明の工夫を振り返るとともに、児童の実態に応じて、事例の順序性（教材研究ページ参照）に触れた上で筆者の工夫として整理させる（二次３・４時の掲示を再使用する）。
三	1	**ずかん　はっぴょうかいを　しよう**	
		○書き方の工夫を生かして説明カードを書く。	・第二次の学習の間に、自分が取り上げたい海の生き物を決めさせておく。 ・書き方のポイントとモデル文を黒板に掲示し、生き物の説明の文と隠れ方の絵を書かせる。
	2	○グループ発表をする。 ○単元全体を振り返る。	・カードを紹介し合い、感想を伝え合わせる（二次３・４時の掲示を再使用する）。 ・今後の学習に生かそうとする意欲を高める。

教材分析

つの段落で分けて記述されており、内容においても、以下のような共通点をもつように構成されている。

一文目：生き物と場所
二文目：体の特徴
三文目：隠れ方

オ 写真と文の対応

一つの生き物につき三枚の写真が用意されており、それぞれ事例の三文に対応している。

カ 動作化

生き物の隠れ方を確かめるためには、動作化を行うことが有効である。特に、たこと他の生き物の隠れ方に大きな違いがあることが実感できるだろう。

キ 事例紹介の順序性

筆者は、隠れ方が題名に近く、児童になじみのある生き物順に事例を紹介している。この事例の取り上げ方に込められた筆者の意図は、当該学年で扱う必要はないが、実態に応じて取り上げる価値のある本教材の特徴である。

小さく　きる　ことが　できます。
かいそうなどを　からだに　つけて、
かいそうに　へんしん　するのです。

不完全なモデルの文を提示することで、問いと答えの対応関係に気付かせる。（イ、ウ）

■第二次・第3時

「場所や隠れ方のない二文目はいらないかな？」
（Ｗｈｉｃｈ型課題）

「なにが、どのようにかくれているのでしょうか」という問いに正対している一、三文目（生き物・隠れ方）に対して、二文目（体の特徴）は必ずしも必要な文ではない。この文の要不要を検討することで、二文目の役割と価値を明確にする。（エ）

■第二次・第4時

「一番大切な写真は？」
（Ｗｈｉｃｈ型課題）

教科書本文中では、一つの生き物について、隠れる前、体の特徴を使って隠れている最中、隠れ終わった後、の三枚の写真が時系列に縦に並べて提示されている。

一番を決める発問によって、それぞれの写真と文のつながりを発見させる。そして、「〇の写真はいらない？」という要不要を聞くゆさぶり発問で写真同士のつながりにも気付かせたい。（オ）

◆教材分析のポイント　その①【事例内の構成】

三つの事例は、共通の段落数や内容構成で問いの文に対応して記述されている。例えば、一文目には生き物の名前と隠れている場所、二文目には隠れることに関する体の特徴、三文目には体の特徴を生かした隠れ方、が記述されている。この事例内の構成を第一、二次で上手な書き方のコツとして学び、第三次の表現活動を通じて習得・活用させる。

指導内容

ア 題名

身近な遊びである「かくれんぼ」に喩えることによって、興味を引き付け、説明内容への関心を喚起している

イ 文章の組み立てと段落の役割

[1]：はじめ（話題提示・問い）
[2][3]：なか①（事例①）
[4][5]：なか②（事例②）
[6][7]：なか③（事例③）

ウ 文章の組み立ての特徴

既習の「くちばし」と比較すると、前者が一問一答式であるのに対して、本教材は第一段落で文章全体にかかる大きな問いがあり、その後に答えに当たる事例が三つ用意されている。

エ 事例内の構成

それぞれの事例は、三文を二

うみの　かくれんぼ

[1]うみには、いきものが　かくれて　います。
なにが、どのように　かくれて　いるでしょうか。

[2]はまぐりが、すなの　なかに
かくれて　います。

[3]はまぐりは、大きくて
つよい　あしを　もって　います。
すなの　なかに　あしを　のばして、
すばやく　もぐって　かくれます。

[4]たこが、うみの　そこに
かくれて　います。

[5]たこは、からだの　いろを
かえる　ことが　できます。
まわりと　おなじ　いろに　なって、
じぶんの　からだを　かくします。

[6]かにの　なかまの　もくずしょいが、
いわの　ちかくに　かくれて　います。

[7]もくずしょいは、はさみで、かいそうなどを

◆教材分析のポイント　その②【写真と文の対応】

教科書内で使用されている写真資料は、共通の枚数で本文と対応している。例えば、一枚目には生き物と隠れている場所、二枚目には隠れることに関する体の特徴、三枚目には体の特徴を生かして隠れ終わった姿が採用されている。この写真と文の対応も、事例内の構成と同様に、第一、二次で上手な書き方のコツとして学び、第三次の表現活動を通じて習得・活用させる。

指導のポイント

■第一次・第1時

生活経験を問う。「かくれんぼで遊んだことがありますか？」

単元の導入で児童に生活経験を問うことで、教材文を身近に感じさせるとともに、自分事での理解を促す。（ア）

■第一次・第1時、第二次・第1・2時、第三次・第2時

動作化して理解や表現を促す。「どんな隠れ方かな？」「拍手読みをしよう」

文で表されていることを体で表現したり、気付いたことを拍手で表現したりすることで、体を通じて理解表現を促す。（カ）

■第二次・第1時

「先生がエビのかくれんぼを書いてみたよ」

（しかけ「仮定する」）

本時の展開　第一次　第1時

目標 生き物や隠れ方を予想・整理することを通じて、内容の大体を捉え、表現することができる。

［ 本時展開のポイント ］

かくれんぼで遊んだ経験から教材本文への関心を喚起し、教材文を導入する。動作化を交えながら隠れ方の面白さを感じさせた上で、自分が選んだ海の生き物で「かくれんぼずかん」をつくるという単元の目標を設定する。

［ 個への配慮 ］

ア動作化などを通じて、自分事として理解を促す

題名から想起させる場面、生き物の隠れ方を確認する場面などで「自分なら」と仮定したり、体で様子を表したりさせる。

イ小刻みなペア活動を設定して表現させる

予想、動作化、説明をする場面に、小刻みにペアでの活動を入れることで、個々の思考を表出しやすくする。ペアの活動が難しい児童には、教師が間に入って調整したり、得意な出力での表現を認めたりする。

◎三つのいきものが　いろいろなかくれんぼをしている

おもしろい　はじめてしったほかのいきものは？　ほかにもしってる！

うみの　かくれんぼ　ずかんを　つくろう

3 生き物の名前と隠れ方を確認する。

何という生き物（隠れ方）ですか？

はまぐりと、たこと、もくずしょいです
隠れ方は……

しかけ（図解する）

三つの生き物と隠れ方を動作化させて確認する。名前と隠れ方を、写真を活用して矢印でつないで整理したものを見ながら、生き物と隠れ方をペアで説明させる。

配慮アイ

4 感想を基に、単元の目標を提示する

どんなところが面白かったですか？

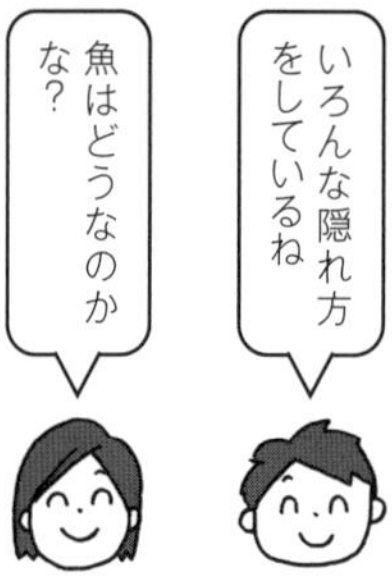
いろんな隠れ方をしているね
魚はどうなのかな？

整理した板書を見せながら、今日の学習の感想を発表させる。

発表の中の肯定的な意見を取り上げ、第三次の表現活動を提示して、次時以降の学習への意欲を喚起する。

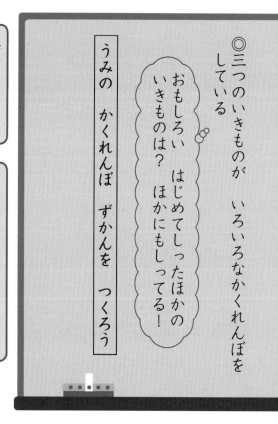

準備物 ・本文中の写真資料 10 枚

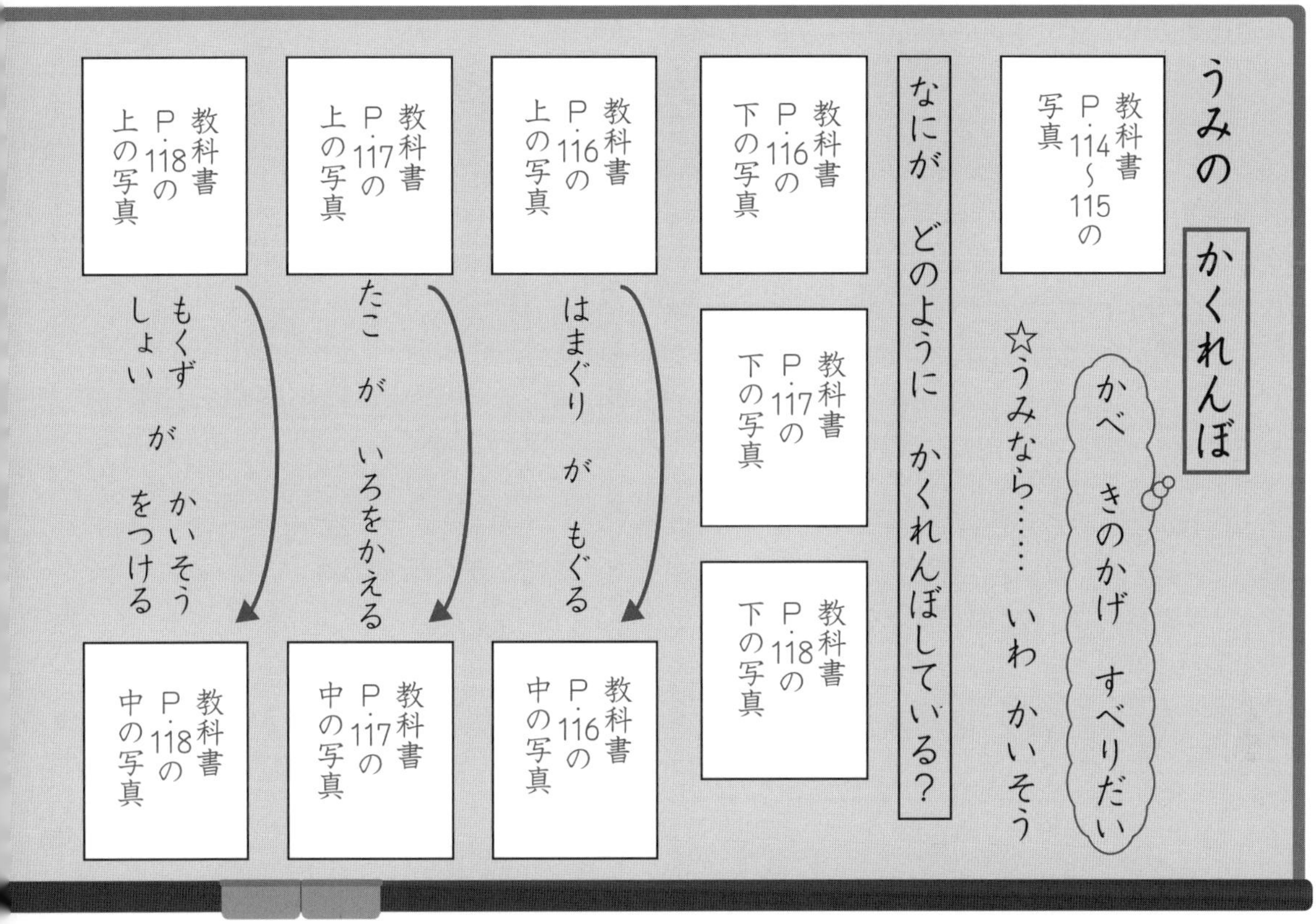
うみの かくれんぼ
教科書P.114〜115の写真
かべ きのかげ すべりだい
☆うみなら…… いわ かいそう
なにが どのように かくれんぼしている？
教科書P.116の下の写真
教科書P.117の下の写真
教科書P.118の下の写真
教科書P.116の上の写真
はまぐり が もぐる
教科書P.116の中の写真
教科書P.117の上の写真
たこ が いろをかえる
教科書P.117の中の写真
教科書P.118の上の写真
もくずしょい が かいそう をつける
教科書P.118の中の写真

1 かくれんぼの経験を想起させる

かくれんぼで遊んだことがありますか？

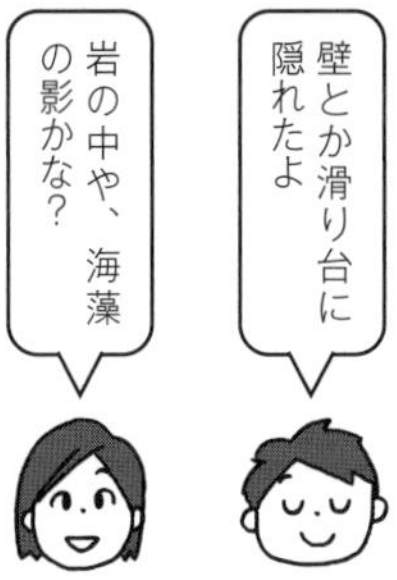
壁とか滑り台に隠れたよ
岩の中や、海藻の影かな？

題名を提示し、「かくれんぼ」に着目させて、どんな場所に隠れたことがあるかなど、自身の経験を想起させる。

自分が「うみ」でかくれんぼするなら、どこに隠れるかを考えさせる。

配慮ア

2 写真を使って課題提示を行う

どんな生き物が隠れているでしょう？

なんだろう？カニみたいだけど
貝の仲間？

しかけ（隠す）

教科書の三つの生き物が隠れている写真の一部を提示し、何が隠れているかを予想させ、課題提示をする。

配慮イ

その上で、教材文を読み聞かせる。

本時の展開　第二次　第1時

目標　比べ読みを通じて、教科書の書き方のよさに気付き、上手な書き方をまとめることができる。

[本時展開のポイント]

不完全なモデル文を提示することで、学習範囲を限定し、課題意識を高める。。その上で教科書の本文と比べることで、隠れる場所や方法があることや、隠れ方以外の余分な情報がないことがよい書き方であることを知り、上手な書き方のコツとして理解させる。

[個への配慮]

ア学習の範囲を限定する

集中が途切れがちな児童がいる場合には、センテンスカードを逐次提示することで、扱う文の量を絞り、集中と理解をしやすくする（焦点化）。

イ手元で確認できるカードを用意する

はまぐりと教師のモデル文の比較をさせるときに、二つの文の比較が困難な場合には、双方の文を黒板と同じように上下に配置したカードを配布することで、手元で確認がしやすくする。

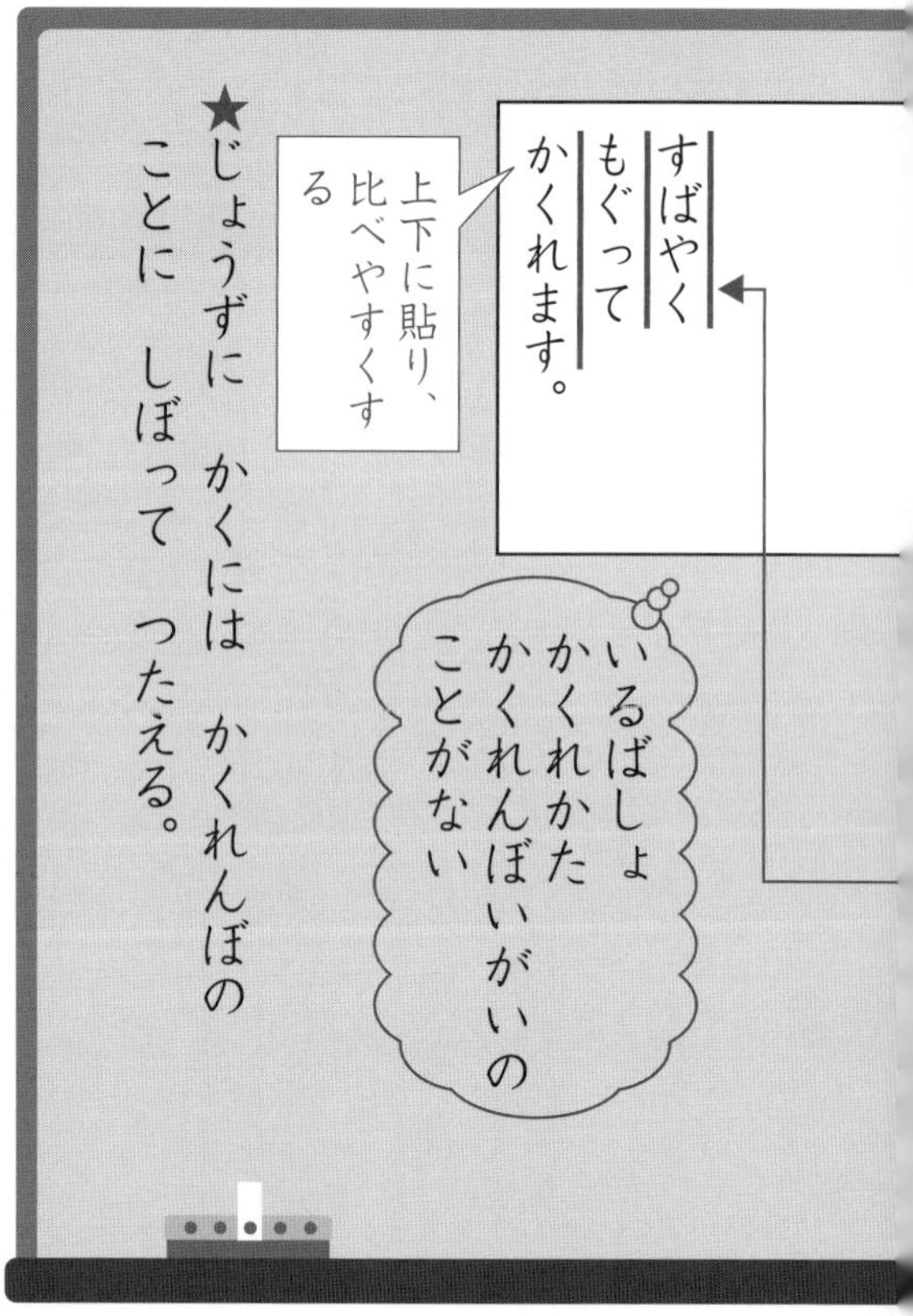

すばやく
もぐって
かくれます。
上下に貼り、比べやすくする
いるばしょ
かくれかた
かくれんぼいがいの
ことがない
★じょうずに　かくには　かくれんぼの
ことに　しぼって　つたえる。

3 教科書本文とモデル文を比較する

どんなところが上手ですか？

しかけ（図解する）

本文とモデル文を提示し、一読後、ペアでよさを話し合わせ、発表をさせる。配慮イ

意見を板書し、場所や隠れ方に加えて、余計な記述がないよさにも触れる。

「場所がはっきりしているよ」

「隠れ方は必要だね」

4 学習のまとめと、次時への橋渡しをする

上手な書き方のコツは他にもありますか？

整理した板書を見せながら、上手な書き方のコツについて、ペアで話した後に全体でまとめる。

他のコツはないか最後に問い、次時の学習への意欲を喚起する。

「かくれんぼのことを書くのだね」

「ほかにもコツはあるかな？」

準備物 ・エビの写真 ・教師のモデル文２枚 4-01、02 ・教科書のはまぐりの文 4-03

うみの かくれんぼ

うみの かくれんぼ ずかんを つくろう

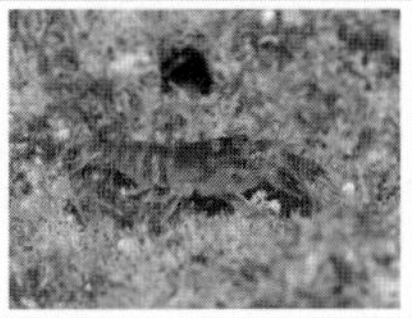

しゃしん たべもの すむばしょ

うみの どこかに えびが います。
えびは ひげが とても ながいです。
とても ゆっくりと あるきます。

どこにいるの？ ひげ？

じょうずな かくれんぼ ずかんの コツは？

きょうかしょのぶん　せんせいのぶん

うみの どこかに
えびがいます。
えびは ひげが
とてもながいです。
とても ゆっくり
と あるきます。

はまぐりが、
すなの なかに
かくれて います。
はまぐりは、大
きくて つよい
あしを もって
います。
すなの なかに
あしを のばして
、

1 前時を振り返り、図鑑の知識について話す

図鑑には、どんなことが書いてありますか？

植物図鑑には花が書いてあったよ

電車図鑑は電車の種類が載っているね

前時の終末を振り返り、図鑑を読んだことがあるかを問い、ペアで経験を話させる。

その上で、図鑑にはどんなことが書いてあったか、全体で経験を語り合う。

2 教師がつくったモデル文を提示する

先生が「エビのかくれんぼ」を書いてみたよ

先生、上手！

ん、何かおかしいな……

しかけ（仮定する）

不完全なモデル文を提示し、「教科書より上手でしょう？」と問いかける。 配慮ア

児童の中の「変だな？」という声を拾い、課題を設定する。

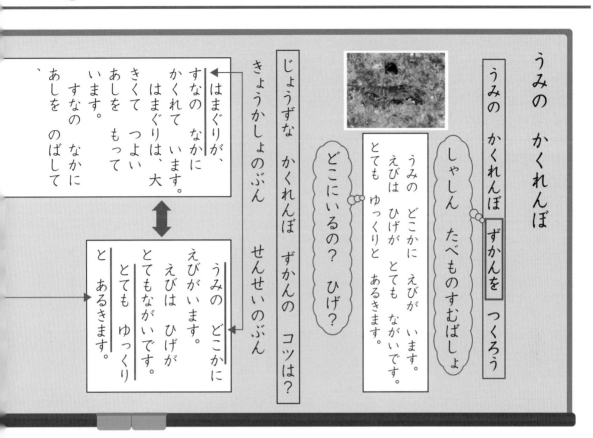

✓ 本時の展開　第二次　第2時

目標　比べ読みを通じて、共通する書き方のよさに気付き、上手な書き方をまとめることができる。

本時展開のポイント

前時の学習で使用したモデル文などを利用して既習内容を想起させる。「書き方読み」を行うことで書き方に着目させ、ペアや全体で共有することで、たことはまぐりの内容構成の共通性に気付かせる。

個への配慮

ア音読の工夫で共通点に気付きやすくする

内容の共通点に気付くことが困難な場合には、音読をする際に拍手をさせたり、線を引かせたりすることで、聴覚や動作も使って、はまぐりとたこの文に共通する書き方のコツに気付きやすくする。

イ手元で確認できるカードを用意する

はまぐりとたこの文の比較をさせるときに、二つの文の比較が困難な場合には、、双方の文を黒板と同じように上下に配置したカードを配付して、手元で確認がしやすくする。

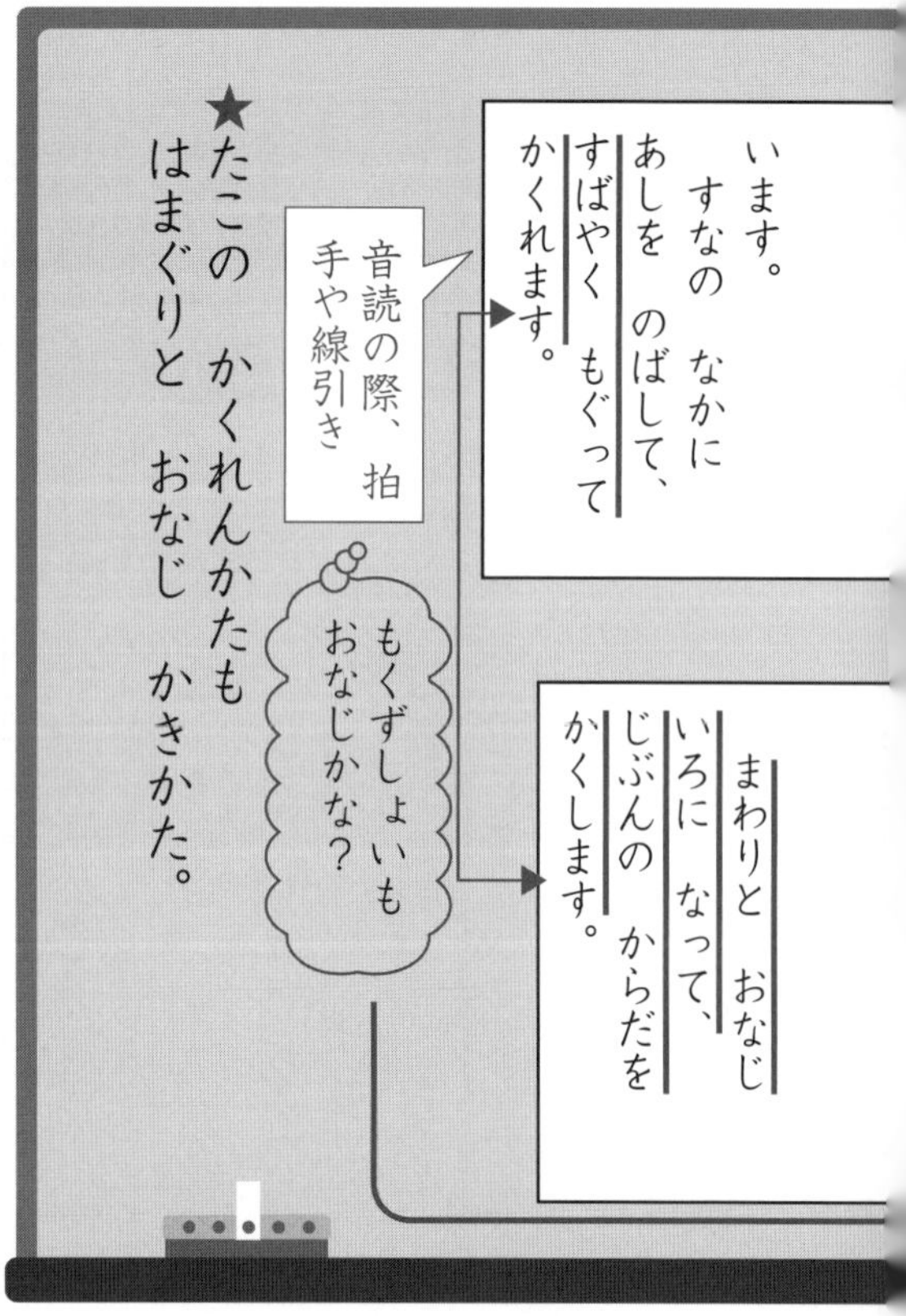

います。
すなの　なかに
あしを　のばして、
すばやく　もぐって
かくれます。
まわりと　おなじ
いろに　なって、
じぶんの　からだを
かくします。
音読の際、拍手や線引き
もくずしょいもおなじかな？
★たこの　かくれんかたも
はまぐりと　おなじ　かきかた。

3　「書き方読み」で二つの文を比較・検討する

似てたら拍手！「書き方読み」をしましょう

たこにも、場所は書いてあるね
隠れ方も書いてあったよ！

考える音読

はじめにはまぐりで練習をする。その後、たこについて拍手する部分に教科書に線を引かせ、ペアで確認し、全体で拍手で確認させる。　配慮イ

4　学習のまとめと、次時への橋渡しをする

もくずしょいも、同じかな？

かくれんぼの書き方は同じだね
もくずしょいも同じかな？

はまぐりとたこの文に共通する上手な書き方のコツについて、ペアで話した後に全体でまとめる。

残ったもくずしょいも同じことが言えるかを最後に問い、次時以降の学習への意欲を喚起する。

準備物　・前時に使ったモデル文とはまぐりの文　4-04、05　・はまぐりの文とたこの文　4-06、07

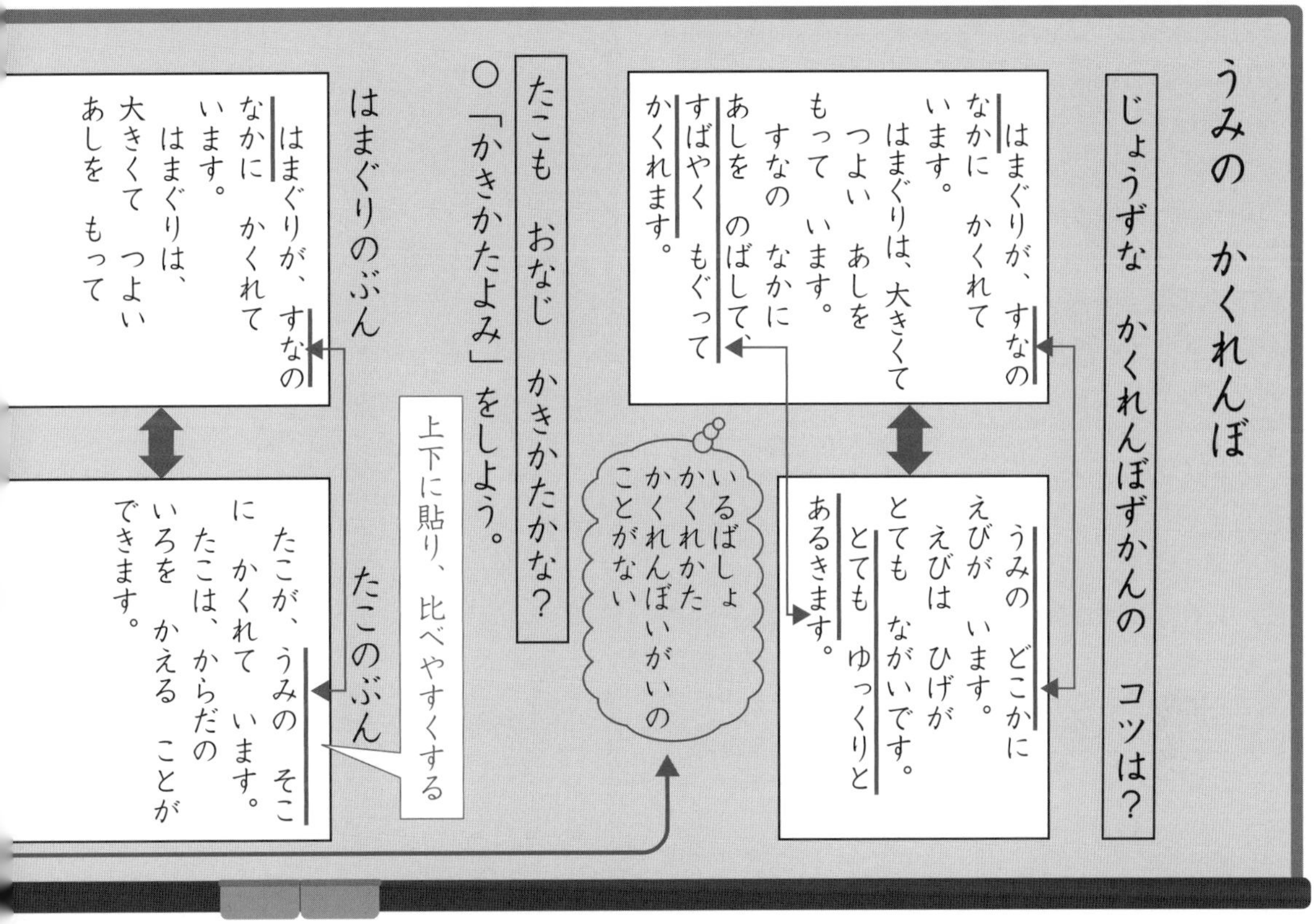
うみの　かくれんぼ
じょうずな　かくれんぼずかんの　コツは？
はまぐりが、すなの
なかに　かくれて
います。
はまぐりは、大きくて
つよい　あしを
もって　います。
すなの　なかに
あしを　のばして、
すばやく　もぐって
かくれます。
うみの　どこかに
えびが　います。
えびは　ひげが
とても　ながいです。
とても　ゆっくりと
あるきます。
いるばしょ
かくれかた
かくれんぼいがいの
ことがない
たこも　おなじ　かきかたかな？
○「かきかたよみ」をしよう。
上下に貼り、比べやすくする
はまぐりのぶん
はまぐりが、すなの
なかに　かくれて
います。
はまぐりは、
大きくて　つよい
あしを　もって
たこのぶん
たこが、うみの　そこ
に　かくれて　います。
たこは、からだの
いろを　かえる　ことが
できます。

1 前時を振り返り、書き方のコツを確認する

はまぐりの書き方で上手なところはどこですか？

あれ、なんだったかな？
場所や隠れ方が書いてあったね

前時に使用したセンテンスカードを使い、書き方のコツをペアで確認させる。

その上で、全体で以下のコツを確認する。

・隠れている場所
・隠れ方

2 たこの書き方について問い、課題設定する

はまぐりだけが、書き方が上手なのかな？

う～ん、どうかな？
たこも、きっとそうだよ！

しかけ（仮定する）

他の生き物に対して、はまぐりの書き方のコツだけが上手かを問う。

配慮ア

児童の反応を受けながら、たこに絞って比較する課題を設定する。

本時の展開 第二次 第3時

目標 比べ読みを通じて、体の特徴も書かれていることを発見し、上手な書き方をまとめることができる。

本時展開のポイント

前時の学習を使用したモデル文などを利用して既習内容を想起させる。「書き方読み」を行うことで書き方に着目させ、ペアや全体で共有することで三つの生き物の書き方の内容構成の共通性に気付かせる。

個への配慮

ア音読の工夫で共通点に気付きやすくする

内容の共通点に気付くのが困難な場合には、音読をする際に拍手をさせたり、線を引かせたりすることで、聴覚や動作も使って三つの文に共通する書き方のコツに気付きやすくする。

イ手元で確認できるカードを用意する

文の比較が困難な場合には、三つの文を黒板と同じように並列に配置したカードを配布して、手元で確認したり、線などを引いて理解をしたりしやすくする。

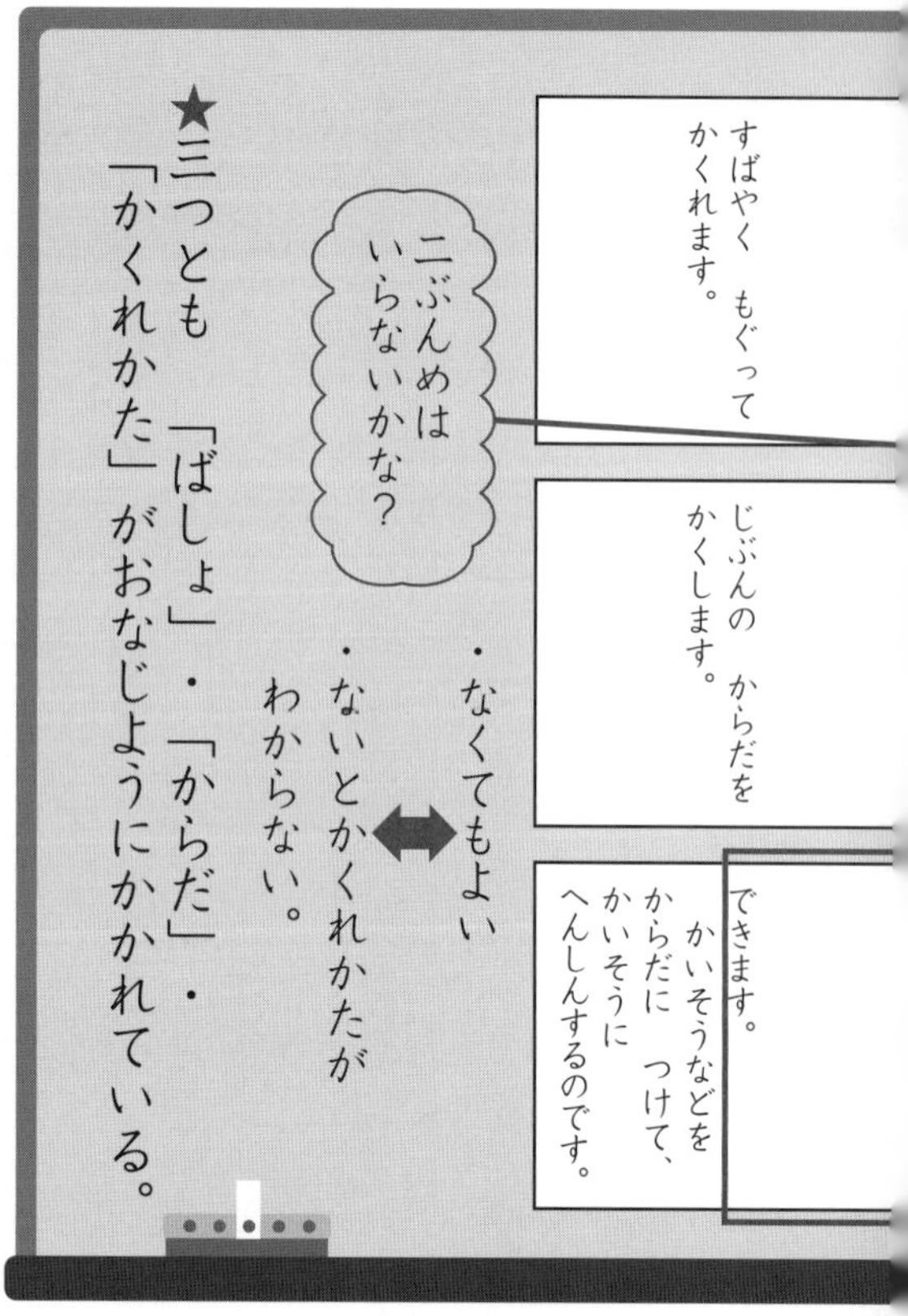

すばやく もぐって かくれます。
じぶんの からだを かくします。
できます。
かいそうなどを からだに つけて、 かいそうに へんしんするのです。
二ぶんめは いらないかな？
・なくてもよい
・ないとかくれかたが わからない。
★三つとも「ばしょ」・「からだ」・「かくれかた」がおなじようにかかれている。

3 二文目がなくてもよいかを問う

場所や隠れ方のない二文目はいらないかな？

二文目を抜いても分かるよ
音読してみると、何か引っかかるな

Which型課題

場所や隠れ方が書いていない二文目の必要性を問うことで、記述内容に注目させる。 配慮イ

二文目が一文目と三文目をつなぐ役割をもつことを確認する。

4 三つの文章の比較で分かったことをまとめる

三つの書き方に使われているコツは何ですか？

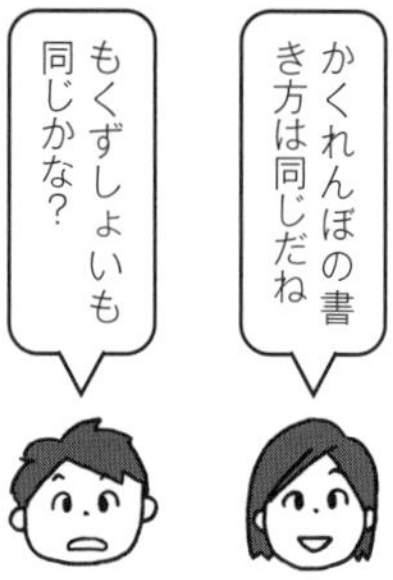

かくれんぼの書き方は同じだね
もくずしょいも同じかな？

三つの生き物の文章に共通するコツについて全体でまとめる。

まとめた内容に基づいて、プリントに三色に分けた線を引かせたり、「ばしょ」など内容をメモさせたりして確認をする。

準備物　・センテンスカード５枚　4-08～12　・三つの文を並列にした児童用プリント

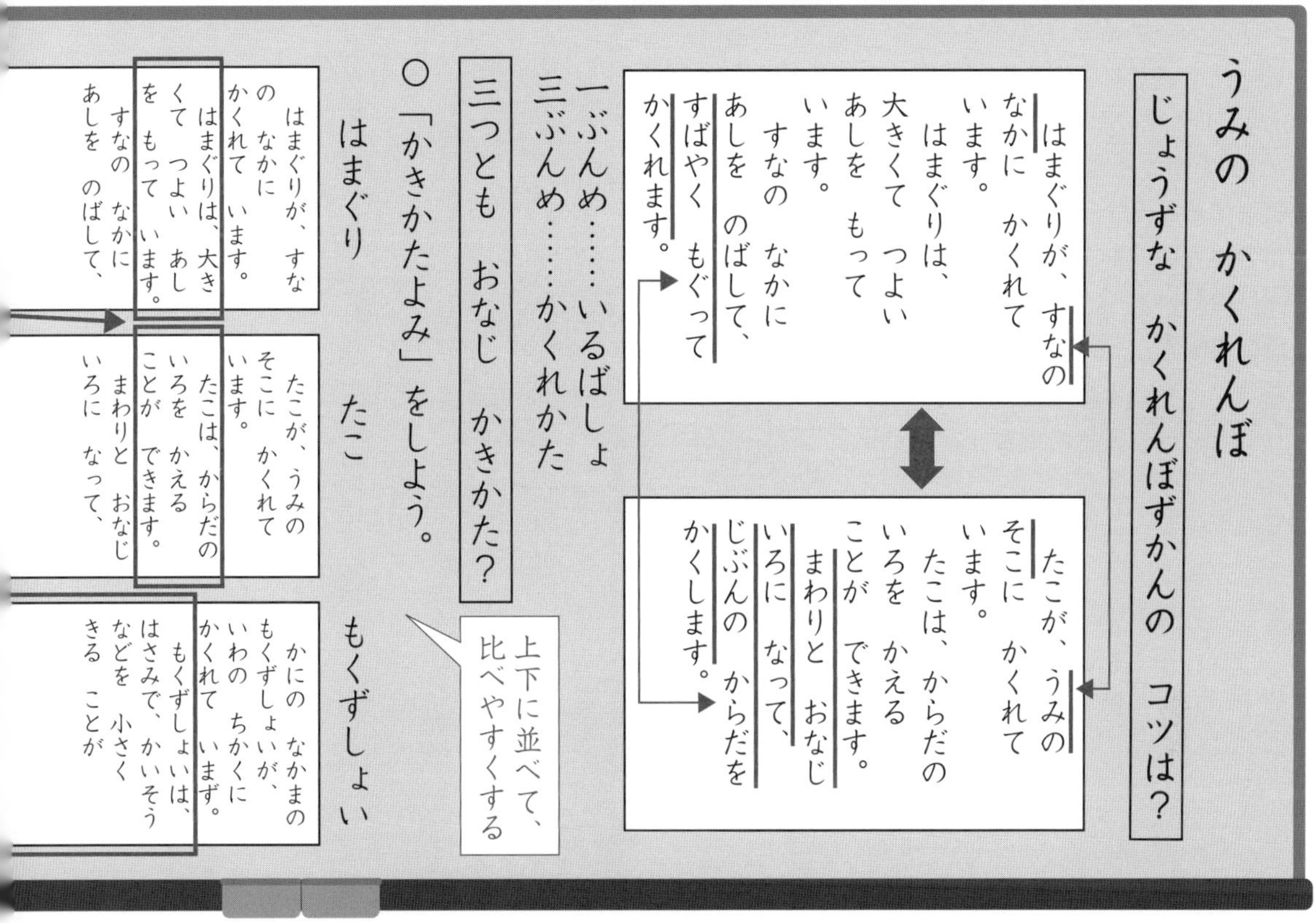

うみの　かくれんぼ
じょうずな　かくれんぼずかんの　コツは？
はまぐりが、すなの
なかに　かくれて
います。
はまぐりは、
大きくて　つよい
あしを　もって
います。
すなの　なかに
あしを　のばして、
すばやく　もぐって
かくれます。
たこが、うみの
そこに　かくれて
います。
たこは、からだの
いろを　かえる
ことが　できます。
まわりと　おなじ
いろに　なって、
じぶんの　からだを
かくします。
一ぶんめ……いるばしょ
三ぶんめ……かくれかた
三つとも　おなじ　かきかた？
上下に並べて、比べやすくする
○「かきかたよみ」をしよう。
はまぐり
たこ
もくずしょい
はまぐりが、すなの
なかに
かくれて　います。
はまぐりは、大きくて　つよい　あしを　もって　います。
すなの　なかに
あしを　のばして、
たこが、うみの
そこに　かくれて
います。
たこは、からだの
いろを　かえる
ことが　できます。
まわりと　おなじ
いろに　なって、
かにの　なかまの
もくずしょいが、
いわの　ちかくに
かくれて　います。
もくずしょいは、
はさみで、かいそう
などを　小さく
きる　ことが

1　前時を振り返り、書き方のを確認する

はまぐりとたこの上手な書き方は？

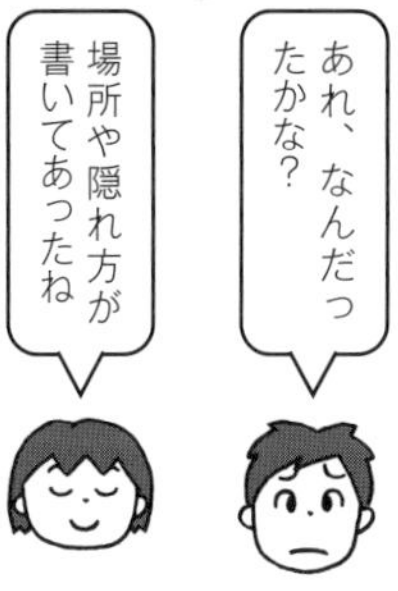

あれ、なんだったかな？
場所や隠れ方が書いてあったね

前時に使用したセンテンスカードを使い、書き方のコツをペアで確認させる。

その上で、全体で以下のコツを確認する。

・隠れている場所
・隠れ方

2　もくずしょいの書き方を比較して検討する

もくずしょいの書き方も同じですか？

もくずしょいも同じじゃない？
やっぱりそうだね

考える音読

本時の課題を設定し、前時同様、はまぐりやたこと共通する部分に教科書に線を引かせ、ペアで確認し、全体で拍手で確認させる（ここまで一〇分程度で扱うと後半に余裕が出る）。**配慮ア**

本時の展開　第二次　第4時

目標 写真と本文の比較を通じて、資料間のつながりを発見し、そのよさをまとめることができる。

[本時展開のポイント]

動作化を通じて、写真資料と本文のつながりを確認する。一番大切な写真を選ばせること（Which 型課題）や、3枚のうち任意の1枚がなくてもよいかについて検討することを通して、それぞれの写真に込められた筆者の意図や効果に気付かせ、よさをまとめる。

[個への配慮]

㋐動作化を通じて理解を促す

写真と文章の対応が理解しにくい場合には、つながりに注意を向けるために、ペアで本文を読む人と写真のまねをする人に分けて動作化をさせて理解を促す。

㋑手元で確認できるカードを用意する

文と写真資料の比較が困難な場合には、黒板と同じように写真と文を並列に配置したカードを配付して、手元で確認し、線などを引いて理解をしやすくする。

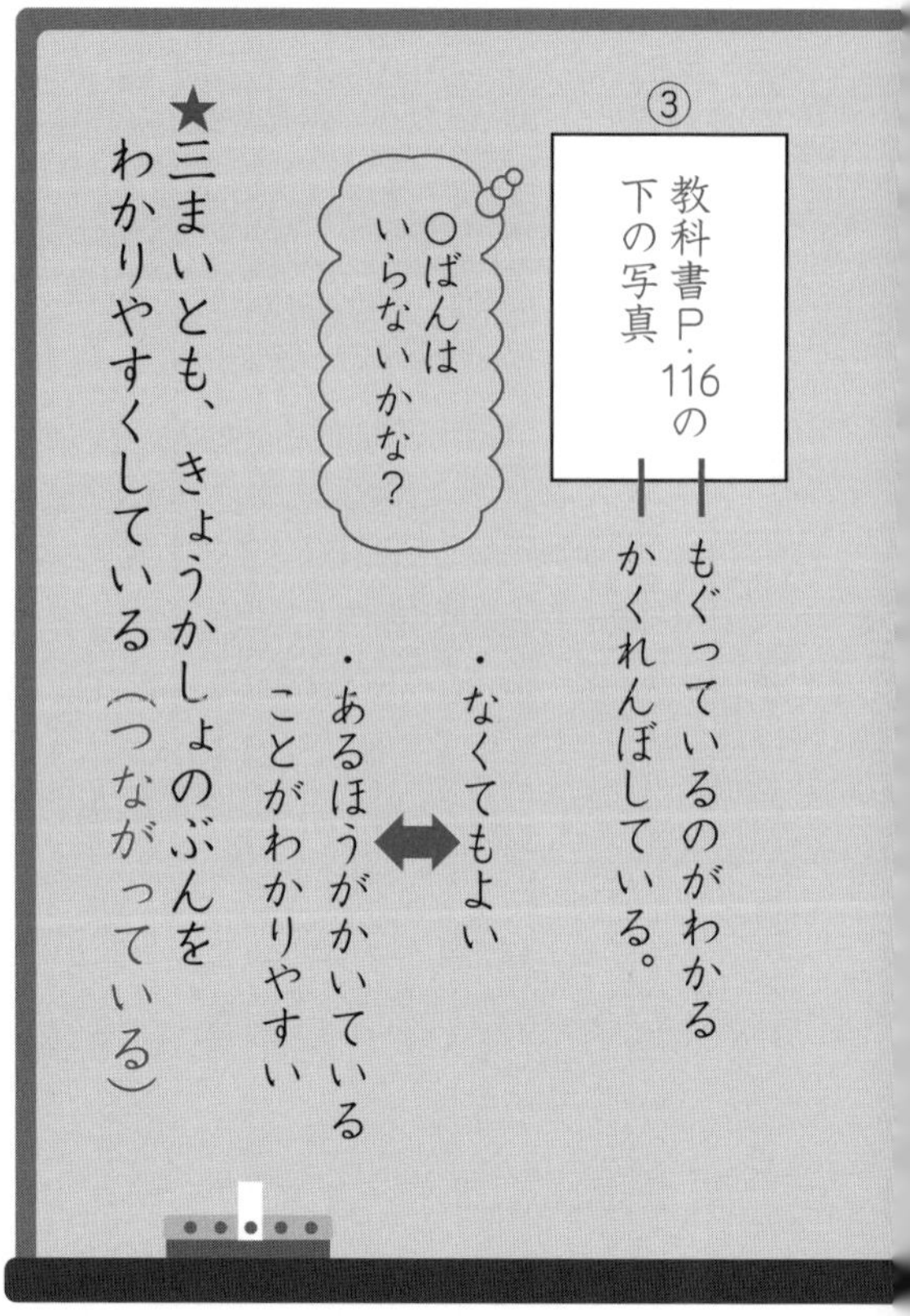

③
教科書P.116の下の写真
もぐっているのがわかる
かくれんぼしている。
○ばんはいらないかな？
・なくてもよい
・あるほうがかいていることがわかりやすい
★三まいとも、きょうかしょのぶんをわかりやすくしている（つながっている）

3 任意の写真がなくてもよいかを問い、文章や写真同士のつながりを確認する。

○番の写真は、なくてもいいかな？

ゆさぶり発問

写真がなくなると分かりにくくなる文や、写真同士のつながりが切れることで隠れる様子が分かりにくくなることを確認する。 配慮㋑

一つ写真がなくなっても、隠れ方は分かるよ

でも、あったほうが分かりやすいよ

4 写真が三枚あることのよさを確認し、学習のまとめを行う

写真が三枚あることのよさは何ですか？

「写真が三枚あったほうがいいのは～だから」というような文型を用意して、ノートに今日学習したことをまとめさせる。

まとめた意見は、全体でいくつか取り上げて、交流をする。

写真があったほうが分かりやすいね

写真同士や文がつながっているのだね

準備物　・前時までに使用したはまぐりの文　4-13　・はまぐりの写真資料（3枚×2組）　・「場所」「体」「隠れ方」のカード　4-14～16

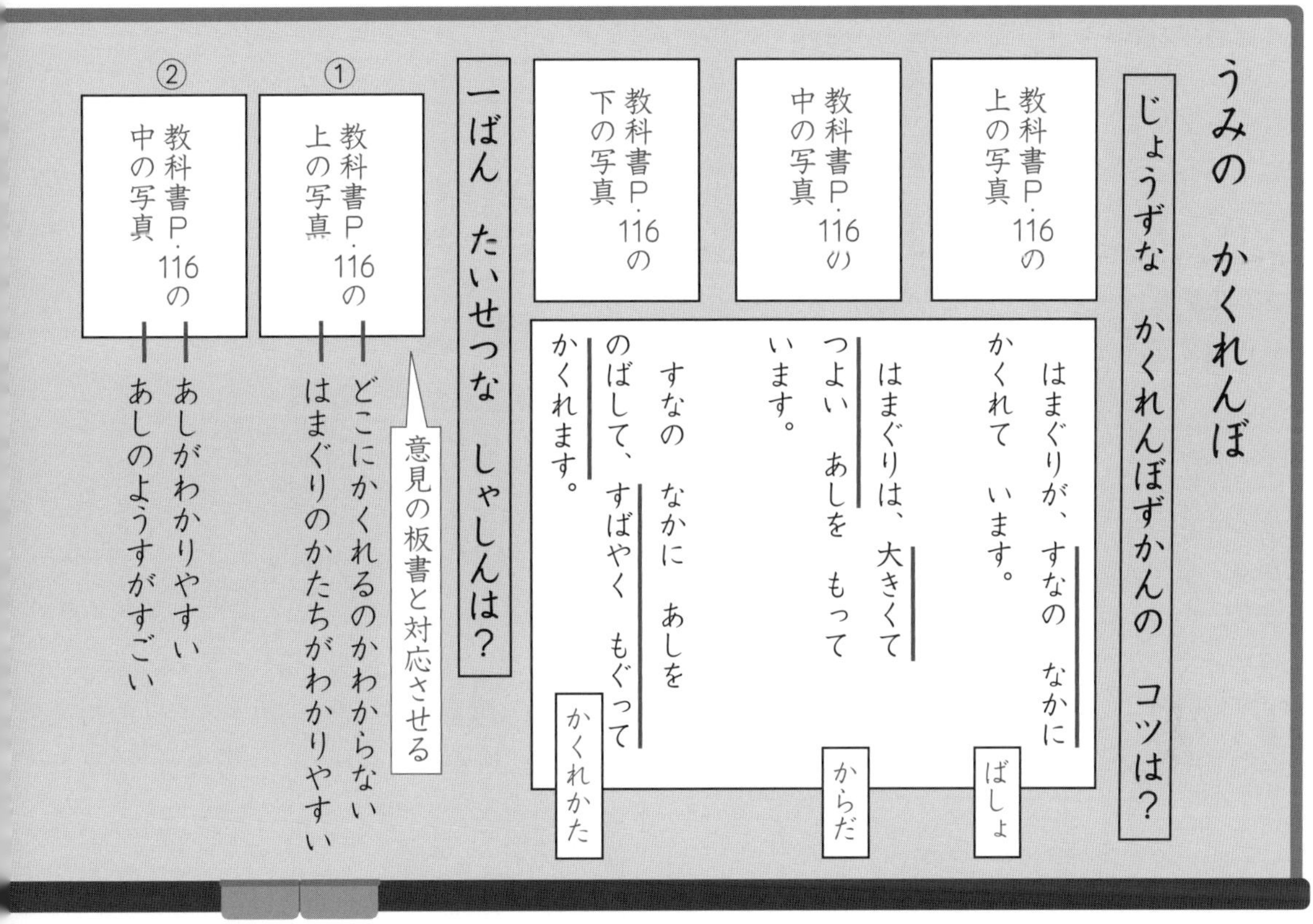

うみの　かくれんぼ
じょうずな　かくれんぼずかんの　コツは？
教科書P.116の上の写真
教科書P.116の中の写真
教科書P.116の下の写真
はまぐりが、すなの　なかに　かくれて　います。
はまぐりは、大きくて　つよい　あしを　もって　います。
すなの　なかに　あしを　のばして、すばやく　もぐって　かくれます。
ばしょ
からだ
かくれかた
一ばん　たいせつな　しゃしんは？
①
教科書P.116の上の写真
どこにかくれるのかわからない
はまぐりのかたちがわかりやすい
意見の板書と対応させる
②
教科書P.116の中の写真
あしがわかりやすい
あしのようすがすごい

1 書き方のコツを確認し、写真を当てはめる

ああ、落としちゃった。どの順番かな？

場所、体、隠れ方がコツだだね

教科書では縦だけど、横に並べると……?

書き方のコツをペアで確認させる。配慮ア　はまぐりの写真をわざと床に落とし、児童とやり取りしながら、どの順番か動作化なども通じて確認して黒板に貼る。

2 三つの写真の中で一番大切なものを問い、本文とのつながりを確認する。

ないと困る、一番大切な写真はどれですか？

ん、どれも大切じゃないかな?

あえて言うなら……

Which型課題
本時の課題を設定する。あえて一つならと絞って選ばせてから、ペアで教科書を使って意見を交流させる。
その後、全体で意見を交流する。

本時の展開　第二次　第5時

目標 板書で学習内容を振り返ることを通じて、コツのよさを確認し、まとめることができる。

［ 本時展開のポイント ］

これまでの学習を振り返り、文と写真選びのコツを確認する。児童の状況に応じて、生き物の紹介の順序性に触れることもよいだろう。第三次の表現活動に向けて、コツをまとめさせたい。

［ 個への配慮 ］

㋐使用した板書資料を再利用する

これまでの学習内容を想起しにくい場合には、これまでの学習で使用した板書資料や板書内容を写真データなどで提示することで、既習の知識を想起しやすくする。

㋑板書の構造化を行う

文同士や文と写真の関係が捉えにくい場合には、構成において、写真資料とセンテンスカードを並列に提示して対応させたり、矢印で関係を明示したりすること（構造化）で、つながりを視覚的に分かりやすくする。

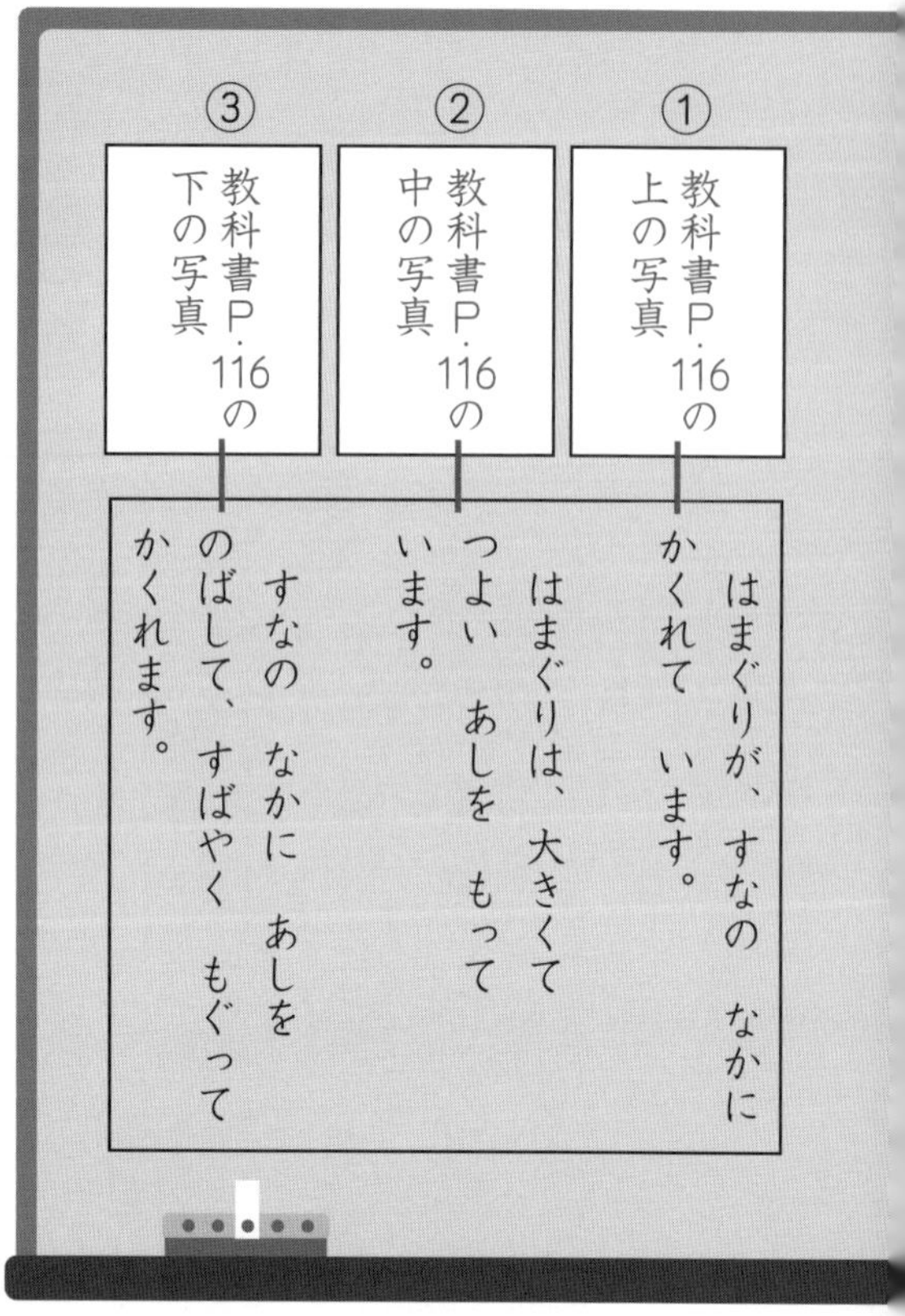

①
教科書P.116の上の写真
②
教科書P.116の中の写真
③
教科書P.116の下の写真
はまぐりが、すなの なかに かくれて います。
はまぐりは、大きくて つよい あしを もって います。
すなの なかに あしを のばして、すばやく もぐって かくれます。

3 写真など視覚資料のコツを振り返る

写真選びには、どんなコツがありましたか？

写真があると、文が分かりやすいね
写真同士もつながっているね

板書による視覚化

第五時の板書資料を利用して、写真と文のつながりや写真同士のつながりについて問い、イメージがしやすくなることや隠れ方の順序が分かりやすくなることを確認する。

配慮㋑

4 コツをペアで確認し、ノートにまとめる

図鑑づくりのコツは、何ですか？

文の書き方のコツは○○だったね
写真選びのコツは○○だね

本時でまとめた内容を、ペアで話をした上でノートなどに写してまとめさせる。

今回確認してまとめたコツを生かして、次の時間から図鑑を書いていくことを伝える。

準備物　・第３・４時に使用した板書資料　・写真のコツ　4-17

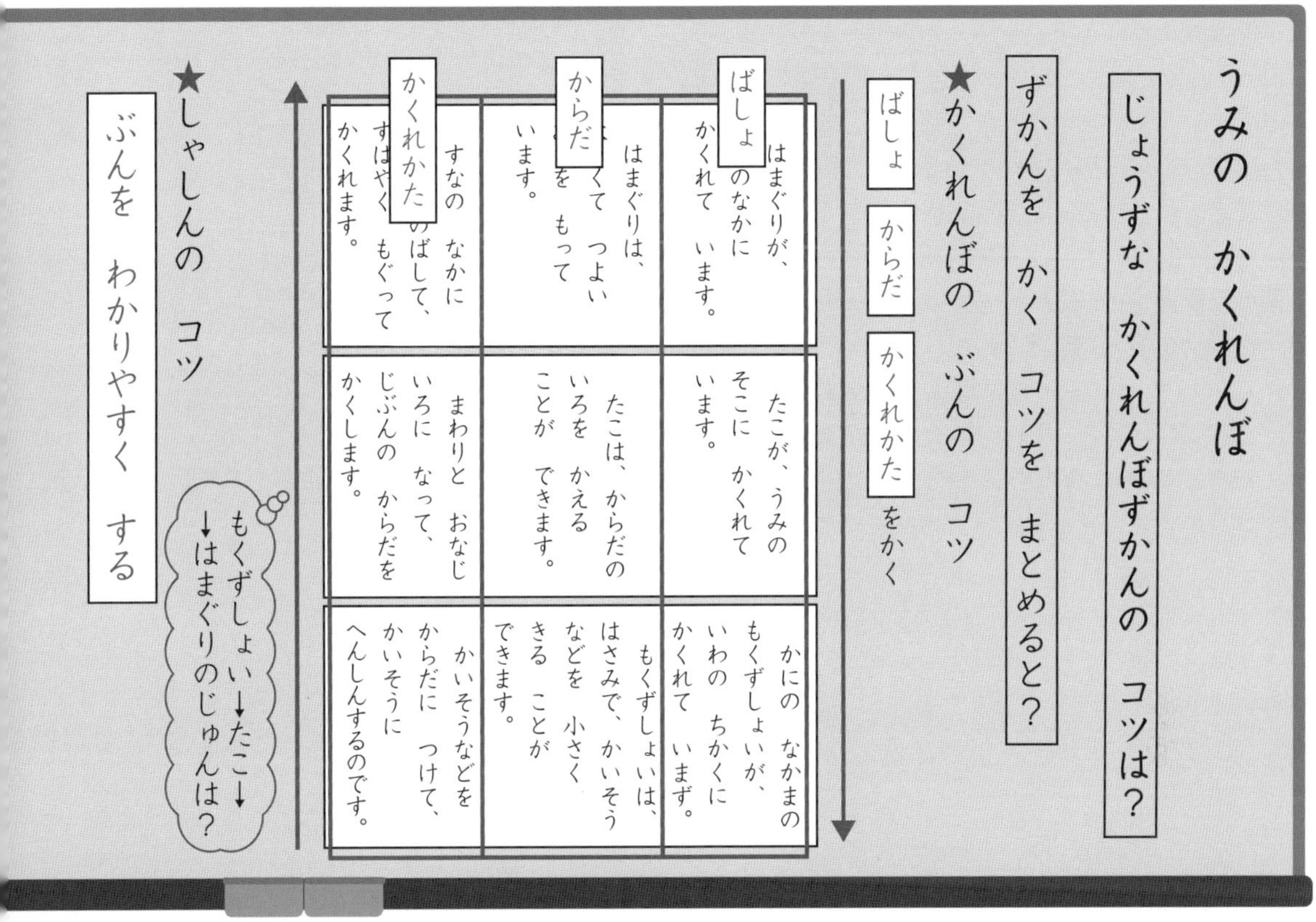
うみの　かくれんぼ
じょうずな　かくれんぼずかんの　コツは？
ずかんを　かく　コツを　まとめると？
★かくれんぼの　ぶんの　コツ
ばしょ
からだ
かくれかた
をかく
はまぐりが、
ばしょ
のなかに
かくれて　います。
はまぐりは、
からだ
くて　つよい
を　もって
います。
すなの　なかに
かくれかた
のばして、
すばやく　もぐって
かくれます。
たこが、うみの
そこに　かくれて
います。
たこは、からだの
いろを　かえる
ことが　できます。
まわりと　おなじ
いろに　なって、
じぶんの　からだを
かくします。
かにの　なかまの
もくずしょいが、
いわの　ちかくに
かくれて　います。
もくずしょいは、
はさみで、かいそう
などを　小さく
きる　ことが
できます。
かいそうなどを
からだに　つけて、
かいそうに
へんしんするのです。
★しゃしんの　コツ
ぶんを　わかりやすく　する
もくずしょい→たこ→
→はまぐりのじゅんは？

1 図鑑を書くときのコツについて振り返る

図鑑を書くコツをまとめていきます

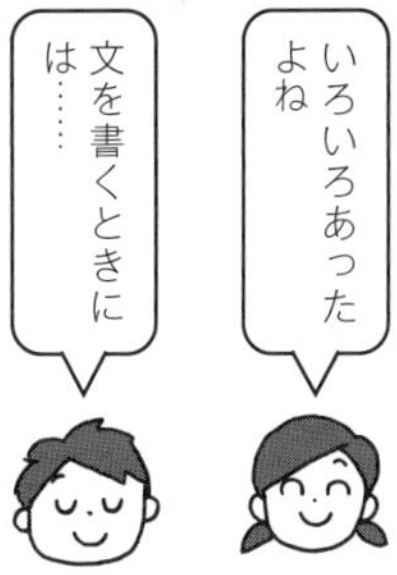
いろいろあったよね
文を書くときには……

板書の再利用

次時から、自分たちで図鑑を書くことを伝える。第二時～五時までに確認した書き方のコツをまとめていくことを伝え、本時の課題を提示する。

配慮ア

2 かくれんぼ文のコツを振り返る

文の書き方のコツには、何がありましたか？

場所、体、隠れ方がコツだったね
生き物の順にも、訳がありそうだね

ゆさぶり発問

第四時の板書資料を利用して、三つの生き物に共通する書く内容のコツを問い、板書で確認する。

児童の反応に応じて、紹介する生き物の順序性（教材研究参照）を検討する。

本時の展開　第三次　第1時

目標　ペアで協力することを通じて、図鑑を書くコツを確認し、ワークシートにまとめることができる。

［ 本時展開のポイント ］

前時の学習を振り返り、文と写真選びのコツを確認する。モデルの生き物（エビ）を使って書き方を確認した上で、自分で書くコースと教師と書くコースの二つを提示して、まとめさせていく。

［ 個への配慮 ］

㋐メモの仕方を視覚化する

図鑑や本の中の必要な情報に気付きにくい場合には、全体で場所、体、隠れ方への着眼の仕方（傍線を引く）や、メモの仕方を一つの生き物を使って確認し、自分の選んだ生き物でメモがしやすいように支援する。

㋑チームで文を考える

メモを文に整えることが難しい場合には、チームで教科書を基に文を考えさせることで、文に書き起こしやすいようにする。

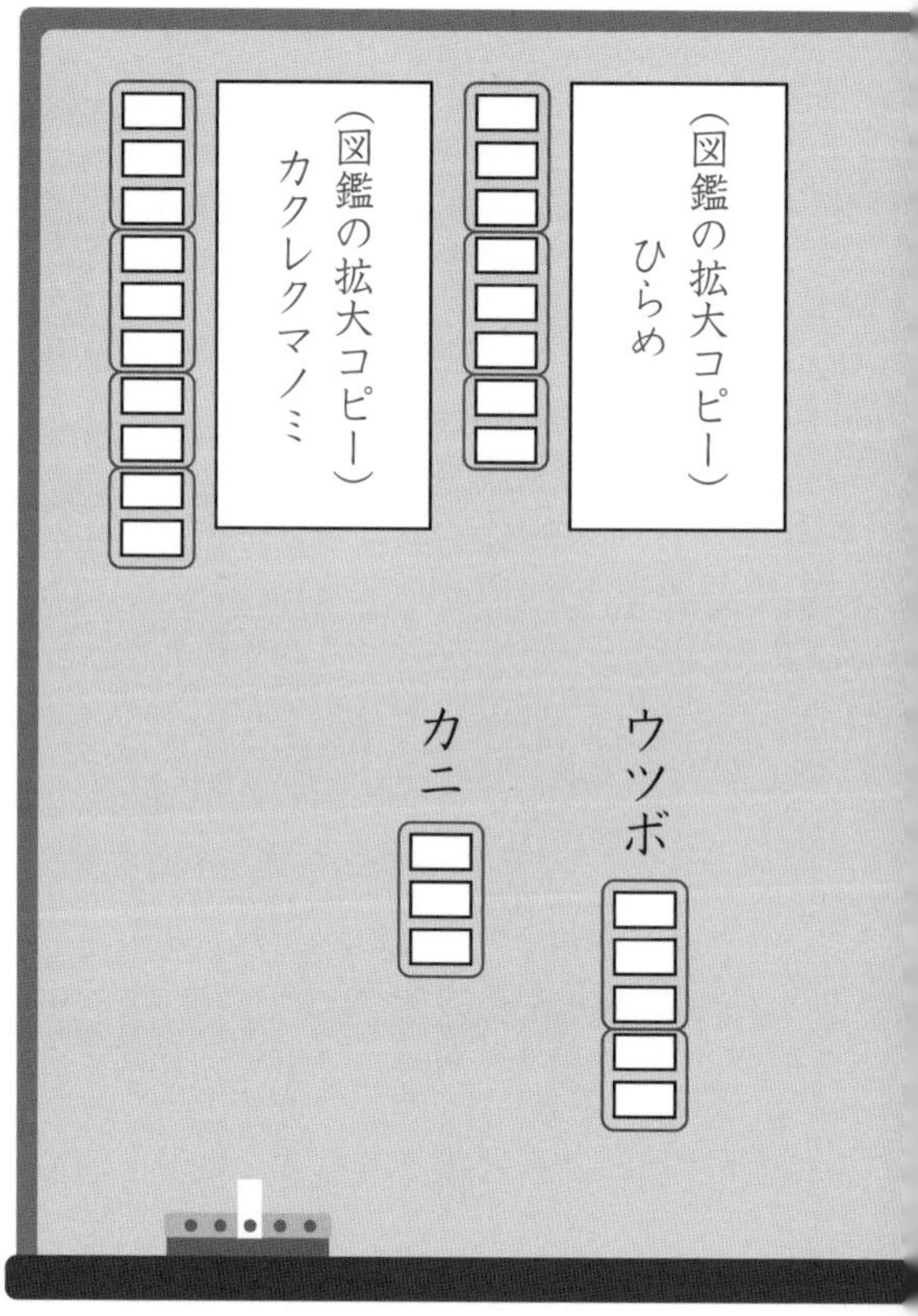

（図鑑の拡大コピー）
ひらめ
（図鑑の拡大コピー）
カクレクマノミ
ウツボ
カニ

3　図鑑づくりに必要な情報を抜き出す

コツを見ながら、大切なことをメモしましょう

隠れ方は、どこに書いてあるかな？
エビはそこに隠れ方が書いてあるね

チームでの活動

どの生き物にするか選ばせて、ネームマグネットなどで二〜三人のチームに分ける。

チームで協力しながら、必要な情報をノートにメモさせていく。　配慮㋑

4　メモを基に、三文で図鑑の文を書かせる

メモを基にして、図鑑の文を書きましょう

教科書の書き方もヒントになるね
写真選びも、コツを考えてやろう

メモを基に、場所・体・隠れ方の三文で図鑑の文をワークシートに書かせていく。写真部分は、コピーもしくは絵を描かせる。

早くできた児童は、表記の間違いなどを確認する。

準備物 ・第５時に使用したコツのセンテンスカード　・生き物の図鑑の拡大コピー

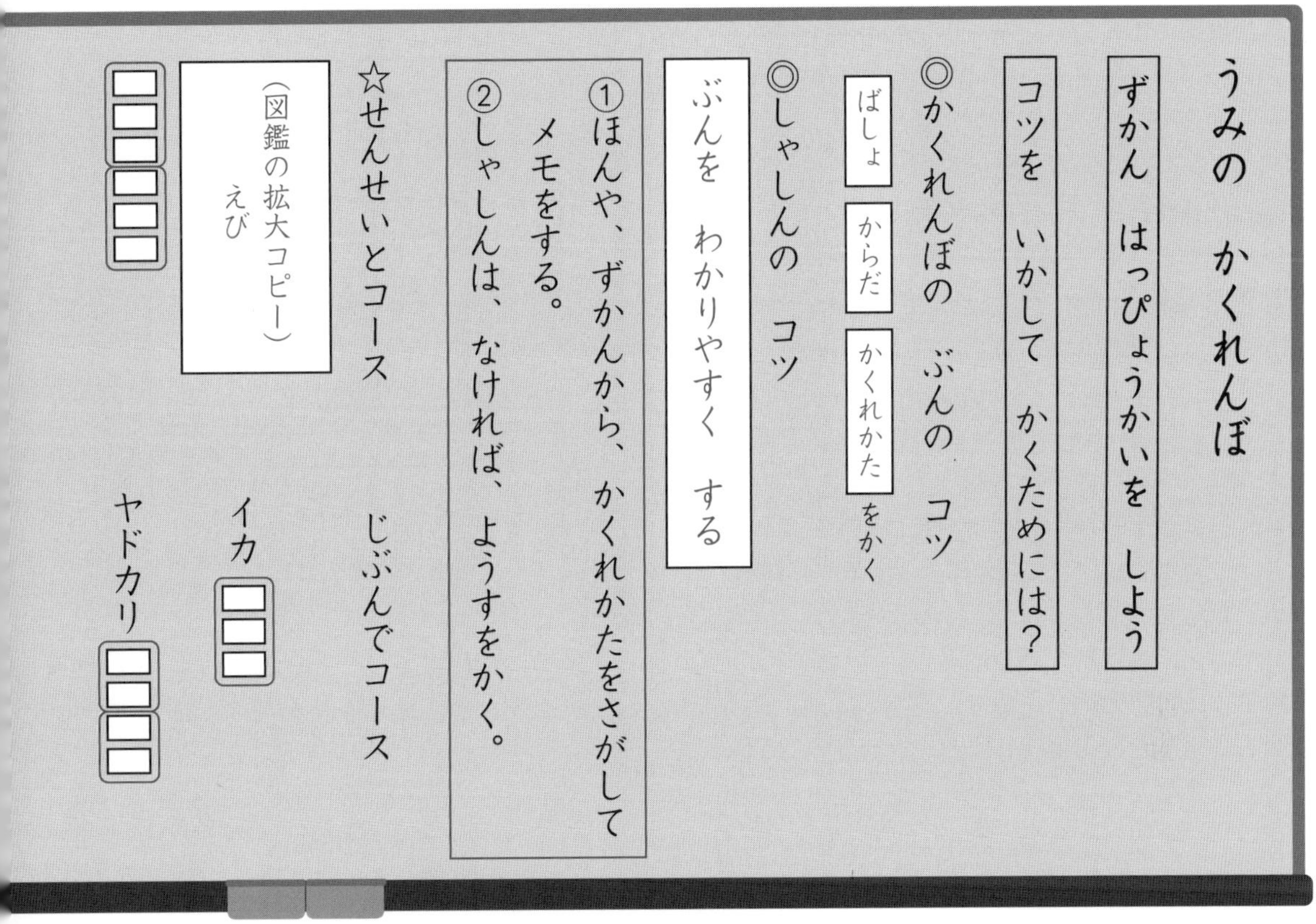
うみの　かくれんぼ
ずかん　はっぴょうかいを　しよう
コツを　いかして　かくためには？
◎かくれんぼの　ぶんの　コツ
ばしょ
からだ
かくれかた
をかく
◎しゃしんの　コツ
ぶんを　わかりやすく　する
①ほんや、ずかんから、かくれかたをさがして
メモをする。
②しゃしんは、なければ、ようすをかく。
☆せんせいとコース
じぶんでコース
（図鑑の拡大コピー
えび）
イカ
ヤドカリ

1 図鑑づくりに要な情報を整理する

何を図鑑から探してメモすればいいですか？

　前時の学習を振り返り、文の書き方と写真選びのコツを確認する。

　その上で、必要な情報のメモの仕方を、一つの生き物（エビ）図鑑のコピーを基に確認する。

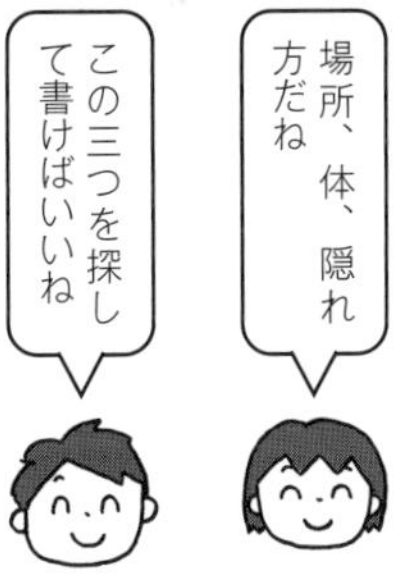
場所、体、隠れ方だね
この三つを探して書けばいいね

2 書き方の二つのコースを提示する

どちらのコースで書きたい？

ぼくは「せんせいと」コースにしよう
私は、自分で探した生き物にしたいな

メモの仕方の視覚化
　図鑑に書きたい生き物を選ばせる。選ぶ際には、事前に自分で用意した本から情報を選ぶコースと、教師が用意した図鑑の拡大コピーから情報をメモするコースに分ける。
配慮ア

✓ 本時の展開 第三次 第2時

目標 学習内容の振り返りを通じて図鑑づくりのコツを確認し、発表したりよさを見付けたりできる。

[本時展開のポイント]

前時の学習を振り返り、文と写真選びのコツを確認する。発表の仕方や聞き方を全員で確認してから、個別のグループによる発表活動を行うことで、書き方のコツの理解を確実にしていきたい。

[個への配慮]

ア発表の仕方を視覚化する

発表の仕方が分かりにくいときには、やり方を黒板に提示し、発表の手順やせりふが分かるように支援する。

イ動作化を交えながら聞き合う

よいところを指摘することが難しい場合には、集団で拍手するなど動作化をすることで、集中を保ったり、理解を促したりする。

ウ使用した板書資料を再利用する

これまでの学習内容を想起しにくい場合には、これまでに使用した板書資料や板書内容を写真やデータなどで提示することで、既習の知識を想起できるようになる。

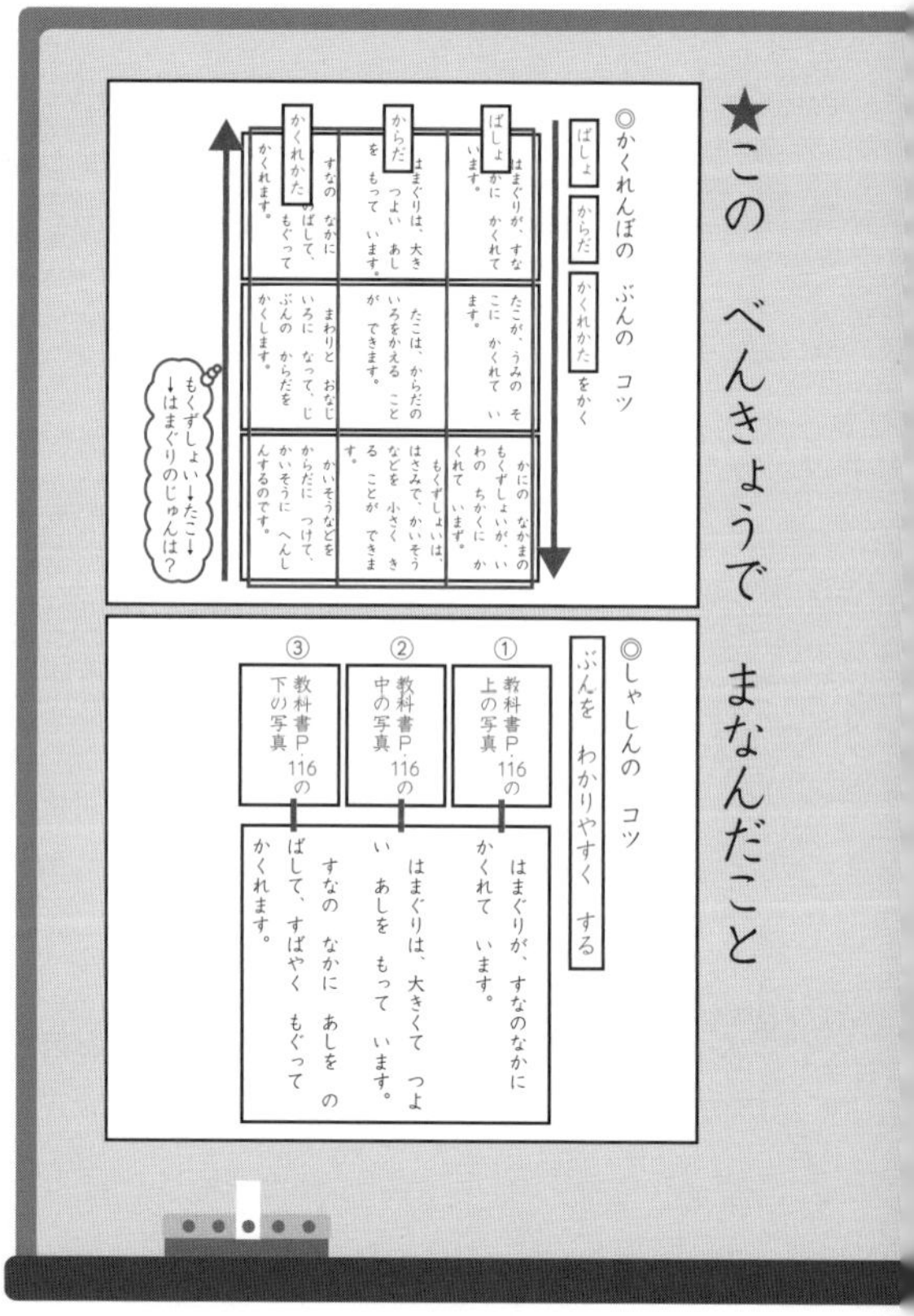

★この べんきょうで まなんだこと
◎かくれんぼの ぶんの コツ
ばしょ からだ かくれかた をかく
はまぐりが、すなかに かくれて います。
はまぐりは、大きい つよい あしを もって います。
すなの なかに のばして、もぐって かくれます。
たこが、うみの そこに かくれて います。
たこは、からだの いろをかえる ことが できます。
まわりと おなじ いろに なって、じぶんの からだを かくします。
かにの なかまの もくずしょいが、いわの ちかくに かくれて います。
もくずしょいは、はさみで、かいそうなどを 小さく きる ことが できます。
かいそうなどを からだに つけて、かいそうに へんしんするのです。
もくずしょい→たこ→はまぐりのじゅんは？
◎しゃしんの コツ
ぶんを わかりやすく する
① 教科書P.116の上の写真
② 教科書P.116の中の写真
③ 教科書P.116の下の写真
はまぐりが、すなのなかに かくれて います。
はまぐりは、大きくて つよい あしを もって います。
すなの なかに あしを のばして、すばやく もぐって かくれます。

3 コツに気を付けながら発表会をする

「いいところセンサー」を働かせて聞きましょう

絵があるから、文が分かりやすくなったね
体のことが分かったら、隠れ方が分かりやすい

動作化

「文の発表→絵を見せる→よいところを中心に感想交流」という順番で発表を行わせる。

特に、感想交流ではコツを押さえているところを言葉にして伝えさせる。 配慮イ

4 単元で学習したことを振り返る

勉強したことを振り返りましょう

伝える書き方が同じだね
写真があるとと、文が分かりやすくなるね

第五時の板書を掲示、もしくは電子黒板に写し、事例の説明の順番や、写真と文のつながりがあることで説明がよく分かることを振り返り、これから文章を読むときに気を付けていくことを告げる。 配慮ウ

準備物　・前時のセンテンスカード　・発表の仕方をまとめた模造紙　4-18　・第５時の板書画像データ

うみの　かくれんぼ

ずかん　はっぴょうかいを　しよう

いいところ　センサーを　はたらかせるには？

①ほんや、ずかんから、かくれかたをさがしてメモする。

ばしょ　からだ　かくれかた

②しゃしんは、なければ、ようすをかく

発表の際、拍手

ぶんを　わかりやすく　する

◎はっぴょうの　しかた

●三にんぐみ　①→②→③　のじゅん

●はじめと　おわりに　あいさつ

「わたしの　かいた　ぶんを　きいてください」
（じぶんの　ぶんを　よむ）

「えは、このように　かきました」
（えをみせる）

「いいところを　おしえて　ください」

「これで　はっぴょうを　おわります。」

●みんな　おわったら、どくしょを　する。

1 発表を聞くときのコツを確認する

「いいところセンサー」を働かせるには、どうしたらいいですか？

コツは、二つあったね
この二つを、友達の図鑑から探すのだね

前時の学習を振り返り、文の書き方と写真選びのコツを問い、課題設定を行う。

前時に使用したコツをまとめた掲示物を使用して、既習内容の確認をする。

2 発表会のやり方を確認する

やり方をみんなで確かめましょう

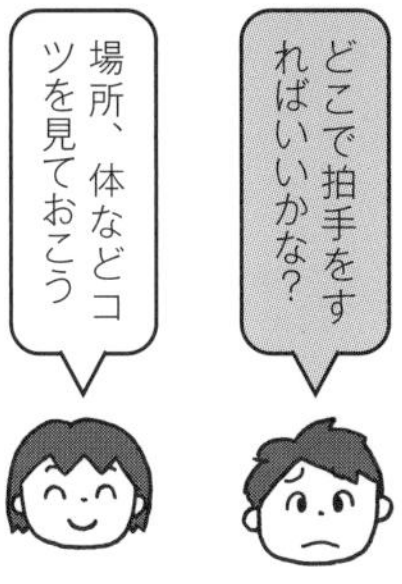

どこで拍手をすればいいかな？
場所、体などコツを見ておこう

発表方法の視覚化

取り上げた生き物ができるだけ違うように三人組を決めておく。

実際に教師が発表者、児童が聞き役として、文や写真のコツを見付けたら拍手をする練習をする。

配慮ア

「じどう車くらべ」の授業デザイン

（光村図書１年下）

教材の特性

　児童にとって身近な自動車について仕事と作りを比較し、そのことを「自動車くらべ」として親しみやすく説明している教材である。児童が学習した「うみの　かくれんぼ」と同様に「はじめ」に全体にかかる問いがある「事例列挙型」の説明的な文章であるが、問いが２文出てくるのは初めてである。「中」の部分でも仕事と作りについて、問いと同じ順序で説明されている。本教材の次には、「かたかなが　いっぱい」がある。本教材で、「バス」「クレーン車」等の片仮名に触れることは、次の学習へもつながりやすいだろう。

中									はじめ		
9		8	7		6	5		4	3	2	1
事例３ クレーン車			事例２ トラック			事例１ バスやじょうよう車			話題提示 ○問い ●問い		
●（目的）作り②	●（そのために、）作り①	クレーン車 ○重い物を吊り上げる仕事	●（目的）作り②	●（そのために、）作り①	トラック ○荷物を運ぶ仕事	●（目的）作り②	●（そのために、）作り①	バスやじょうよう車 ○人を乗せて運ぶ仕事	●どんな作りになっているか。	○どんな仕事をしているか。	いろいろな自動車が、走っている。

← 事例の順序性

身に付けさせたい力

・事柄の順序など情報と情報との関係を理解し捉える力
・内容の大体を捉え、まとまりごとに仕事と作りを捉える力

授業づくりの工夫

焦点化	視覚化	共有化
○１時間の授業における指導内容を明確化し、一つに絞る。 ○「Which 型課題」「しかけ」「考える音読」による分かりやすい学習活動を設定する。	○一部のみ見せたり拡大して掲示したりし、視覚的に捉えられるようにする。 ○「視覚的なゆさぶり」を行い、的確な理解を促す。	○分からない言葉を共有したり、実際にやってみたり等、表現方法を広げ、一人一人のアウトプットの機会を増やすことで、理解を促す。

単元目標・評価規準

目標　自動車の仕事と作りの関係に気を付けて読み、書かれている事柄の順序を捉えながら内容の大体を捉えることができる。

知識・技能
○共通、相違、事例の順序など情報と情報との関係について理解している。(2)ア

思考・判断・表現
○「読むこと」において、事柄の順序を考えながら、内容の大体を捉えている。Cア
○「読むこと」において、文章の中の重要な語や文を考えて選び出している。Cウ

主体的に学習に取り組む態度
○進んで情報と情報との関係を考えながら内容の大体を捉え、学習課題に沿って分かったことを表現しようとしている。

単元計画（全9時間）

次	時	学習活動	指導上の留意点
一	1	**じどう車くらべっこクイズをしよう。**	
		○クイズに答える。 ○範読を聞き、感想を交流する。	・挿絵を参考にクイズの答えを考えさせる。 ・クイズを仕事と作りに焦点化させる。 ・仕事と作りの説明であることを確認させる。
二	1	**「じどう車くらべ」の説明のわざを使って自動車図鑑をつくろう。**	
		○全文を読み、段落を書く。 ○問いと答えを捉える。	・説明文なので段落番号を振らせる。 ・問いが二つあること、三つの事例を押さえる。
	2	○バスや乗用車の仕事と作りの順序を読み取る。	・仕事と作りの順序を入れ替えて提示し、仕事と作りの順序に気付かせる。
	3	○トラックの説明から、挿絵との対応を読み取る。	・挿絵に注目させ、挿絵と文の関係性に気付かせる。
	4	○クレーン車の仕事と作りの関係を捉える。	・他の事例と比較させたり、作り②の文に注目させたりして、仕事と作りの関係に気付かせる。
	5	○身近な車から説明する順序のよさを捉える。	・事例の順序のよさに気付かせる。
三	6	**「じどう車くらべ」で見つけたわざを使ってスペシャル自動車図鑑を作ろう。**	
		○はしご車の仕事と作りを捉え、カードにまとめる。	・はしご車の「しごと」と「つくり」を確認させ、図鑑にまとめさせる。
	7・8	○選んだ車の仕事と作りを捉え、カードにまとめる。	・音読により、仕事と作りを捉えさせてからカードにまとめさせる。
	9	○互いのカードを読んで感想を伝え合う。	・カードを互いに読み合い、付箋に感想を書く。 ・感想を交流し合う。

＊「じどう車くらべ」は、読む7時間、書く5時間、計12時間の単元だが、ここでは読む10時間として記した。

教材分析

本教材が初めてである。

エ 事例内の構成

それぞれの事例は、三文を二つの段落で分けて同じ順序で記述されている。はじめの段落で自動車の仕事が紹介され、次の段落には接続詞「そのために、」でつながっている。

一文目……名前と仕事
二文目……接続語と作り1
三文目……目的と作り2

オ 挿絵と文の対応

「うんてんせき」「にだい」等の普段使わない言葉も挿絵と対応させることで捉えやすい。

カ 動作化

クレーン車の伸びたり動いたりする腕としっかりした脚の関係など、作り①と作り②の関係や順序性に気付くことができる。

キ 事例紹介の順序性

児童が乗った経験のあるバスや乗用車ら、よく見かけるトラック、よく知らないクレーン車の順に説明している。身近なものから順にあるので説明に興味をもちやすい。

おもい　にもつを　のせる　トラックには、
タイヤが　たくさん　ついて　います。

8 クレーン車は、
おもい　ものを　つり上げる　しごとを　して　います。

9 その　ために、
じょうぶな　うでが、　のびたり　うごいたり　するように、
つくって　あります。
車たいが　かたむかないように、
しっかりした　あしが、　ついて　います。

「荷台が狭くタイヤが少ない挿絵でもいいか」とゆさぶり、挿絵は説明の文と対応していることを捉える。「作り2が違ってもいいか」とゆさぶり、脚の必要性を確認する。
（ゆさぶり発問）
（オ、カ）

■第二次・第3～5時

「指差し読み」「なりきり読み」「パチパチ読み」
（考える音読）

音読をして挿絵の言葉が出てきたら指で差すことで、文と挿絵の対応を考える。クレーン車になりきることで、腕が伸びるときにしっかりした脚で支える必要性に気付く。音読を聞き、知っていることに拍手をすることで、事例の順序性に気付く。
（オ、カ、キ）

■第二次・第6時

「はしご車にぴったんこ合うのはどっち?」
（Which型課題）

前時までに学習したことを踏まえ、文と文の関係や順序性に着目させる。
（イ、エ、オ）

■第三次・第1時

「インタビュー読み」
（考える音読）

問いの文と答えの言葉（仕事と作り）やその関係を捉えることができる。
（イ、エ）

◆教材分析のポイント その①【題名】

本教材は、児童にとって身近な存在の自動車を比べることを題名としている。本単元ではクイズ等をたくさん経験し、児童それぞれがもっている自動車についての知識を広げ、より興味・関心をもってほしい。また、自動車の仕事と作りが調べられる本が図書館にある。更に、デジタル教科書や消防庁等が作成した動画なども活用できる。並行読書がしやすい教材である。

◆教材分析のポイント その②【事例内の構成】

本教材のそれぞれの事例は三文構成になっている。一文目は自動車の名前と仕事、二文目は接続語と作り①、三文目は目的と作り②、である。それぞれ前の文とつながっていて、分かりやすい。児童は、この特徴やつながりを基に図鑑づくりを行う。仕事と作りの視点からまとめ、分かりやすい説明を書くことができるだろう。更には、問いの順序や事例紹介の順序性にも目を向けられるようにしたい。

指導内容

ア 題名

本教材は、子どもたちにとって身近な存在のいろいろな自動車の「しごと」と「つくり」を比較することを「くらべ」と表記し、関心をもちやすくしている。

イ 文章の組み立てと段落の役割

1……はじめ（話題提示）
2 3……はじめ（問い）
4 5……なか①（事例①）
6 7……なか②（事例②）
8 9……なか③（事例③）

ウ 文章の組み立ての特徴

既習の「うみの かくれんぼ」と同様に、本教材ははじめに、文章全体にかかる大きな問いがあり、その後に事例が三つ用意されている。仕事と作りについての二つの問いが出てくるのは

じどう車くらべ

1 いろいろな じどう車が、どうろを はしって います。

2 それぞれの じどう車は、どんな しごとを して いますか。

3 その ために、どんな つくりに なって いますか。

4 バスや じょうよう車は、人を のせて はこぶ しごとを して います。

5 その ために、ざせきの ところが、ひろく つくって あります。そとの けしきが よく 見えるように、大きな まどが たくさん あります。

6 トラックは、にもつを はこぶ しごとを して います。

7 その ために、うんてんせきの ほかは、ひろい にだいに なって います。

指導のポイント

■第一次・第1時

「じどう車くらべっこクイズ」
（しかけ「限定する」「選択肢をつくる」）

どちらかとクイズで問うことで、説明に出てくる事柄に関心を寄せる。（ア）

■第二次・第1～2時

「問いの文は、『くちばし』と『うみの かくれんぼ』のどっちに似ている？」（Which型課題）

問いの文はどちらに似ているかを問い、既習事項から文章構成を捉えたり、仕事と作りの順序や関係性を確認したりする。（イ、ウ、エ）

■第二次・第3～4時

「もしも、荷台が狭くタイヤが少ない挿絵なら？」「もしも、作り2が違うものなら？」

本時の展開 第一次 第1時

目標 範読を聞いたり「くらべっこクイズ」に答えたりすることを通して、自動車にはそれぞれ仕事と作りがあることに気付き、学習の見通しをもつことができる。

[本時展開のポイント]

読みの視点（仕事と作り）について、限定したクイズを提示したり、選択肢で示したりして、読みの視点を児童が発見できるようにする。

[個への配慮]

㋐アウトプットできる機会を増やす

正解にこだわりクイズへの参加が困難な場合、正解を考える過程も楽しめるように、ペアで答えやヒントを伝え合ったり、答えや考えをノートに書かせたり、教師の耳元で答えるよう指示したりする等、アウトプットできる機会を増やす。

㋑分からない言葉を全員で共有する

「つくり」等の言葉の理解が困難な場合は、身近な例で考えられるように、「例えば、どういうこと？」と全体に問い、「家だと屋根が『つくり』」等、互いに日常の場面から具体的な言葉で説明し合えるようにする。

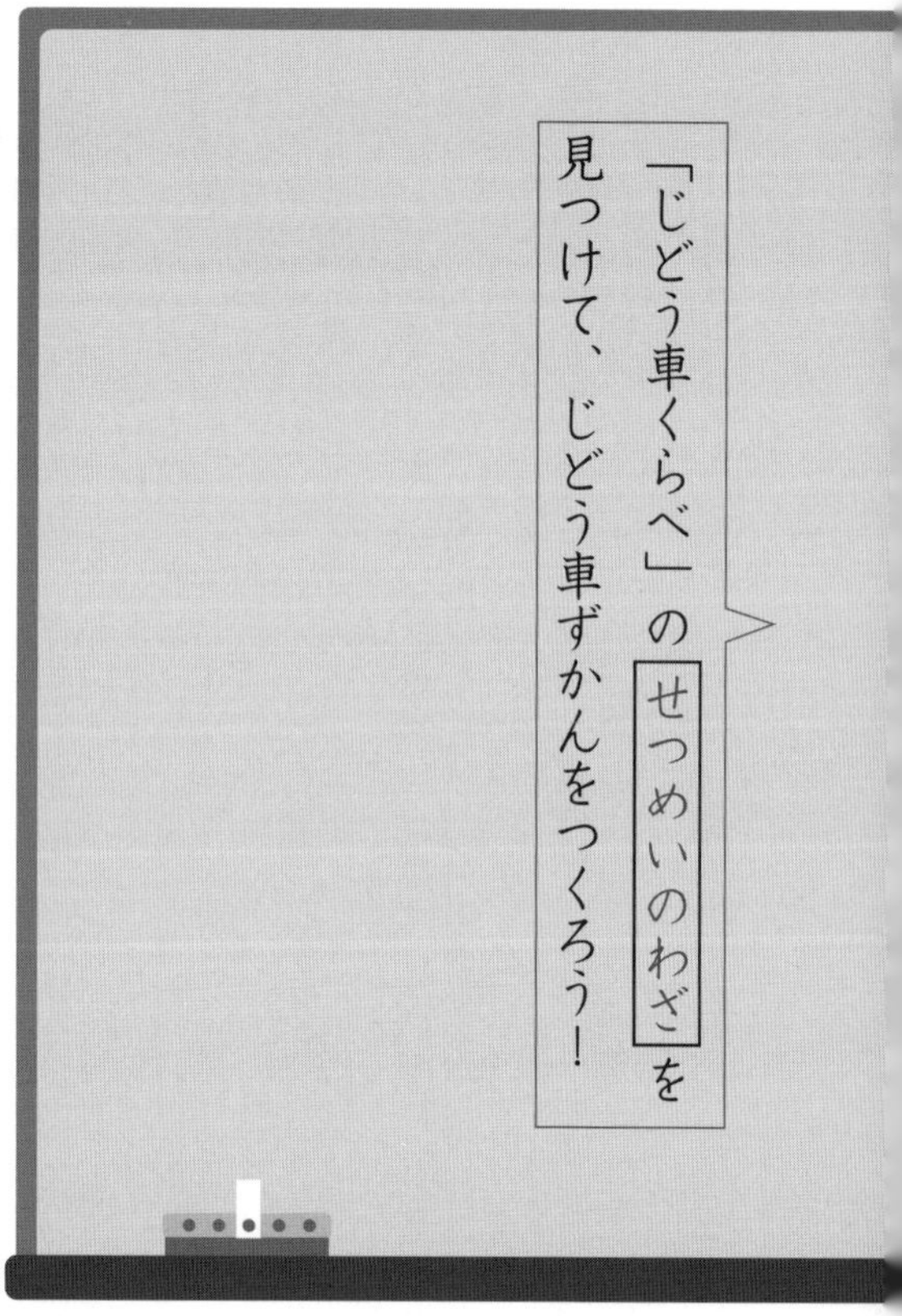
「じどう車くらべ」のせつめいのわざを
見つけて、じどう車ずかんをつくろう！

4

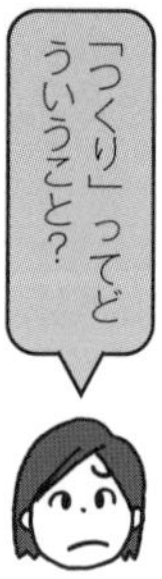
「つくり」ってどういうこと？

する。

確認した後、再度、範読を聞いたり、全員で音読をしたりして、仕事と作りで比べていることを確認する。 配慮㋑

学習の見通しをもつ

調べた自動車の仕事と作りを説明の「わざ」を使って書くと、図鑑の1ページになります

カードにまとめると、ページが増えて図鑑になりそう

自動車図鑑、つくってみたいな

見本のカードを提示し、説明の「わざ」を見付けると図鑑の一ページを書くことができることを伝える。

カードがたくさんそろうと図鑑になることを伝え、学習の見通しをもたせる。

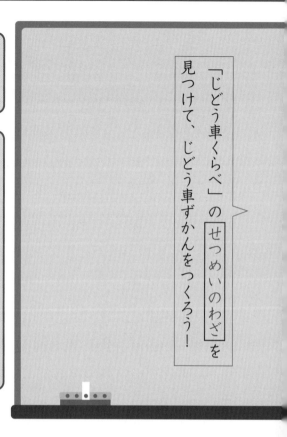

準備物　・拡大した挿絵（デジタル教科書）　・自動車の名前が書かれたカード　5-01～06　・見本のくらべっこカード（教科書の事例でよい）

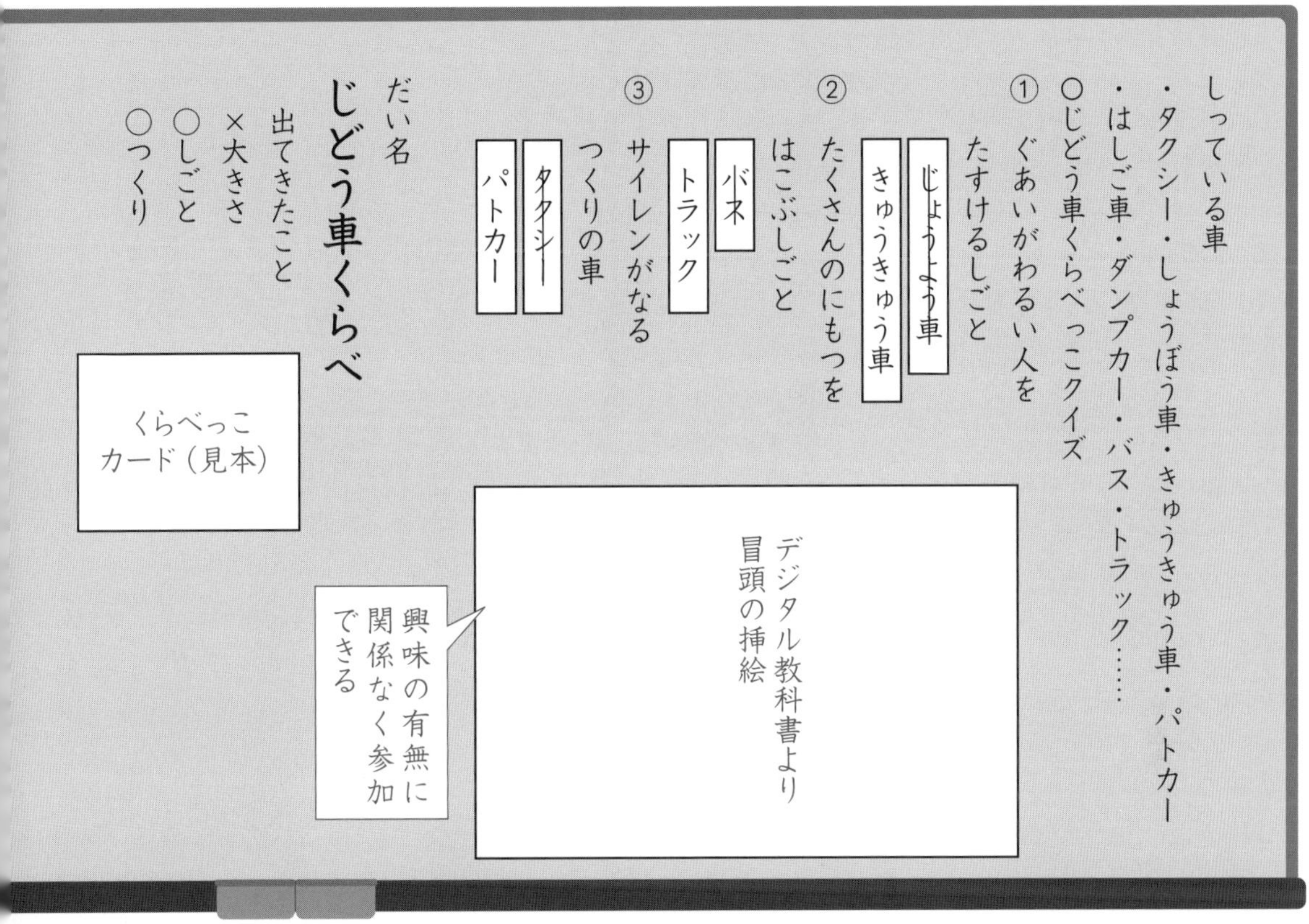

しっている車
・タクシー・しょうぼう車・きゅうきゅう車・パトカー
・はしご車・ダンプカー・バス・トラック……
○じどう車くらべっこクイズ
① ぐあいがわるい人を
たすけるしごと
じょうよう車
きゅうきゅう車
② たくさんのにもつを
はこぶしごと
バス
トラック
③ サイレンがなる
つくりの車
タクシー
パトカー
デジタル教科書より
冒頭の挿絵
興味の有無に関係なく参加できる
だい名
じどう車くらべ
出てきたこと
×大きさ
○しごと
○つくり
くらべっこカード（見本）

1 自動車について知っていることを出し合う

知っている自動車はありますか？

教科書の冒頭の挿絵を拡大して提示し、自動車について知っていることを自由に紹介し合う。

ゆうびんの車がある

トラックは、今日の朝、見たよ

2 「じどう車くらべっこクイズ」をする

クイズです。答えは、どちらかの車です

しかけ（限定する）

「人を助ける仕事をするのは、乗用車、救急車、どっちでしょうか？」と仕事について聞いた後、作りについてクイズを出す。　配慮ア

いろいろな自動車をくらべっこすると楽しいね

正解を友達に言われて、つまらないな

3 範読を聞く

大きさ、仕事、作りのどれか二つを比べっこしています。どれかを考えて聞きましょう

しかけ（選択肢をつくる）

教師の範読を聞き、出てくる読みの視点を確認

「くらべっこクイズ」の「しごと」と「つくり」のことが出ている

本時の展開　第二次　第1時

目標　問いの文や出てきた自動車を話合いにより確かめることを通して、内容の大体を捉えることができ、音読することができる。

[本時展開のポイント]

センテンスカードで既習の二つの説明文の文を振り返り、問いの文の特徴を考えることで、本教材の問いの文と特徴が明示的に理解できる。

[個への配慮]

㋐事前に音読練習させておく

音読が追い付かずに段落が分からなくなる場合は、すらすら音読できるように、事前に段落番号を振って好きな場所から音読練習させたり、個別の音読練習を教師が聞いたりしておく。

㋑問いの文に線を引く

問いの文の数に目が行き，位置に注目できずにいる場合は、問いの文の位置に注目できるよう、問いの文に線を引かせる。

㋒ペアやグループの話合いで個別指導する

ペアやグループの話合いが難しい場合は、必要に応じて教師が司会役をしながら調整する。

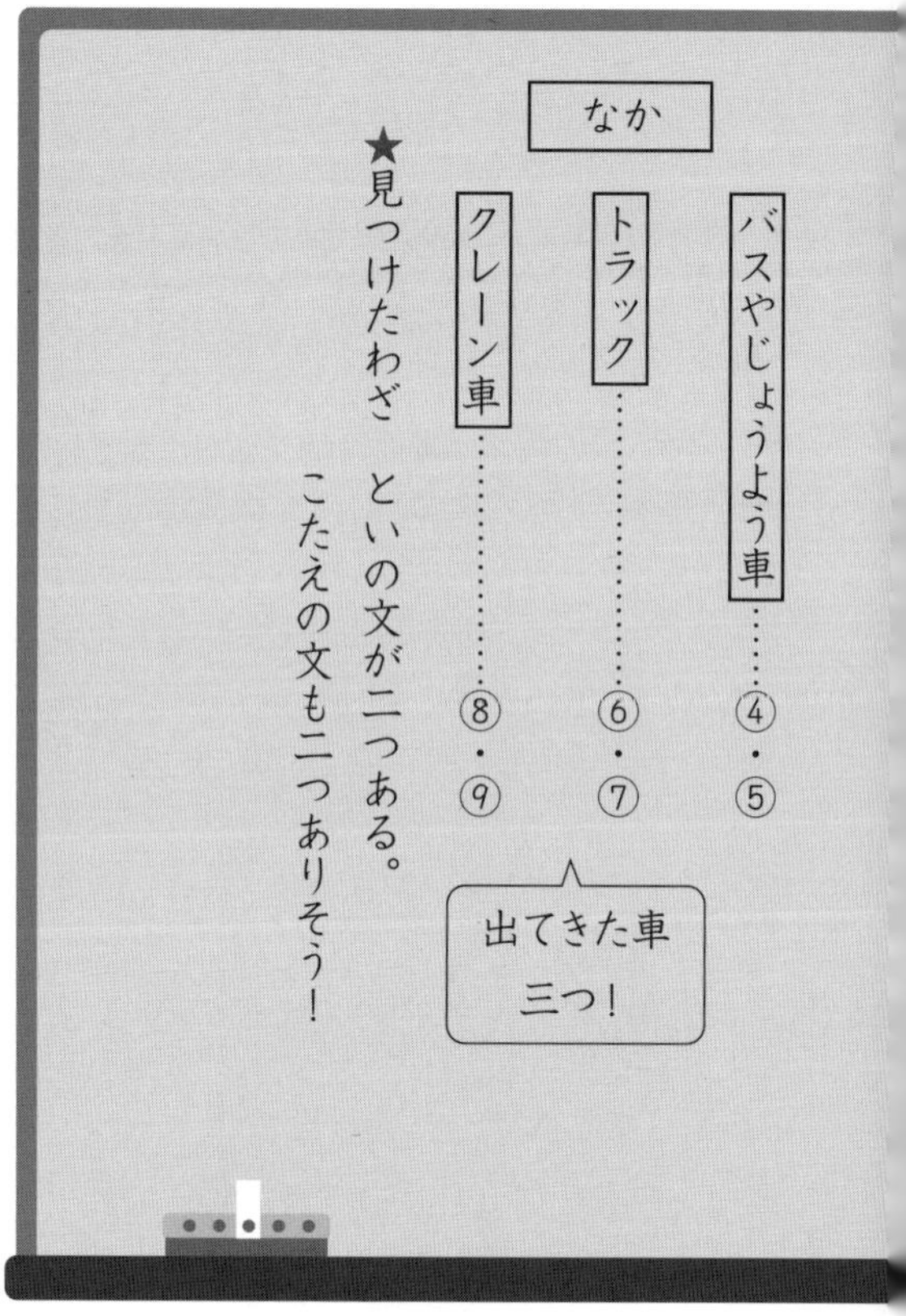

なか
バスやじょうよう車……④・⑤
トラック……⑥・⑦
クレーン車……⑧・⑨
出てきた車
三つ！
★見つけたわざ　といの文が二つある。
こたえの文も二つありそう！

う。

配慮㋑

3　「くちばし」型でもいいか話し合う

「くちばし」型の問いに直したほうが、分かりやすくていいですよね？

答えの自動車に線を引いたから、そこで交代して音読しよう

「うみの　かくれんぼ」に似ていてはじめに問いがあることを確認した後、答えで出てくる自動車は何か確認する。問いの文を答えの自動車に当てはめてみる。

4　見つけた「わざ」を確認する

見付けた「わざ」をペアで確認しましょう

問いの文と答えの文があるね

本時で見付けた「わざ」として、「うみの　かくれんぼ」と同様に初めに問いがあり、答えの順番で出てくることと、本教材には新たに問いの文が二つ出てくることを確認する。

準備物 ・実物投影機（教材文を拡大したもの） ・センテンスカード2枚 5-07、08 ・「うみのかくれんぼ」と「くちばし」の題名カード 5-09、10

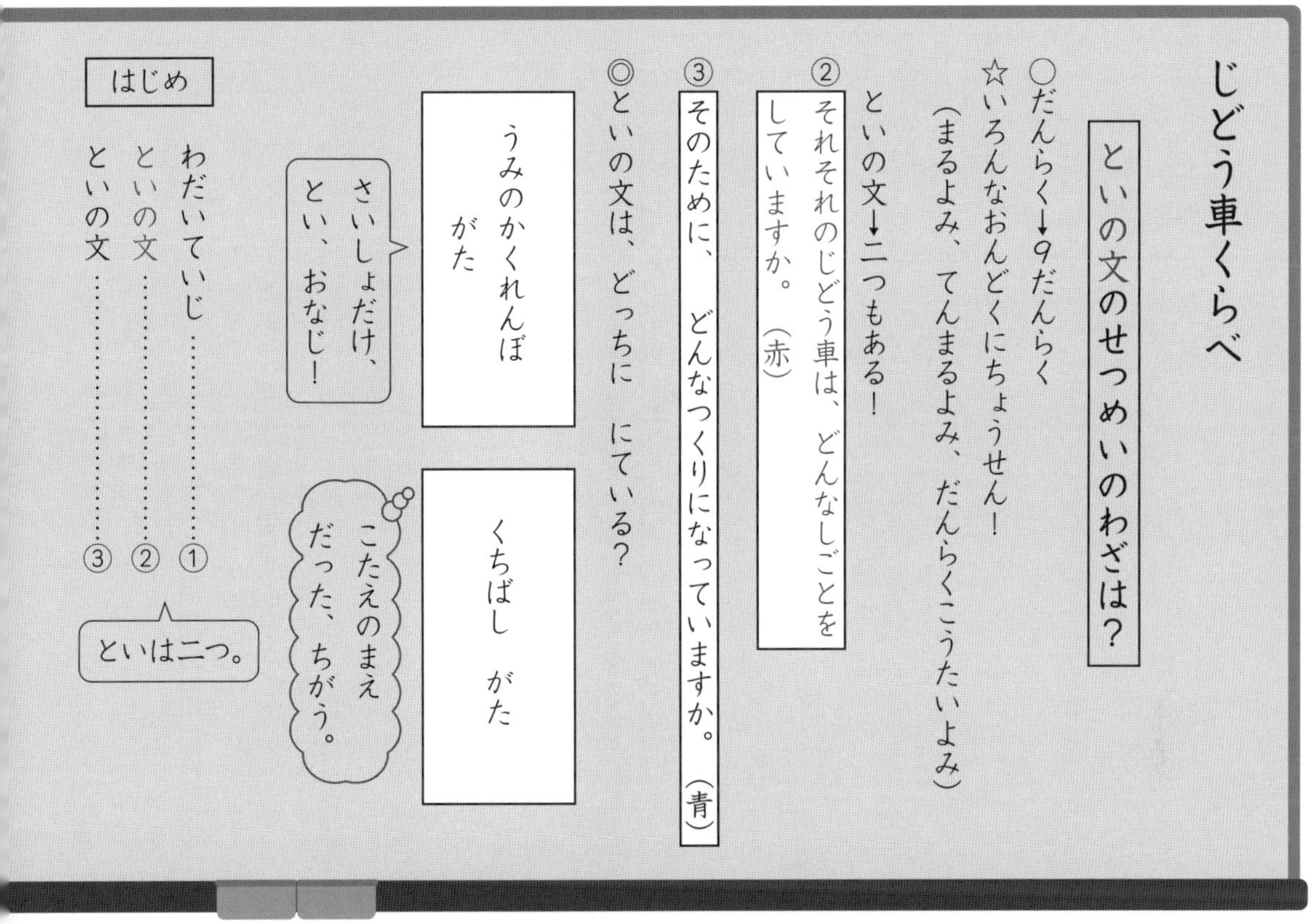

じどう車くらべ
といの文のせつめいのわざは？
○だんらく↓9だんらく
☆いろんなおんどくにちょうせん！
（まるよみ、てんまるよみ、だんらくこうたいよみ）
といの文↓二つもある！
② それぞれのじどう車は、どんなしごとをしていますか。（赤）
③ そのために、どんなつくりになっていますか。（青）
◎といの文は、どっちに　にている？
うみのかくれんぼ　がた
くちばし　がた
さいしょだけ、とい、おなじ！
こたえのまえだった、ちがう。
はじめ
わだいていじ……①
といの文……②
といの文……③
といは二つ。

1 段落番号を振る

音読して段落番号を振りましょう

全部で九段落だね

段落が分からない……

考える音読

段落番号を振り、九段落あることを確認する。

ペアで点丸読み（句読点ごとに交代する）や段落交代読み等、いろいろな音読の仕方で音読させる。　配慮ア

2 学習課題を提示する

問いの文は、「くちばし」と「うみの　かくれんぼ」、どっちに似ていますか？

「くちばし」は、クイズみたいに三つ出てきたよ

どう考えればいいのか、分からないな

Which型課題

既習の説明文を想起させ、問いがあること、新たに二つ問いがあることを確認し、線を引かせる。

三つの事例ごとに問いが出てくる「くちばし」と、はじめだけ問いがある「うみの　かくれんぼ」のどちらに似ているか問

本時の展開　第二次　第2時

目標 バスや乗用車の仕事と作りを、相互の役割のよさを話し合うことを通して、事柄の順序のよさに気付き、音読することができる。

[本時展開のポイント]

仕事と作りの順番をセンテンスカードで操作しながら考えたり、「そのために、」がなかったことを仮定して考えたりすることで、仕事と作りの事例の順序やつながりが理解できる。

[個への配慮]

アセンテンスカードを色別に掲示する

文字が多くて理解が困難な場合は、仕事と作りに着目して読み進められるように、仕事はピンク、作りは水色などとセンテンスカードの色を変えて掲示する。

イミニセンテンスカードを活用する

文章を逆にするという考えの受容が困難な場合は、仮定した話と分かるように、ミニカードを用意し、手元で一緒に操作したり、「そのために」「〜するために」等と置き換えたりすることで、「文章が逆」というのは仮定した話であることを強調する。

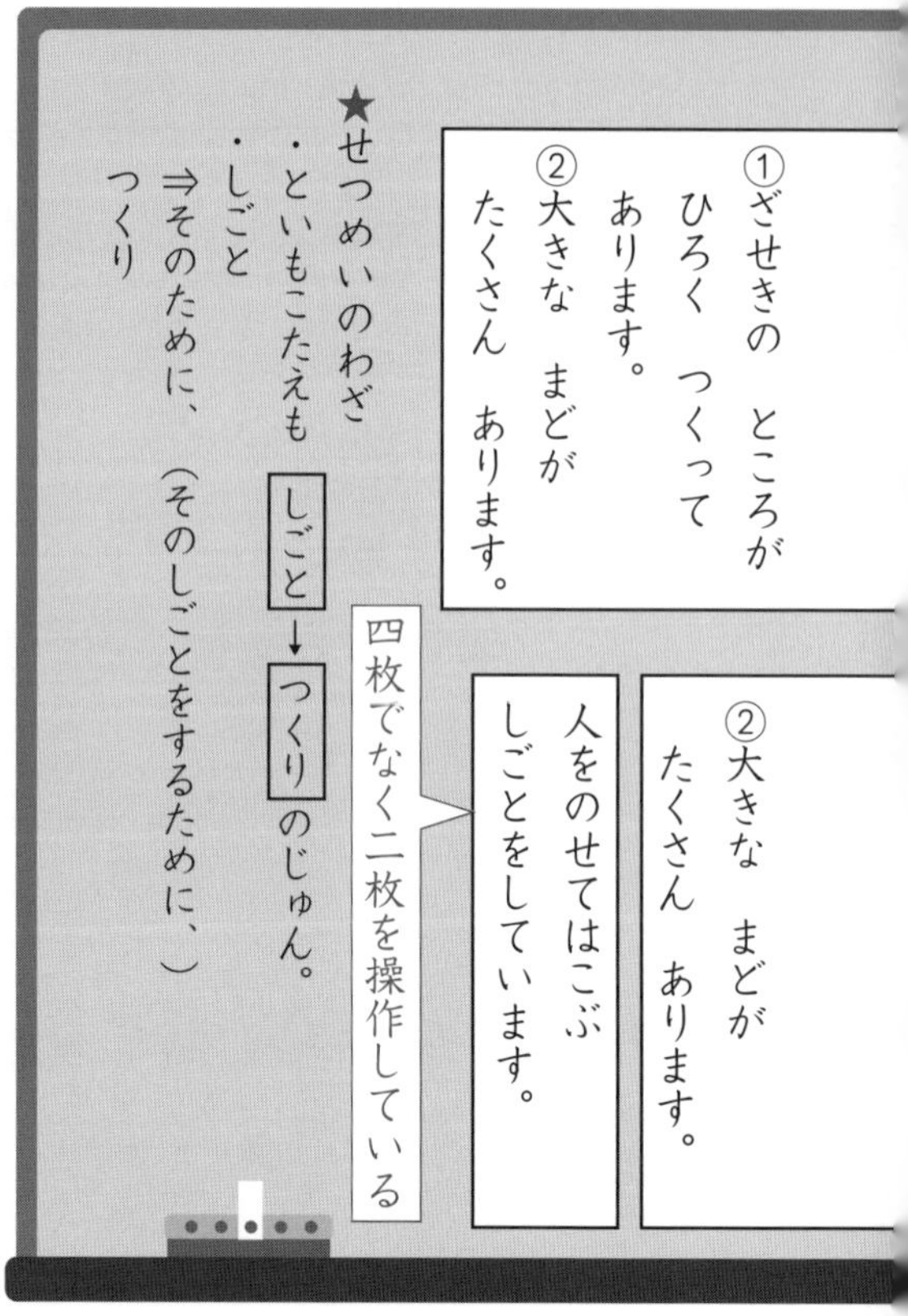

①ざせきの　ところが　ひろく　つくって　あります。
②大きな　まどが　たくさん　あります。
②大きな　まどが　たくさん　あります。
人をのせてはこぶ　しごとをしています。
四枚でなく二枚を操作している
★せつめいのわざ
・といもこたえも　しごと→つくり　のじゅん。
・しごと
⇒そのために、（そのしごとをするために、）
つくり

3 「そのために、」の役割について考える

「そのために、」がなくても、説明は分かりますよね？

「そのために、」がないと、切れている感じだ
「そのために、」は、どういう意味だろう？

しかけ（仮定する）

「そのために、」がないことを仮定し、「そのために、」のよさに気付く。「そのために、」は、「その仕事をするために、」であることを確認する。

配慮イ

4 教科書に線を引き、役割読みする

ペアで色別に線を引きましょう。仕事役と作り役に分かれて役割読みをしましょう

どれも「仕事→作り」の順だね
仕事は一つなのに、作りが二つあるね

説明が、「仕事→そのために、→作り」の順番になっていることを確認し、色別に線を引く。

引いた線を基に、ペアで仕事役と作り役に分かれて役割読みをする。

準備物　・センテンスカード 10 枚　5-11 ～ 20　・バスや乗用車の挿絵（デジタル教科書よりコピー可能）

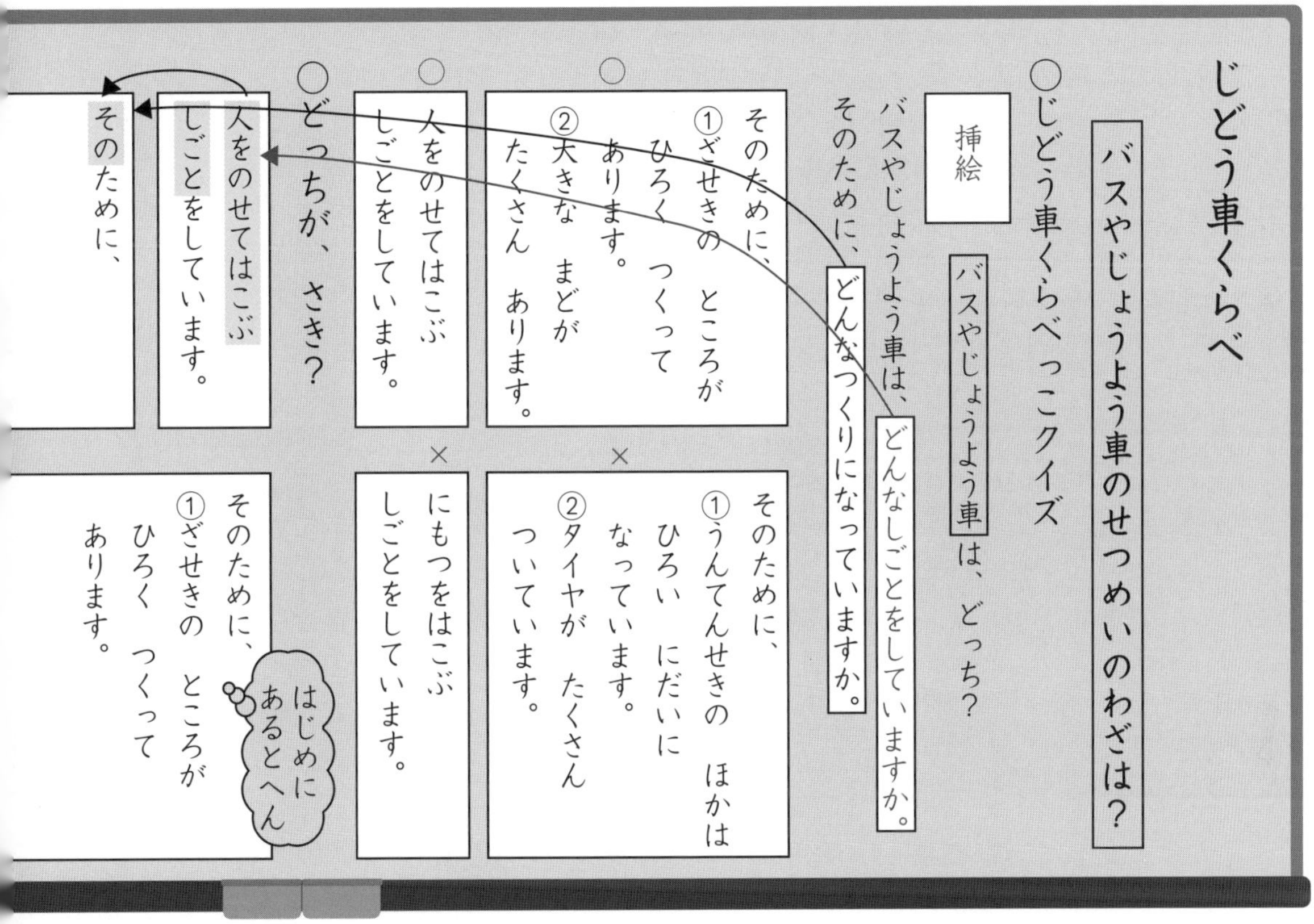
じどう車くらべ
バスやじょうよう車のせつめいのわざは？
○じどう車くらべっこクイズ
挿絵
バスやじょうよう車は、どっち？

バスやじょうよう車は、どんなしごとをしていますか。

そのために、どんなつくりになっていますか。

そのために、①ざせきの　ところが　ひろく　つくって　あります。②大きな　まどが　たくさん　あります。

人をのせてはこぶ　しごとをしています。
○どっちが、さき？
人をのせてはこぶ　しごとをしています。
そのために、
そのために、①うんてんせきの　ほかは　ひろい　にだいに　なっています。②タイヤが　たくさん　ついています。
にもつをはこぶ　しごとをしています。
そのために、①ざせきの　ところが　ひろく　つくって　あります。
はじめに　あるとへん

1 「くらべっこクイズ」をする

バスや乗用車文は、どっちですか？

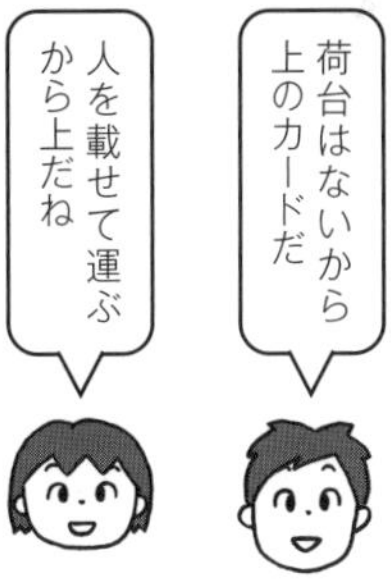
荷台はないから上のカードだ
人を載せて運ぶから上だね

しかけ（選択肢を作る）

トラックと比べ、バスや乗用車の文はどちらか、文を比べて確認する。「作り→仕事」の順番で、「順序が分からなくなった」と提示し、事柄の順番に関心をもたせる。

2 仕事と作りの順序について考える

仕事と作り、どっちが先でしょうか？

問いも答えも、「仕事→作り」の順になっている
文がいっぱいでよく分からない……

Which型課題

問い1（仕事）と問い2（作り）の順と答えの順が同じことを確認する。

配慮ア

音読して、「そのために、」がはじめだと変なことを確認する。

✓ 本時の展開 第二次 第3時

目標 トラックの仕事と作りを挿絵と関連付けて捉えることのよさを話し合うことを通して、挿絵の効果に気付き、音読することができる。

[本時展開のポイント]

教科書の挿絵と教師が提示した狭すぎる荷台の仮の挿絵を文と対応させせることで、挿絵があると説明の文章が分かりやすくなるという挿絵の効果に気付くことができる。

[個への配慮]

㋐手元で操作できるカードを用意する

挿絵の情報を捉えられない場合は、挿絵と説明を対応して捉えられるように挿絵を手元に用意する。そこに直接書き込んだり、一緒に指で差したりできるようにカードを用意する。

㋑指差しに集中できる場の設定

指差し読みが困難な場合は、音読を聞きながら指差しだけに集中できるよう、範読CDを用意したり、音読コーナーをつくったりして指差しに集中できるような環境設定にする。

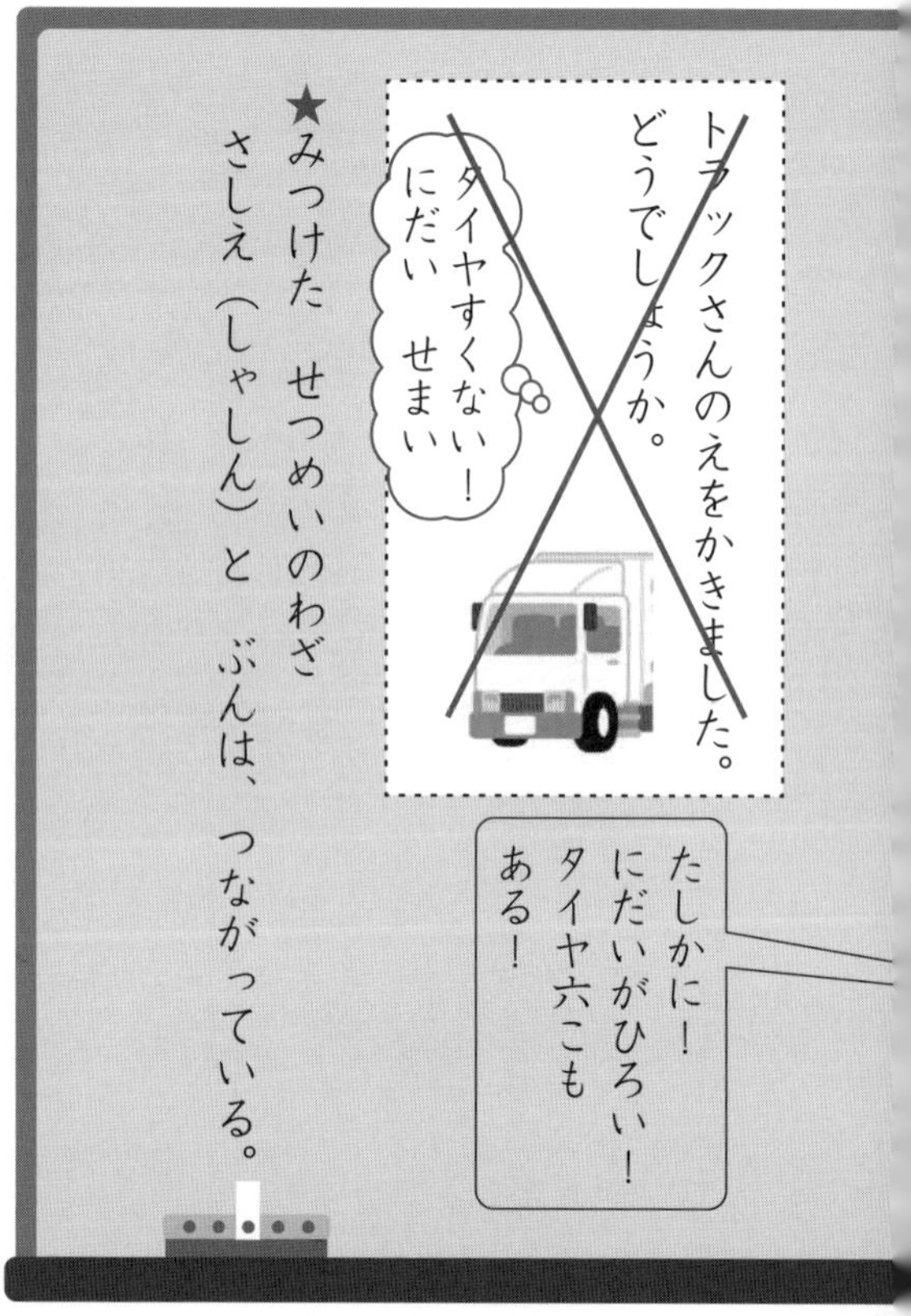

トラックさんのえをかきました。どうでしょうか。
タイヤすくない! にだい せまい
たしかに! にだいがひろい! タイヤ六こもある!
★みつけた せつめいのわざ さしえ(しゃしん)と ぶんは、つながっている。

3 指さし読みをして確認する

ペアで指さし読みをしましょう

「そのために、うんてんせきのほかは、ひろいにだいに……」
(荷台を指さして)ここだね!

考える音読

ペアで指差し読み(一方が音読する。もう一方が音読を聞きながら指で教科書の挿絵のところを指す)をして確認する。 **配慮㋑**

トラックができたら、バスや乗用車とクレーン車でも指差し読みをする。

4 見付けた「わざ」を確認する

見付けた説明の「わざ」を確認し合いましょう

今日見付けた説明の「わざ」をペアで確認してから、全体で確認し合う。

挿絵と文がつながっていました
「じどう車くらべ」は絵を指で差しながら音読できます

準備物　・センテンスカード５枚　5-21～25　・トラックの挿絵（デジタル教科書よりコピー可能）
・仮のトラックの挿絵

じどう車くらべ

トラックから見つけた、せつめいのわざは？

☆トラック　やくわりよみ……しごとやく、つくりやく
こうたい

☆インタビューよみに　ちょうせん！
・せんせい……トラックへインタビューする人
・みんな……トラックになりきって　こたえる人

トラックさんは、どんなしごとをしていますか。
わたしは、にもつをはこぶ　しごとをしています。
おぉ！　ちからもちですね――！
にもつをはこぶために、どんなつくりになって　いますか。
そのために、
うんてんせきの　ほかは、ひろい　にだいに　なっています。
おもいにもつを　のせるトラックには、
タイヤが　たくさん　ついています。
いろんなつくりがあって　すてきですね。

トラックの挿絵

1　トラックを役割読みする

ペアでトラックの役割読みをしましょう

この前やった役割読みだね

仕事と作りが順番に出てきたよ

仕事役と作り役に分かれて役割読みをする。教師がインタビュー役になり、全員でトラックになりきり、質問に答える形で音読する。教師はトラックの答えにつぶやく等の反応を示す。

2　教師の挿絵に変えていいか話し合う

この挿絵に変えていいでしょうか？

先生の挿絵は荷台が狭すぎてタイヤも少ないよ

細かくて、よく分からないな

Which型課題

教師の挿絵に変えてはいけない理由や教科書の挿絵のほうがいい理由を話し合う。　配慮ア

教科書の挿絵のほうがいい理由を文と挿絵を対応させて確認する。

本時の展開　第二次　第4時

目標　クレーン車の作り２について話し合うことを通して、作り２の説明のよさに気付き、説明の「わざ」として表現できる。

[本時展開のポイント]

クレーン車の説明に出てくる言葉を予想したり、動作化したりして、作り1とつながっている作り2のよさを実感することができる。

[個への配慮]

㋐答えの予想を紹介し合う

くじ引きが簡単すぎる等で取組が困難な場合は、クレーン車の説明に出てくる言葉に着目できるよう、裏返したまま答えの言葉を予想させる。

㋑板書を構造化する

文字情報がたくさんあり、読み取りが困難な場合は、事例や説明の順序の言葉に着目できるように、上下や矢印の順番に配置する等、板書を構造化する。

㋒動作化の見本を例示する

恥ずかしい等で動作化への取組が困難な場合は、動作化するよさを実感できるように、教師自身やうまくできた児童の見本を例示する。

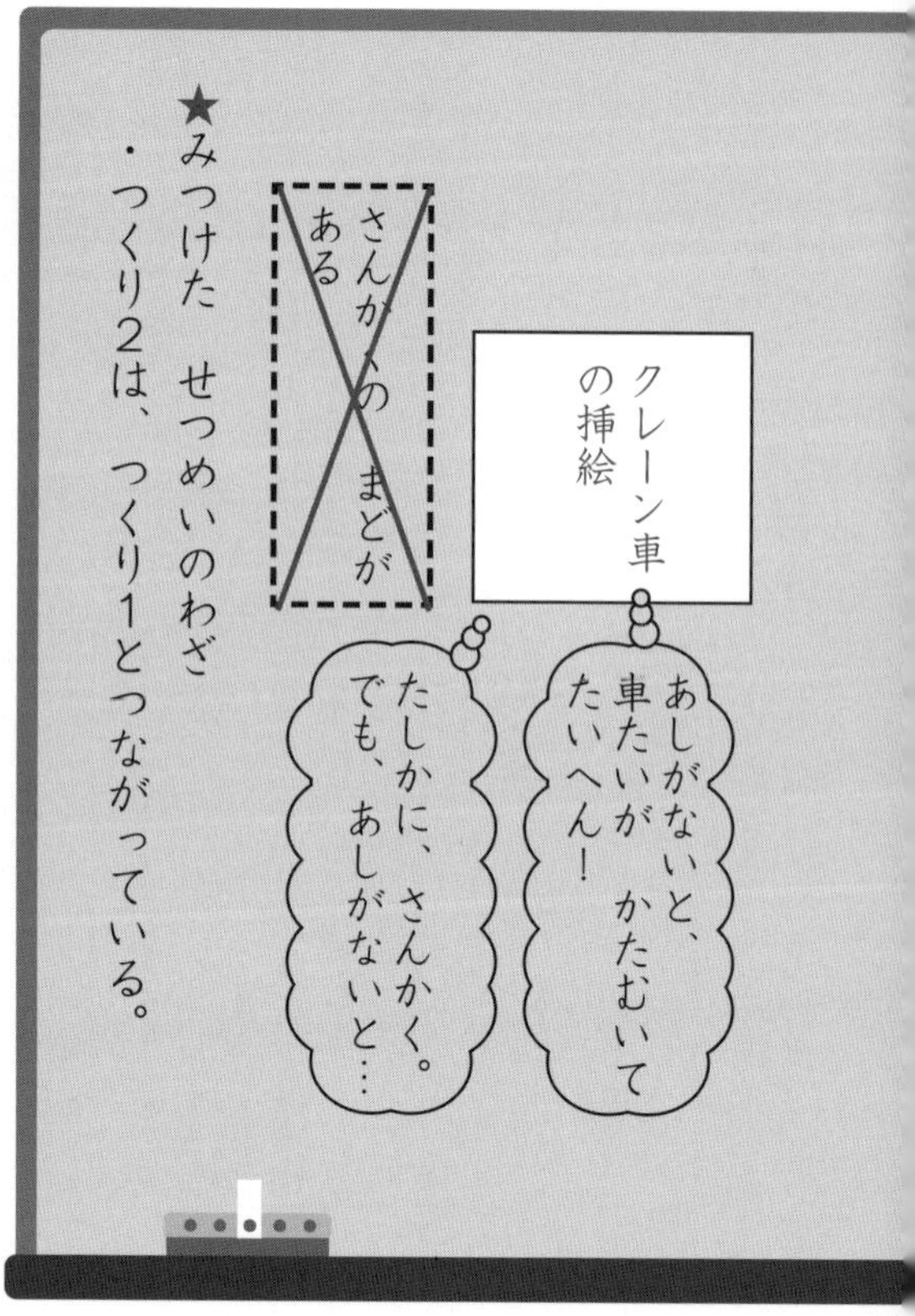

クレーン車の挿絵
あしがないと、車たいがかたむいてたいへん！
たしかに、さんかく。でも、あしがないと…
さんかくのまどがある
★みつけた　せつめいのわざ
・つくり2は、つくり1とつながっている。

きり読み（一方が音読、一方が動作化）をする。腕が伸びたり動いたりしても車体が傾かない、脚のよさを確認する。

配慮㋒

なりきり読みをして分かったことを発表し合い、作り1と作り2がつながっていることを説明の「わざ」として確認する。

3　分かったことを全体で確認する

見付けた説明の「わざ」を教えてください

今日分かった説明の「わざ」を確認する。

作り1役と作り2役に分かれて、役割読みをする。

作り2も、大切なんだな
作り1と2はつながっているんだね

準備物 ・センテンスカード６枚 5-26～31 ・クレーン車の挿絵、必要に応じて杖など

じどう車くらべ

クレーン車から見つけた、せつめいのわざは？

○クレーン車は、どっち？

しごと ← つくり1 ← つくり2

クレーン車

おもいものを つり上げるしごと

そのために、

じょうぶな うでが のびたり うごいたり する

車たいが かたむかない ように、

しっかりした あしが ついている

バスやじょうよう車

人を のせて はこぶしごと

そのために、

ざせきの ところが ひろい

そとのけしきが よく 見えるように、

大きな まどが たくさん ある

1 「クレーン車くじびき」をする

クレーン車は、どっちのカードでしょうか？

重い物を吊り……上がクレーン車だ
もう分かった。簡単すぎるよ

しかけ（配置する）

「バスや乗用車」と「クレーン車」の仕事と作りの内容ごとのセンテンスカードを裏返してくじ引きにする。クレーン車の言葉を予想しながら引き、クレーン車の内容を確認する。 配慮ア

※児童の実態に応じて、最後のカードを空白にして2へつなげてもよい。

2 教師の作り2に変えていいか話し合う

バスや乗用車と同じように、作り2は、脚より窓のことにしたらどうかな？

確かに、絵に三角の窓がある
たくさん言葉があって、よく分からない

しかけ（仮定する）

考える音読

作り2の窓と脚を比べて、後者のほうがいい理由を考える。 配慮イ

ペアでクレーン車なり

本時の展開　第二次　第5時

目標 乗り物の順序について話し合うことを通して、身近から説明する構成の意図に気付き、説明の「わざ」を表現できる。

[本時展開のポイント]

既習事項を振り返るという学びの文脈から、問いの文の特徴を考えることで、「じどう車くらべ」の問いの文の特徴を明示的に理解できる。

[個への配慮]

ア一緒に音読し、知っている文に線を引く

知っている文をすぐに選べない場合は、知っていることを自覚できるように、知っている文に線を引いたり絵カードに○を付けたりする。

イ視覚的な手がかりを用意する

初めて見る車に抵抗がある場合は、興味をもてるように、手元に絵カードを用意したり、車が働いている動画を見せたりする。

ウ動作化する

座っている活動ばかりで集中が途切れてしまう場合は、意欲的に学習に参加できるように、提示された自動車の仕事や作りを動作化させる。

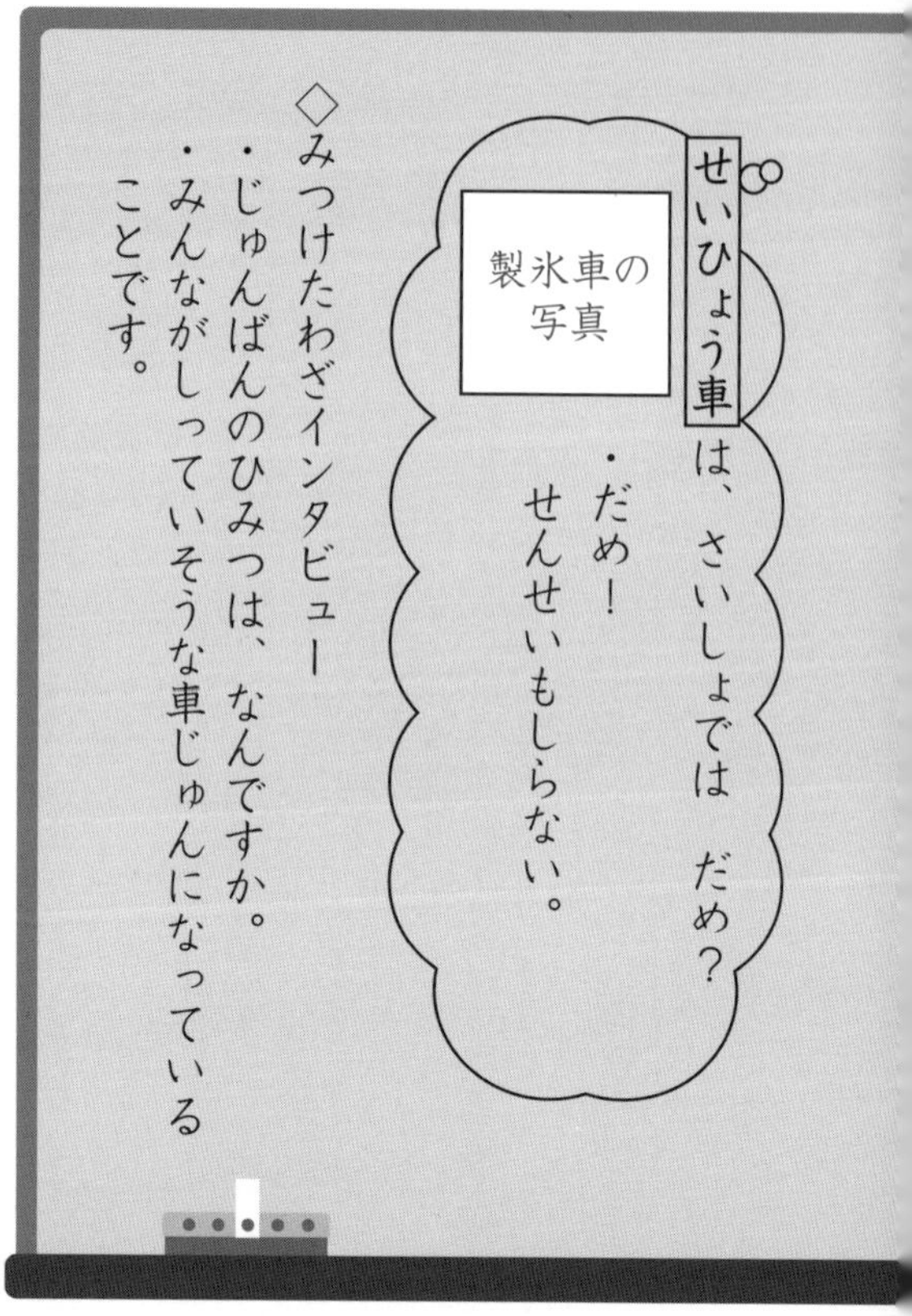
せいひょう車は、さいしょでは　だめ？
製氷車の写真
・だめ！
せんせいもしらない。
◇みつけたわざインタビュー
・じゅんばんのひみつは、なんですか。
・みんながしっていそうな車じゅんになっていることです。

ることを確認する。

3 「整氷車」を入れるならどこかを問う

もし整氷車を入れるなら、最初ですよね？

違うよ、先生も知らないから最後だよ

知らない車だから、分からないよ

しかけ（仮定する）

教師も知らなかった整氷車（スケートリンクの氷を整える車）を「はじめがいいよね」と提示し、知っている車から順に出ていることを確認する。 配慮イ

※教科書にある「はしご車」の提示も可能だが、既知であることを想定し、整氷車とした。

4 見つけた「わざ」をインタビューし合う

順番の秘密をインタビューし合いましょう

一年生が知っている車から順に出ているよ

見付けた「わざ」を全体で確認してから、ペアでインタビューし合い、確認する。

終わったら、音読する。

準備物　・自動車の挿絵（デジタル教科書からコピー可）　・製氷車の写真カード　・パチパチマークのカード大・小３枚ずつ　・インタビューシート

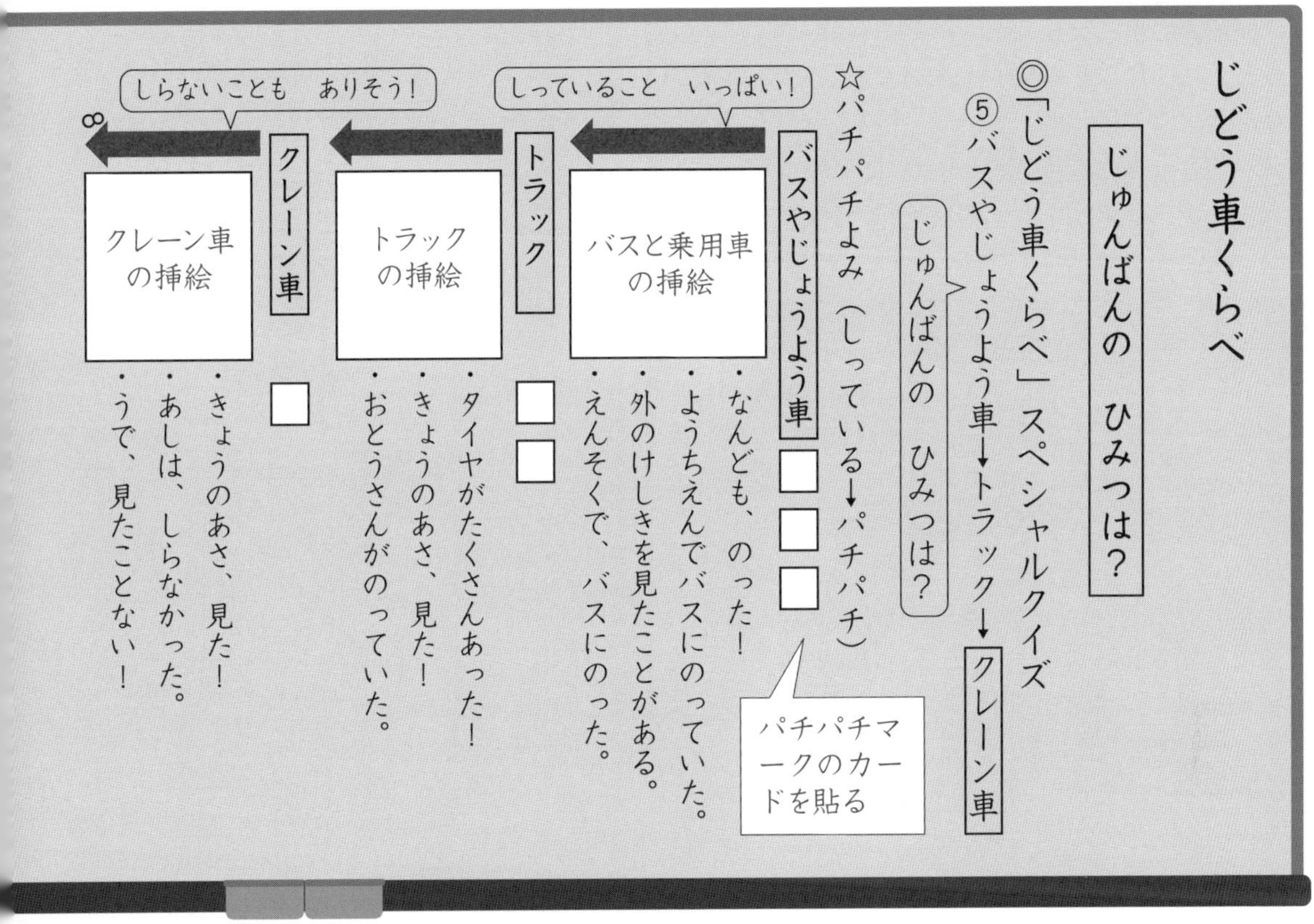

じどう車くらべ
じゅんばんの　ひみつは？
⑤バスやじょうよう車→トラック→クレーン車
◎「じどう車くらべ」スペシャルクイズ
じゅんばんの　ひみつは？
☆パチパチよみ（しっている→パチパチ）
パチパチマークのカードを貼る
バスやじょうよう車
バスと乗用車の挿絵
・なんども、のった！
・ようちえんでバスにのっていた。
・外のけしきを見たことがある。
・えんそくで、バスにのった。
しっていること　いっぱい！
トラック
トラックの挿絵
・タイヤがたくさんあった！
・きょうのあさ、見た！
・おとうさんがのっていた。
クレーン車
クレーン車の挿絵
・きょうのあさ、見た！
・あしは、しらなかった。
・うで、見たことない！
しらないことも　ありそう！

1 自動車くらべスペシャルクイズをする

スペシャルクイズ！　正解の車は、どれ？

広い荷台がある作りは、トラックだね
最後は、クレーン車だったよ

「しごと」と「つくり」の内容をクイズにして車の名前を答えさせることで、今までの学習を振り返る。

最後のクイズで、事例の順序に注目できるようにする。

2 パチパチ読みをする

自動車のことで、読む前からよく知っていることには拍手をしましょう

バスや乗用車は、パチパチがいっぱい
パチパチするところがよく分からない

考える音読

教師は四段落の事例を音読し、児童はよく知っているところでパチパチ（拍手）して、知っていることを確認する。

配慮ア

板書でパチパチマークを示し、多くの子が知っている車から順に出てく

本時の展開　第三次　第1時

目標 はしご車の資料について話し合うことを通して、はしご車の仕事と作りを捉え、カードにまとめることができる。

[本時展開のポイント]

はしご車の仕事と作りについて、どちらが合っているかを比べたり、仕事と作りの両方あるほうが分かりやすいことを実感したりすることで、次時の図鑑づくりに生かすことができる。

[個への配慮]

㋐ミニセンテンスカードを用意する

どちらが合うか迷う場合は、これまでの学習から理由や根拠となる言葉を探せるように、前時までに学習した「わざ」一覧とミニセンテンスカードを用意し、線を引いたり書き込んだりしながら考える。

㋑仕事につながる作りを選ぶ

いくつかの作りから何を選ぶか迷う場合は、仕事に関連した作りを選べるように、「高いところに行けるのはどっち？」「高く伸ばしても車体が傾かないのはどっち？」等と個別に声をかける。

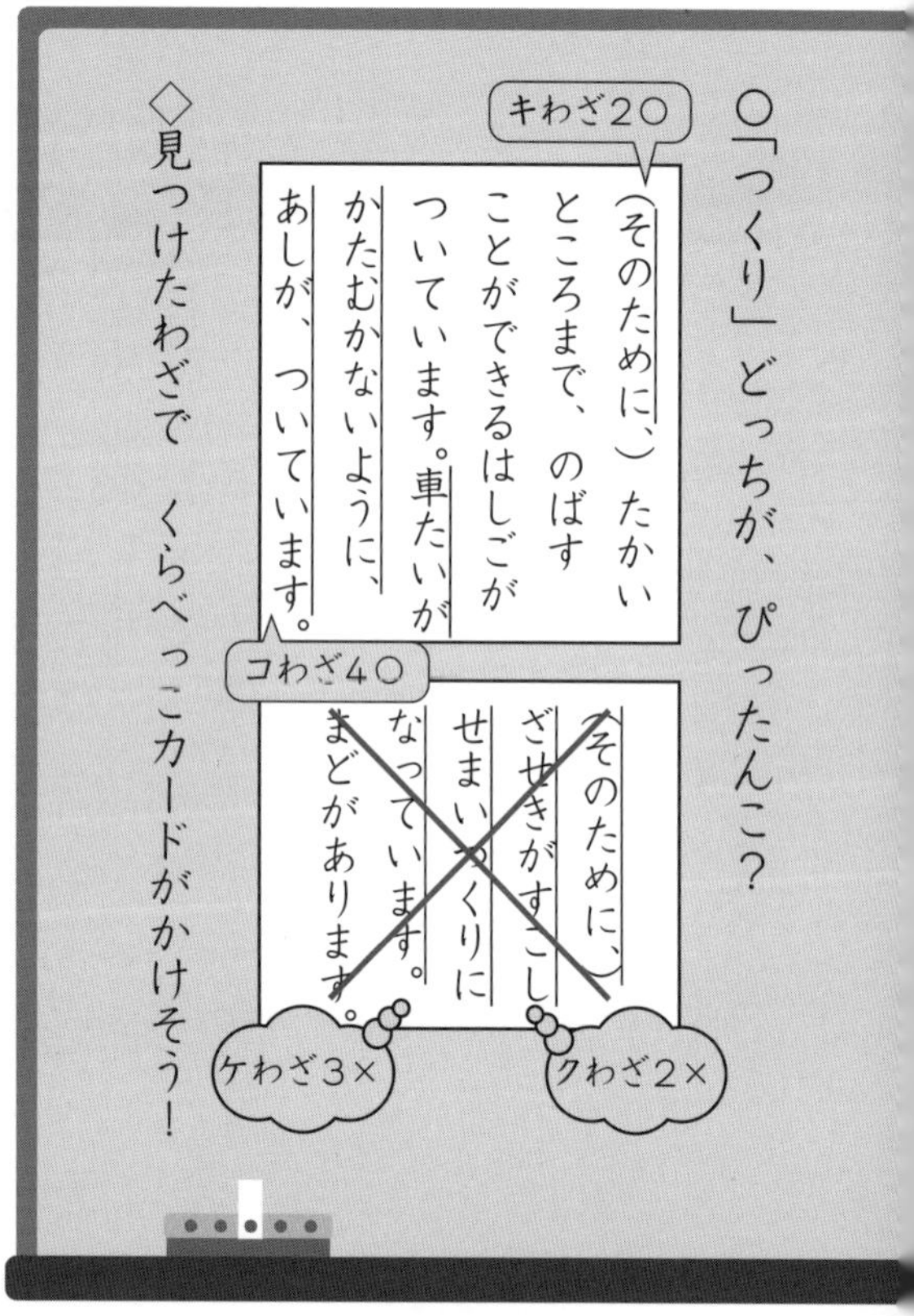

○「つくり」どっちが、ぴったんこ？
キわざ2○
（そのために、）たかいところまで、のばすことができるはしごがついています。車たいがかたむかないように、あしが、ついています。
コわざ4○
（そのために、）ざせきがすこしせまいつくりになっています。まどがあります。
クわざ2×
ケわざ3×
◇見つけたわざで　くらべっこカードがかけそう！

コ：作り2は1とつながる。

3 考えをゆさぶり、学んだことを確認する

はしご車の作りはたくさんあるから、書くのは作りのカードだけでいいですよね？

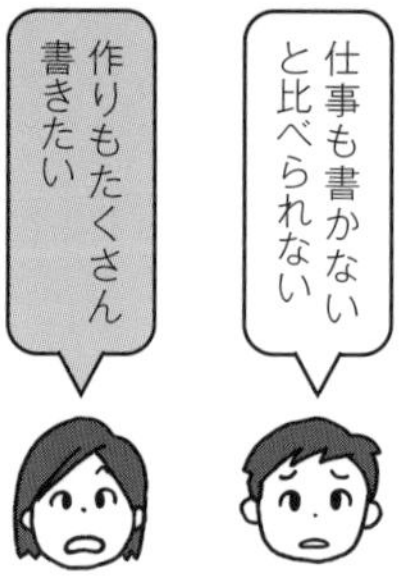

仕事も書かないと比べられない
作りもたくさん書きたい

しかけ（仮定する）

「はしご車は、作りがたくさんあるから、作りのカードだけでいいね？」とゆさぶり、仕事と作りの両方書くことを確認する。　配慮㋑

4 インタビュー読みし、カードにまとめる

はしご車をカードにまとめましょう

うまく書けるかな？
ぼくは、バスケットがあることを書こう

学習を振り返り、はしご車の仕事と作りをペアでインタビュー読みする。

はしご車の仕事と作りを「くらべっこカード」にまとめる。

準備物
・センテンスカード６枚　5-32～37　・はしご車の挿絵（デジタル教科書よりコピー可）
・今まで見つけた「わざ」の一覧

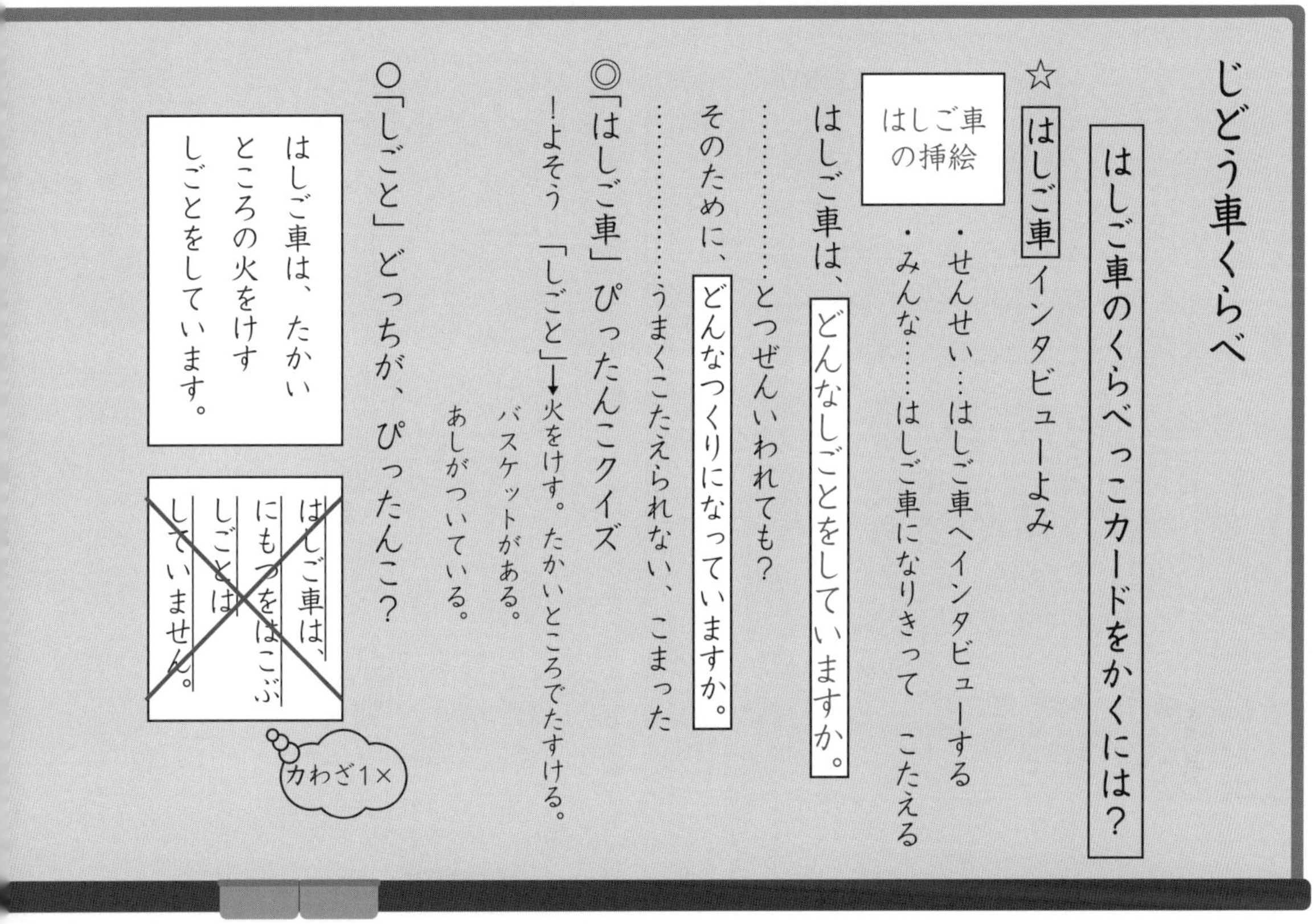

じどう車くらべ
はしご車のくらべっこカードをかくには？
☆はしご車インタビューよみ
・せんせい…はしご車へインタビューする
・みんな……はしご車になりきって　こたえる
はしご車の挿絵
はしご車は、どんなしごとをしていますか。
……とつぜんいわれても？
そのために、どんなつくりになっていますか。
……うまくこたえられない、こまった
◎「はしご車」ぴったんこクイズ
！よそう「しごと」↓火をけす。たかいところでたすける。
バスケットがある。
あしがついている。
○「しごと」どっちが、ぴったんこ？
はしご車は、たかいところの火をけすしごとをしています。
はしご車は、にもつをはこぶしごとはしていません。
カわざ1×

1 はしご車をインタビュー読る

はしご車をインタビュー読みしましょう

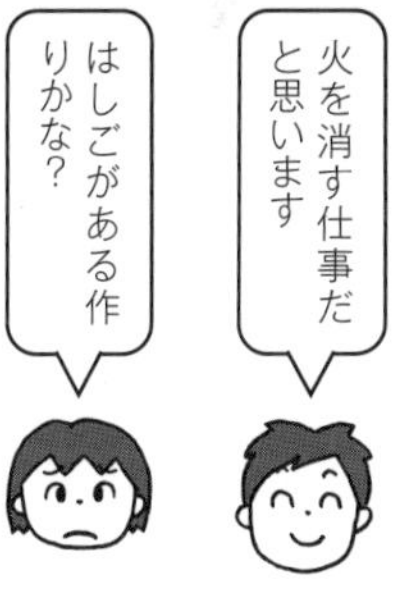

火を消す仕事だと思います
はしごがある作りかな？

教師のインタビュー（問い）に答える形でインタビュー読みをする。

ここでは、うまく答えられないという問題意識を醸成する。

2 「ぴったんこクイズ」をする

どっちのカードが、ぴったんこでしょうか？

高いところの火を消す仕事だから、上のカードだね
はしご車は荷物を運んでいないから、下も正解？

Which型課題

センテンスカードを比較し、どちらの言葉がぴったりか考えさせる。

配慮ア

どちらが合うかだけでなく、見付けてきた「わざ」から理由を考えさせる。

カ：問いの答えでない。

キとク：仕事と作りのつながり。

ケ：挿絵は分からない。

本時の展開 第三次 第2・3時

目標 選んだ車の資料について話し合ったり読んだりすることを通して、その車の仕事と作りを捉え、カードにまとめることができる。

[本時展開のポイント]

既習の「うみの　かくれんぼ」での並行読書の経験を発展させ、三つのコースから自分の思いに合わせてコースを選ばせる。更にインタビュー読みをすることで、より主体的に読み進める態度を引き出すことが期待できる。

[個への配慮]

㋐選ぶコースを助言する

コースが選べず困っている場合は、仕事と作りを読む活動の時間を十分確保できるように、「『いっしょに』コースの車は、仕事と作りが分かりやすいよ」等と選ぶコースを助言する。

㋑インタビュー読みを促す

たくさんの車から選べずにいる場合は、読む活動を十分確保できるように、インタビュー読みを促し、仕事と作りを捉えた車を書くよう助言する。

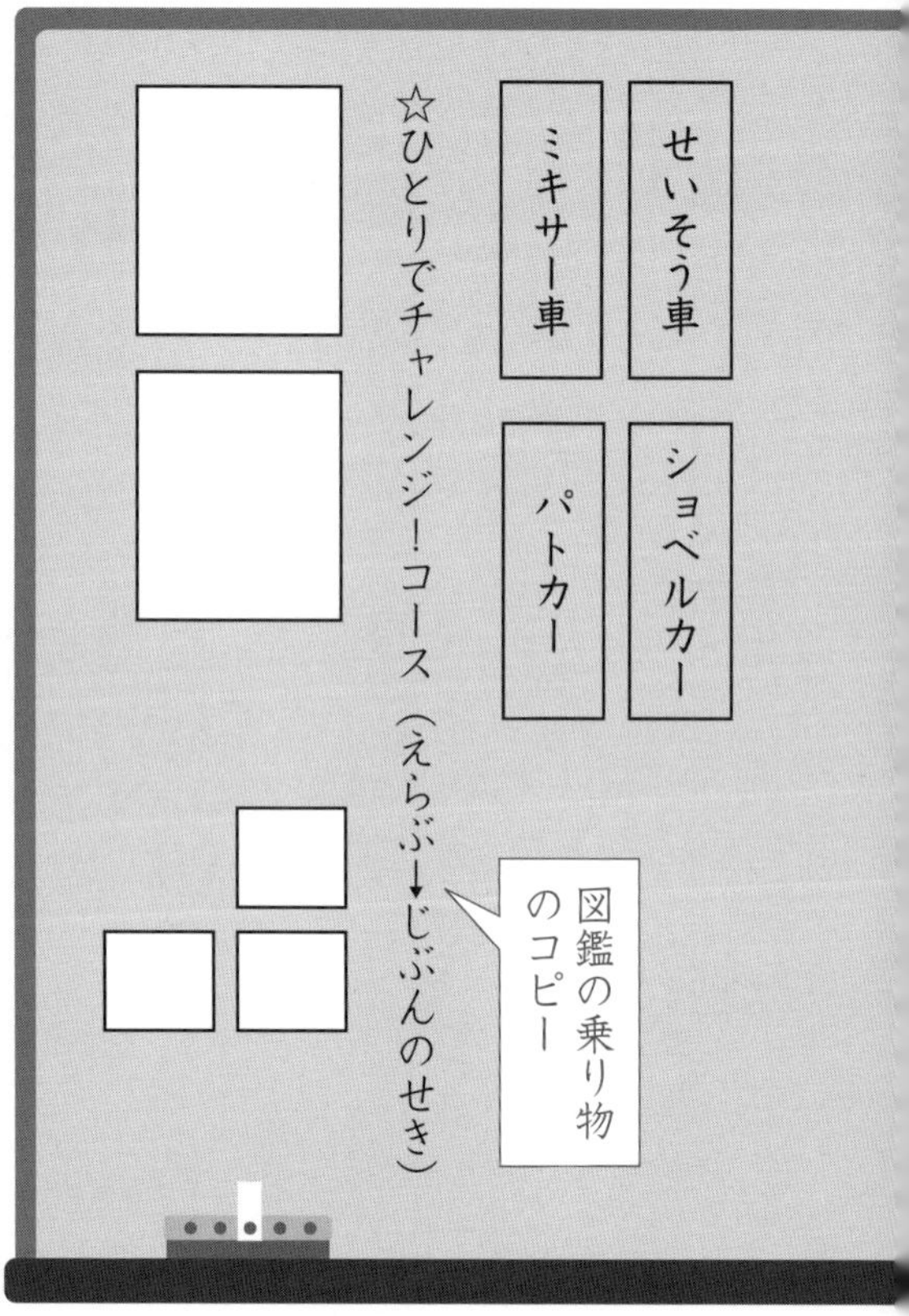

せいそう車
ショベルカー
ミキサー車
パトカー
☆ひとりでチャレンジ！コース（えらぶ→じぶんのせき）
図鑑の乗り物のコピー

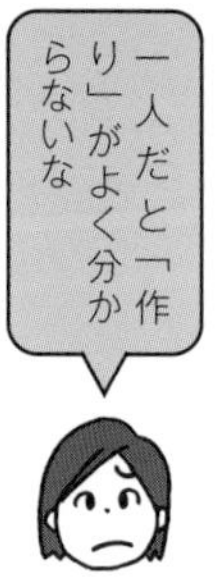

一人だと「作り」がよく分からないな

つくってもよいことにする。

※コースの人数によっては、席等、場を設定する。

※「いっしょに」「ともだちと」コースの車は、本や動画から仕事や作りが捉えやすいものにしておく。

※『はたらくじどう車しごととつくり』シリーズ（小峰書店）や「はたらくじどう車」（教育出版）、仕事と作りを捉えやすい。

3 完成したカードを黒板に掲示する

スペシャルカードが、いっぱい。一年一組のスペシャル自動車図鑑が、完成しそうです

スペシャルカードがいっぱいだね
いろいろな自動車があって面白いね

できた「くらべっこカード」を黒板に掲示し、一年一組スペシャル自動車図鑑ができてきたことを伝える。

次の時間に、互いの「くらっこカード」を読み合うことを伝える。

準備物　・くらべっこカード　・図鑑の乗り物のコピー　・挿絵のコピー　・今まで見つけた「わざ」の一覧　・作り方の掲示用の紙　5-38

じどう車くらべ

えらんだ車で、スペシャルくらべっこカードをつくろう。

みんなのカードをあつめて、1ねん1くみの「スペシャルじどう車ずかん」をつくろう!

〈つくりかた〉
①えらぶ
（三つのコース……インタビューよみのやりかたがちがう。）
②インタビューよみ
（ともだちと、一人で）
③「しごと」「つくり」をかく。
④しゃしんをはる。
（えをかく。）
⑤かんせい!

◇こまったとき→見つけたわざをかくにん

☆いっしょにインタビューよみコース（こくばんまえ）

?きゅうきゅう車は、どんなしごとをしていますか。
!けがをした人やびょうきの人を、びょういんへはこぶしごとをしています。
?そのために、どんなつくりになっていますか。
!うんてんせきのうしろは、人をねかせることができるようになっています。

救急車の挿絵

☆ともだちとインタビューよみコース（四つのどれか）

1 オリジナルのカードを作ることを知る

選んだ車でスペシャルカードをつくりましょう

どの車にしよう。楽しみだな
どのコースを選べばいいかな?

しかけ（選択肢をつくる）

自分で車を選んでスペシャルカードをつくることを伝える。

つくり方を確認する。それぞれ三つのコースは、インタビュー読みのやり方が違うことを確認する。　配慮ア

2 コースに分かれ、インタビュー読みする

コースに分かれて、インタビュー読みをしましょう

「ともだちと」コースにしたけど、アイス販売車もいいな
○○さん、清掃車をインタビュー読みしようよ

考える音読

三つのコースに分かれてカードに書きたい車を選ぶ。インタビュー読みをし、仕事と作りを確認してカードに書き、写真を貼る。　配慮イ

書き終わって十分時間がある場合は、二枚以上

✓ 本時の展開　第三次　第4時

目標　互いのカード読み感想を交流することを通して、自分や友達がつくったカードの説明のいいところに気付き、表現することができる。

［ 本時展開のポイント ］

互いに書いた「くらべっこカード」を読んで感想を伝え合う。カードを読む際、「初めて知った」等の並行読書の視点で読むよう提示する。

［ 個への配慮 ］

ア感想の観点を黒板に示す

感想を書くことに不安な場合は、やり方が明確になり自信がもてるように、デモンストレーションをしたり、「はじめてしったよ！」等の観点のカードを黒板に示したりする。

イ観点に沿った振り返りができる発問にする

「絵が上手」等、説明の仕方ではないところをいいと言う場合などは、説明の仕方という観点に沿って感想を伝えられるように、「初めて知ったことがあったカードはありましたか」等、観点に沿って振り返りができるような発問にする。

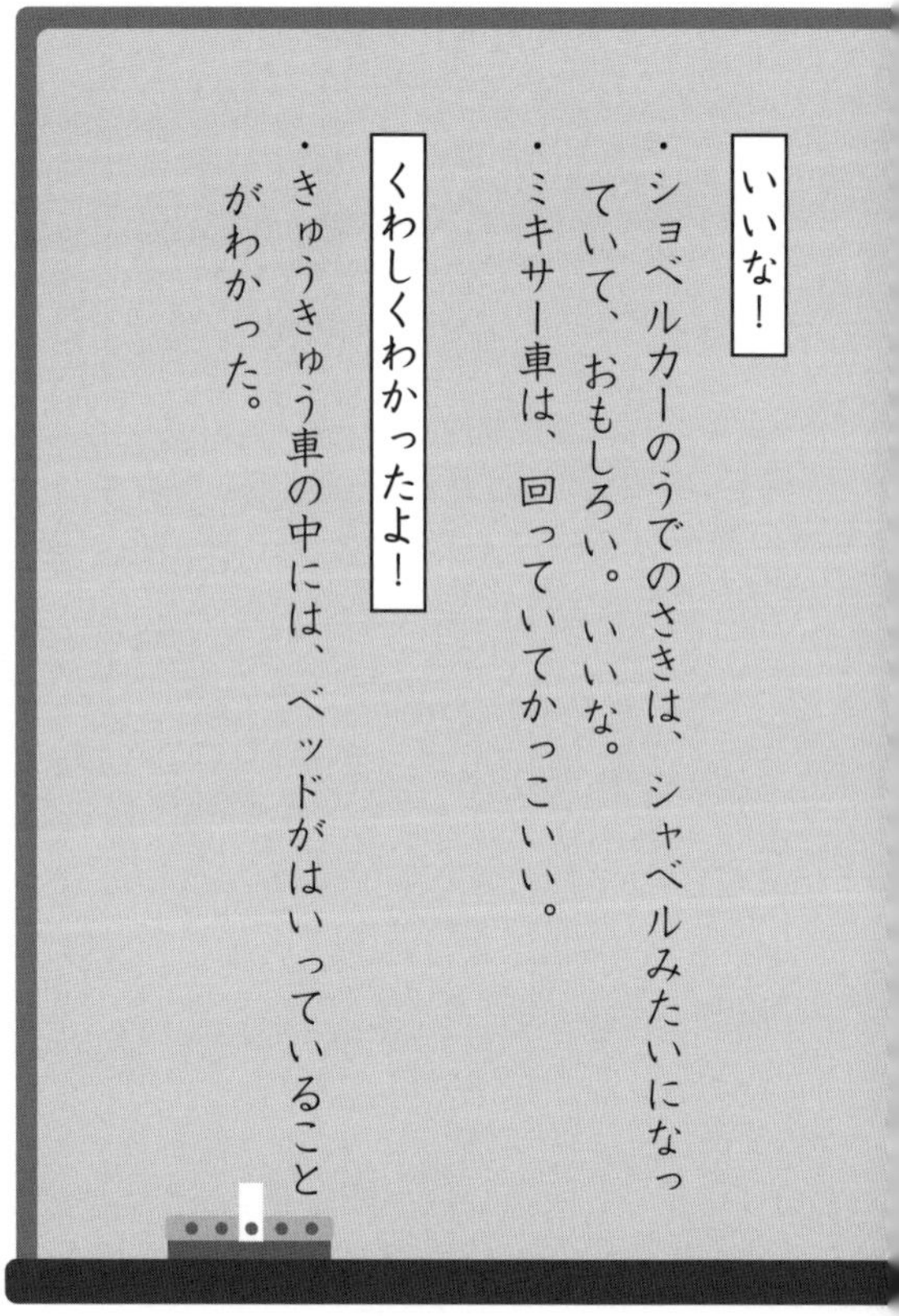

いいな！
・ショベルカーのうでのさきは、シャベルみたいになっていて、おもしろい。いいな。
・ミキサー車は、回っていてかっこいい。
くわしくわかったよ！
・きゅうきゅう車の中には、ベッドがはいっていることがわかった。

3 読書会インタビューをし、振り返る

「読書会よいとこ発見インタビュー」をしましょう

次は、どこの席に座ればいいかな？

交換して読み、感想を書く。

※学級の実態に合わせて、交流のやり方や時間を変えるとよい。

※「くらべっこカード」の自動車の種類が少ないときは、同時に並行読書をしてもよい。

ミキサー車にコンクリートが入っていることを初めて知りました

救急車のことが詳しく分かったよ

インタビューをし、読書会の感想を共有し合う。インタビューで出た感想を板書する。配慮イ

準備物　・読書会のやり方の掲示　5-39　・感想の観点カード３枚　5-40～42　・付箋５枚×学級の人数分

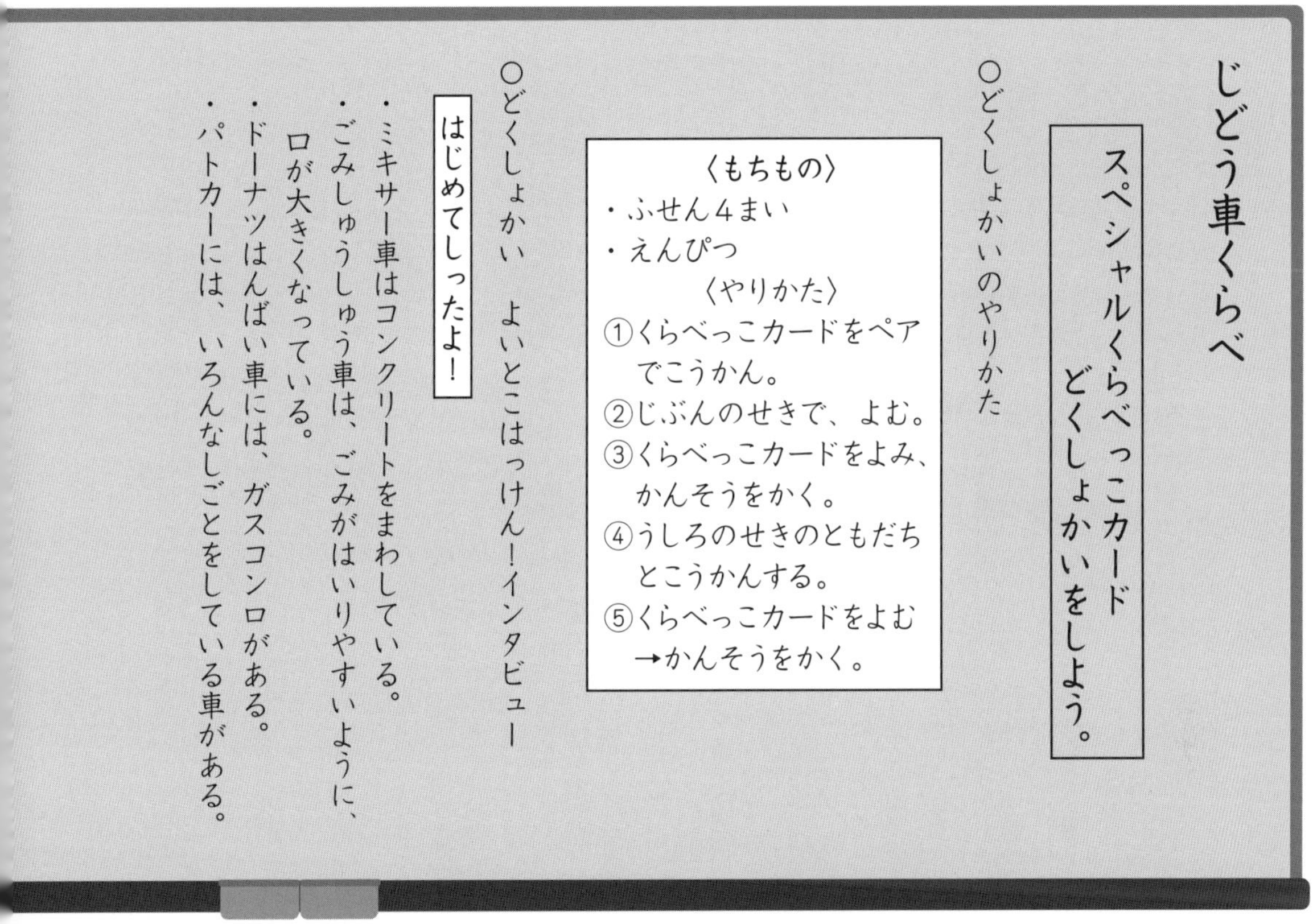
じどう車くらべ
スペシャルくらべっこカード
どくしょかいをしよう。
○どくしょかいのやりかた
〈もちもの〉
・ふせん４まい
・えんぴつ
〈やりかた〉
①くらべっこカードをペアでこうかん。
②じぶんのせきで、よむ。
③くらべっこカードをよみ、かんそうをかく。
④うしろのせきのともだちとこうかんする。
⑤くらべっこカードをよむ
→かんそうをかく。
○どくしょかい　よいとこはっけん！インタビュー
はじめてしったよ！
・ミキサー車はコンクリートをまわしている。
・ごみしゅうしゅう車は、ごみがはいりやすいように、ロが大きくなっている。
・ドーナツはんばい車には、ガスコンロがある。
・パトカーには、いろんなしごとをしている車がある。

1 読書会のやり方を知る

つくったカードを読み合う読書会をしましょう。やり方を説明します

友達のカードを読むのが楽しみだな

感想、うまく書けるかな？

読書会のやり方を説明する。前の席の児童とデモンストレーションをしながら説明し、付箋紙を配る。　配慮ア

※友達も一生懸命書いたカードなので、「お互い一生懸命書いたので真剣に読みます。自分のカードも友達のカードも大事にしましょう」と声をかける。

2 読書会をする

読書会を始めましょう

感想に何て書けばいいのかな？

ミキサー車の作り、回るなんて面白いね

ペアの友達と席のみ交換し、友達の「くらべっこカード」を読む。付箋に感想を書いて貼る。

空いてる席を探して、「くらべっこカード」を

「どうぶつの　赤ちゃん」の授業デザイン

（光村図書 1 年下）

教材の特性

この教材は、ライオンやしまうまの赤ちゃんの様子やその違いを説明したものである。動物園やテレビなどで、これらの動物を見たことのある児童は多いだろう。しかし、その赤ちゃんの様子まで詳しく知っている児童はほとんどいないだろう。大人のライオンとしまうまのイメージと赤ちゃんのときの様子の違いに驚く児童も多いと考えられる。

本教材は、「はじめ」に 2 文の問いがあり、「中」にそれに答える形でライオンとしまうまの赤ちゃんの様子が書かれている。それぞれの赤ちゃんの様子や育ち方が、説明の観点をそろえて書かれている。対比的な全体構造を捉え、それぞれの赤ちゃんの違いを読み取る中で、観点をそろえて説明することのよさにも気付かせていきたい。

はじめ	中					
1	2	3	4	5	6	7
問い 「どうぶつの赤ちゃんは、生まれたばかりのときは、どんなようすをしているのでしょうか」 「そして、どのようにして、大きくなっていくのでしょう」	事例 1 ライオン			事例 2 しまうま		
	赤ちゃんの様子	赤ちゃんの移動方法	どのように大きくなるか	赤ちゃんの様子	赤ちゃんの移動方法	どのように大きくなるか

身に付けさせたい力

・比べる観点を明確にして、文章を読み、情報を取り出している力
・文章の中の重要な語や文を選び出す力

授業づくりの工夫

焦点化	視覚化	共有化
○「説明の順序」「理由の文の効果」など、1 時間に扱う学習事項を一つにする。 ○「Which 型課題」によって児童の思考を絞り、段階的に考えを形成できるようにする。	○動作化で文章の内容を視覚化し、内容理解の補助とする。 ○センテンスカードを色分けしたり分類したりして、文章の構造を視覚的に捉えられるようにする。	○全体で考えを共有する前にペアによる話合い活動を取り入れ、児童の発言を促す。 ○重要な考えはペアで再現させるなど、繰り返し取り上げることで共有を図る。

単元目標・評価規準

目標 ライオンとしまうまの赤ちゃんの様子を観点をそろえて説明していることなどの説明の工夫について、叙述を基に捉えるとともに、自らの文章に生かすことができる。

知識・技能
○比べる観点を明確にして、文章を読み、情報を取り出している。 (2)ア

思考・判断・表現
○どうぶつの赤ちゃんの様子を比べている観点に当てはまる言葉や文に線を引きながら読んでいる。 Cウ

主体的に学習に取り組む態度
○学習の見通しをもち、文章の内容を比べながら粘り強く読んだり、本から得たことを友達に知らせたりしようとしている。

単元計画(全10時間)

次	時	学習活動	指導上の留意点
一		**「どうぶつの　赤ちゃん」を読もう。**	
	1	○文章を読んだ感想をもつ。	・ライオンとしまうまの赤ちゃんの写真のアップを提示し、動物クイズをすることで児童の注意を引き付ける。 ・二つの赤ちゃんのどちらに驚いたか話すことを通して、自分の感想をもつ。
	2	○文章の構造を捉える。	・「赤ちゃんの様子」と「大きくなる様子」の答えの順番が反対でもいいか話し合うことを通して、問いと答えの対応関係を捉え、文章の全体像を捉える。
二		**ライオンとしまうまの赤ちゃんをくらべながらよもう。**	
	1	○「赤ちゃんのようす」の説明の順番について考える。	・音読の動作化を通して、「赤ちゃんの様子」と「大きくなる様子」の内容理解が深まるようにする。 ・ライオンとしまうまの説明の順序を変えてもいいか話し合うことを通して、観点をそろえて話し合うことのよさを説明する。
	2	○「赤ちゃんが大きくなる様子」の観点について考える。	・センテンスカードがどんな仲間分けか話し合うことを通して、「赤ちゃんのようす」と同様、説明の観点がそろっていることを捉える。
	3	○理由を説明する文章の効果について考える。	・理由の文が必要か話し合うことを通して、筆者の説明の工夫に気付き、その効果を考え表現する。
	4	○カンガルーの赤ちゃんの様子を表にする。	・表の間違いがどこかを話し合うことを通して、カンガルーの赤ちゃんの様子を捉える。
三		**じぶんの「どうぶつの赤ちゃん」をかこう。**	
	1〜4	○自分の「どうぶつの赤ちゃん」を書く。	・自分で選んだ動物の赤ちゃんの絵本を読み、必要な内容をメモする。 ・メモをしたことを基に、自分の「どうぶつの赤ちゃん」を書く。

教材分析

エ 事例の順序

第二段落から第四段落は、ライオンの赤ちゃんについて、第五段落から第七段落はしまうまの赤ちゃんについて書かれている。「けれども、赤ちゃんは、よわよわしくて……」や、「もうやぎぐらいの大きさがあります」など、二つの動物を比べ、その違いを強調して書かれている。強いライオンの赤ちゃんが弱いというギャップで読者の興味を引いていることがうかがえる。

オ 説明の観点

二つの赤ちゃんが生まれたばかりのときの様子が、

「大きさ」
「目・耳の様子」
「母親に似ているかどうか」
「歩けるかどうか」
「おちちを飲む期間」
「えさをどのようにとるようになるか」

と観点をそろえて説明されている。

カ 観点に入らない文

赤ちゃんの様子を解説する文章があり、それが読み手を引き付ける効果がある。

中 1

おちちだけ のんで いますが、
やがて、おかあさんの とった えものを
たべはじめます。
一年ぐらい たつと、おかあさんや なかまが する
のを
見て、えものの とりかたを おぼえます。
そして、じぶんで つかまえて
たべるように なります。

5 しまうまの 赤ちゃんは、生まれた とき
に、
もう やぎぐらいの 大きさが あります。
目は あいて いて、耳も ぴんと 立って いま
す。
しまの もようも ついて いて、
おかあさんに そっくりです。

中 2

6 しまうまの 赤ちゃんは、
生まれて 三十ぷんも たたない うちに、
じぶんで 立ち上がります。
そして、つぎの 日には、はしるように なります。
だから、つよい どうぶつに おそわれても、
おかあさんや なかまと いっしょに
にげる ことが できるのです。

7 しまうまの 赤ちゃんが、おかあさんの おちちだ
け
のんで いるのは、
たった 七日ぐらいの あいだです。
その あとは、おちちも のみますが、
じぶんで 草も たべるように なります。

同じ順番で説明されていることを、センテンスカードを置くことで視覚的に捉えられるようにする。また、観点をそろえて説明することの効果についても考えられるようにする。（オ）

■第二次・第3時
「観点に入らない文の効果」
（しかけ「仮定する」）

観点に入らない文章があることを確認する。実際にない場合の文章でも、赤ちゃんの様子が分かることを確認する。筆者が観点に入らない文を書いた意図を考える。（カ）

◆教材分析のポイント　その①　【観点】

本単元の中心的な指導内容の一つが「観点」である。本文では、ライオンとしまうまという二つの赤ちゃんの事例を扱っているが、その説明の順序は同じである。だからこそ、それぞれの赤ちゃんの違いがはっきりする。観点の順番と観点をそろえて説明することの効果を教師がつかんでいることが大切である。

◆教材分析のポイント　その②　【事例の順序】

本教材では、ライオンとしまうまという二つの赤ちゃんの事例が取り上げられている。弱々しいライオンの赤ちゃんに対して、早くから大人と同じような生活ができるしまうまの赤ちゃんの様子は、好対照である。この二つの事例を取り上げていることや、弱々しいライオンの赤ちゃんから事例を取り扱っていることからも筆者の説明の工夫がある。教材研究段階ではこのことも把握しておきたい。

指導内容

ア　題名

「どうぶつの　赤ちゃん」という形で、本文で扱う題材を端的に示している。

イ　三段構成

本教材は、「はじめ」に問いがあり、「中」でライオンとしまうまの事例を示して答えている。「おわり」に、まとめの文は書かれていない。

ウ　問いと答え

第一段落では、「生れたばかりのときは、どんなようすか」と「どのようにして大きくなっていくのか」という二つの問いの文が書かれている。これに答える形で、ライオンとしまうまの赤ちゃんの事例が書かれている。

■ はじめ ■

どうぶつの　赤ちゃん

ますい　みつこ　文

1 どうぶつの　赤ちゃんは、
生まれたばかりの　ときは、どんな　ようすを
して　いるのでしょう。
そして、どのように　して、大きく　なって
いくのでしょう。

2 ライオンの　赤ちゃんは、生まれた　とき
は、
子ねこぐらいの　大きさです。
目や耳は、とじた　ままです。
ライオンは、どうぶつの　王さまと　いわれます。
けれども、赤ちゃんは、よわよわしくて、
おかあさんに　あまり　にていません。

3 ライオンの　赤ちゃんは、じぶんでは
あるく　ことが　できません。
よそへ　いく　ときは、おかあさんに、
口に　くわえて　はこんで　もらうのです。

4 ライオンの　赤ちゃんは、生まれて　二か月ぐらい
は、

指導のポイント

■第一次・第1時

「びっくりしたのはどっち?」
（Which型課題）

ライオンとしまうまでびっくりしたのはどちらかを問い、本文に対する児童の考えをもちやすくする。（イ）

■第一次・第2時

「問いと答えの対応を捉える」
（しかけ「仮定する」）

文章構造を捉える段階で、答えの順番を変えていいかを問うことで、問いと答えの順序が同じであることを捉えさせる。（ウ）

■第二次・第1～2時

「センテンスカードを配置し、同じ順番で説明されていることを捉える」
（しかけ「配置する」）

それぞれの動物の赤ちゃんが

教材分析

指導内容

もっと よもう

1 カンガルーの 赤ちゃんは、生まれた ときは、たいへん小さくて、一円玉ぐらいの おもさです。目も 耳も、どこに あるのか、まだ よく わかりません。はっきり わかるのは、口と まえあしだけです。

2 それでも、この 赤ちゃんは、小さな まえあしで、おかあさんの おなかに はい上がって いきます。そして、じぶんの ちからで、おなかの ふくろに 入ります。カンガルーの 赤ちゃんは、小さくても、あかあさんの おなかの ふくろに まもられて あんぜんなのです。

3 カンガルーの 赤ちゃんは、ふくろの 中で、おかあさんの おちちを のんで 大きく なります。そうして、六か月ほど たつと、ふくろの そとに 出て、じぶんで 草も たべるように なります。

指導のポイント

■第二次・第4時

「表の間違いはどれ？」

（しかけ「置き換える」）

これまでの読み取りの学習を活用して、カンガルーの赤ちゃんの様子について重要な言葉を見付け、正しい表を完成させる。（オ）

本時の展開　第一次　第1時

目標　どちらの赤ちゃんにびっくりしたかを話し合うことを通して、動物の赤ちゃんの様子に気付き、感想を表現する。

本時展開のポイント

冒頭のクイズや題名読みで児童の意欲を引き出す。本文を読む中での驚きや疑問点を引き出し、交流を促していきたい。

個への配慮

ア友達の意見を選択肢にする

書かれていることを予想するのが難しい場合には、自分の予想をもつことができるように、これまでの児童の発言の中から自分の考えに近いものを選ばせるようにする。

イスモールステップで考えをまとめる

自分の考えの表現に困っている児童がいる場合には、自分の考えをもてるように、どちらの動物にびっくりしたか、その赤ちゃんのどこにびっくりしたのかなど、教師が順番に聞き取り、スモールステップで自分の考えをまとめられるようにする。

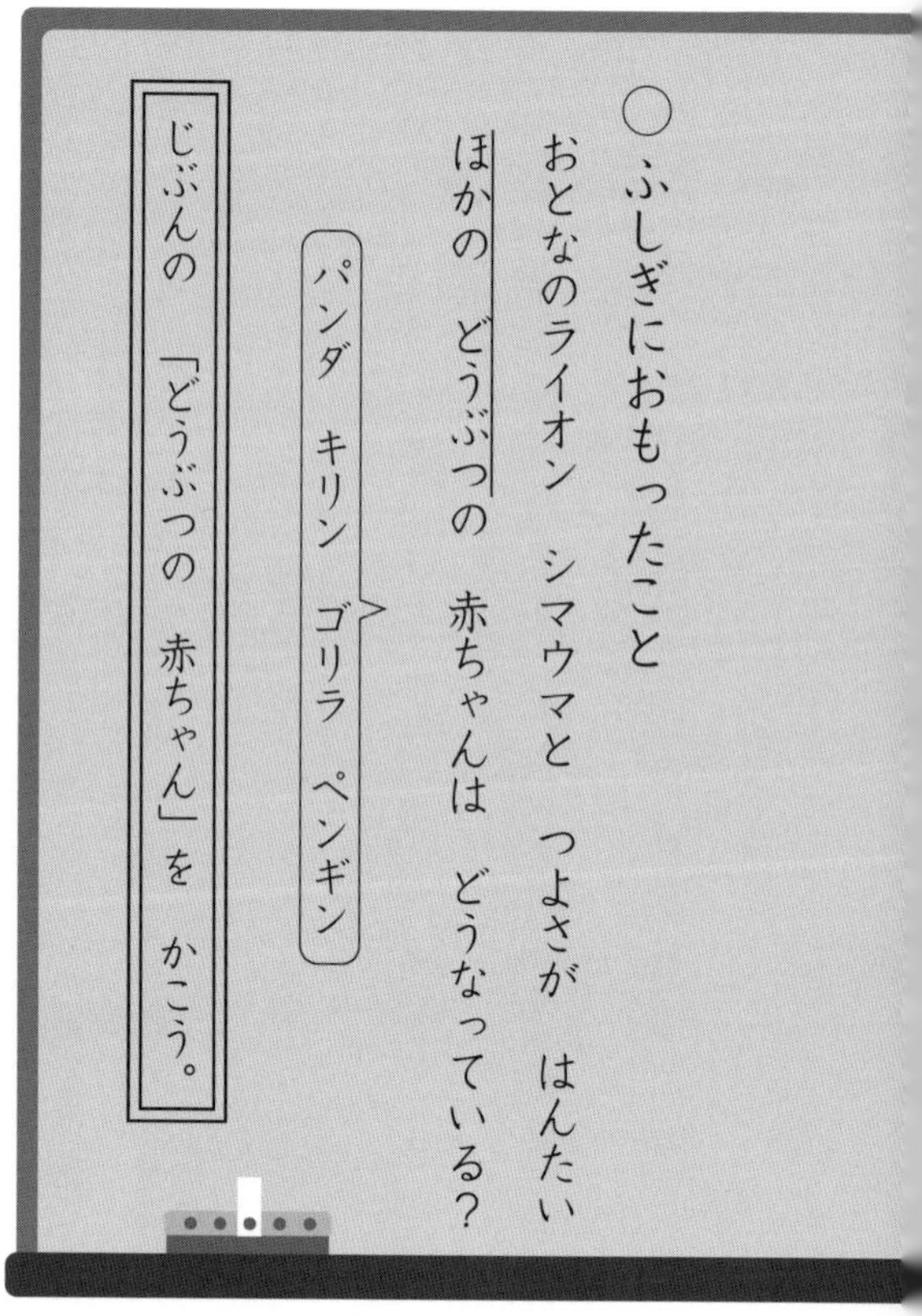
○ふしぎに　おもったこと
おとなのライオン　シマウマと　つよさが　はんたい
ほかの　どうぶつの　赤ちゃんは　どうなっている？
パンダ　キリン　ゴリラ　ペンギン
じぶんの　「どうぶつの　赤ちゃん」を　かこう。

3 感想をノートに書き、交流する

びっくりしたのはどっちの赤ちゃんですか？

しまうまの赤ちゃんがすぐに立つのを知ってびっくりした
どう書いたらいいんだろう？

Which型課題

ペアで感想を交流する。その後に、ノートに感想を書かせ、全体で意見を交流する。ライオンとしまうまの赤ちゃんのことで分けて板書する。疑問があればそれも取り上げる。　配慮イ

4 学習の見通しをもつ

ほかの動物の赤ちゃんはどうなっているのでしょう？

パンダの赤ちゃんは、生まれたときから白黒なのかな？
キリンの赤ちゃんは、生まれたときから首が長いのかな？

動物の赤ちゃんの本を紹介する。それぞれの赤ちゃんの様子をその場で自由につぶやかせる。教科書の書き方をまねして、自分の「どうぶつの　赤ちゃん」を書くことを伝え、学習の見通しをもたせる。

準備物　・動物の絵　・挿絵の赤ちゃんをアップにしたもの　・ライオンの赤ちゃんの挿絵　・シマウマの赤ちゃんの挿絵

どうぶつの　赤ちゃん

ますい　みつこ

赤ちゃんの大きさ
なにをたべるか

ビックリしたのは　どっち？

ライオン

（教科書P.93の挿絵）

子ねこぐらい↓小さい
じぶんでは
あるけない
口にくわえて
はこんでもらう
よわい

しまうま

（教科書P.95の挿絵）

やぎぐらい　↓大きい
生まれて
三十ぷん　↓立つ
つぎの日　↓はしる
なかまといっしょに
にげる

1 動物クイズをする

何の動物の赤ちゃんでしょうか？

ライオンの赤ちゃんはネコみたいでかわいい
しまうまは、あまり変わらないね

しかけ（隠す）

ライオンとしまうまの赤ちゃんの挿絵をアップで提示し、児童の注意を引き付ける。題名と筆者名を板書し、これから読む説明文に二つの動物の赤ちゃんが出てくることを伝える。

2 題名から内容を想像する

二つの赤ちゃんについて何が書かれていると思いますか？

大人のライオンやしまうまは見たことがあるけれど、赤ちゃんのことはよく知らない

二つの赤ちゃんのどんなことについて書かれているか予想させてから教材文を読み聞かせる。「どの赤ちゃんも同じ大きさでしょう？」などと問い返し、児童の読む意欲を高める。　配慮ア

本時の展開　第一次　第2時

目標 答えの順番を変えてもよいか話し合うことを通して、時系列で書かれていることや問いと答えの対応関係に気付き、その理由を表現する。

本時展開のポイント

単元の前半である。動作化で内容理解を図りたい。また、その内容理解を基に、説明の順番を変えてもいいのかを問い、文章の構成を捉えさせたい。

個への配慮

ア思考する内容を整理する

カードを選べない児童がいる場合には、思考を整理するために、ライオンのカード、しまうまのカードと黒板上で分類した後、3枚のカードがどの順番になるかを考えられるようにする。あるいは、手元にカードを用意し、教師がヒントとなる文章を読んで、どのカードが適切か選べるようにするという方法も考えられる。

イ友達と一緒に動作化させる

文章から動物の様子が読み取れない児童がいる場合には、内容を理解するために、その児童と同じ役割の友達のまねをして内容を理解できるようにする。

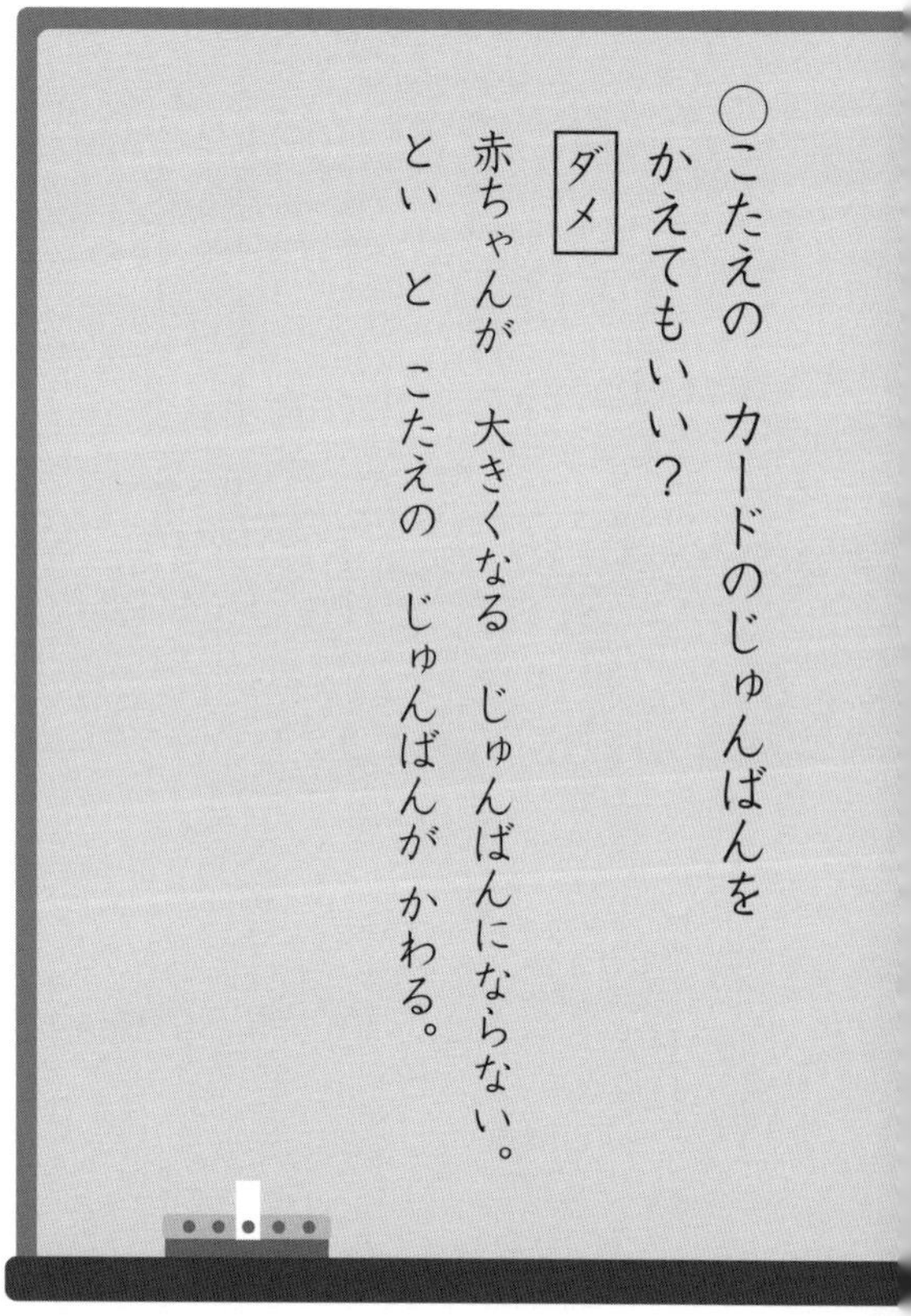

○こたえの　カードのじゅんばんを
かえてもいい？
ダメ
赤ちゃんが　大きくなる　じゅんばんにならない。
とい　と　こたえの　じゅんばんが　かわる。

3 問いと答えのつながりに気付く

答えの順番を変えてもいいですか？

しかけ（仮定する）

「答えの順番を変えてもいいよね？」と伝え、白のカードと灰色のカードを入れ替え、視覚的にゆさぶる。

答えの順番を変えられない理由をペア、全体の順番で話す。

赤ちゃんが大きくなる順番に説明してるんだよ
カードの色の順番がそろわなくなってしまう……

4 学習をまとめる

今日の学習で分かったことは何ですか？

「こたえのじゅんばんは、かえてはいけない。なぜなら、」に続く言葉をペアで発表した後に、全体で発表をする。

なぜなら、問いの順番と同じで、赤ちゃんの様子、大きくなっていく様子という順番で説明されているから

準備物 ・センテンスカード８枚 6-01～08 ・挿絵４枚

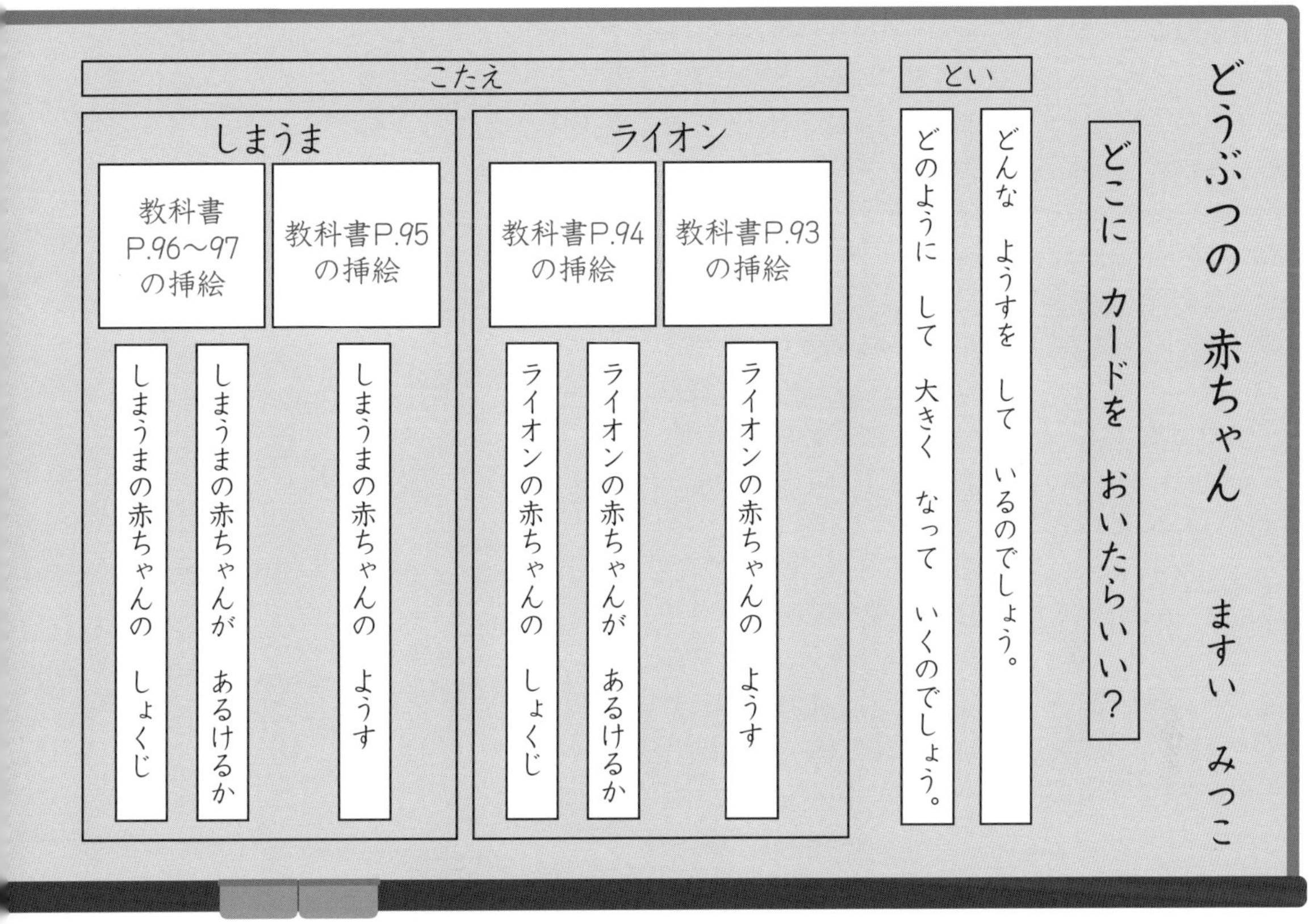
どうぶつの 赤ちゃん
ますい みつこ
どこに カードを おいたらいい？
とい
どんな ようすを して いるのでしょう。
どのように して 大きく なって いくのでしょう。
こたえ
ライオン
教科書P.93の挿絵
教科書P.94の挿絵
ライオンの赤ちゃんの ようす
ライオンの赤ちゃんが あるけるか
ライオンの赤ちゃんの しょくじ
しまうま
教科書P.95の挿絵
教科書P.96～97の挿絵
しまうまの赤ちゃんの ようす
しまうまの赤ちゃんが あるけるか
しまうまの赤ちゃんの しょくじ

1 文章の構成を確認する

どの絵にどのカードが貼ればいいでしょうか？

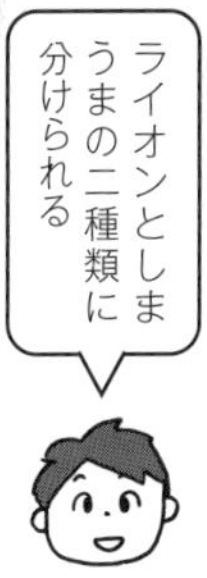
ライオンとしまうまの二種類に分けられる

どのカードを置いたらいいかんだろう？

しかけ（配置する）

問いの文とライオンとしまうまの赤ちゃんの挿絵を黒板に貼る。

その後に見出しのカードを落とし、順番が分からなくなったことを伝え、課題を設定する。 配慮ア

2 ライオンとしまうまの様子を読み取る

赤ちゃんになりきり読みをしましょう

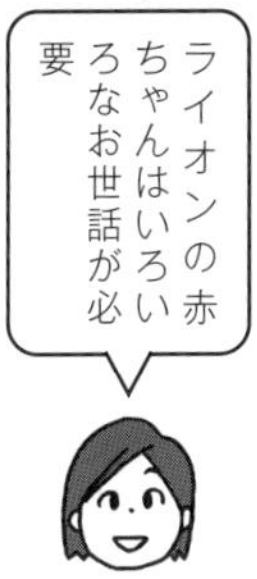
ライオンの赤ちゃんはいろいろなお世話が必要

どう動いたらいいか分からないよ

教師が二～四段落を音読し、児童が動作化する。お母さん役も必要なことを確認し、五～七段落は三人で役割を決めて音読する。

生まれた様子、大きくなる様子の順番になっていることを確認する。 配慮イ

✓ 本時の展開 第二次 第1時

目標 カードの置き方について話し合うことを通して、説明の観点がそろっていることに気付き、表現することができる。

本時展開のポイント

センテンスカードと観点を黒板に貼ることで、同じ観点で説明されていることを児童に発見させ、その説明のよさに気付かせたい。

個への配慮

ア重要な言葉に色を着ける

教科書の読み取りを苦手にしている児童がいる場合には、読み取ることができるように、「大きさ」「目や耳」などの重要な言葉に色を着けたリライト文を配り、それぞれの赤ちゃんの様子に線を引くことができるようにする。

イスモールステップで考えを整理する

どちらのカードが入るのか迷う児童がいる場合には、自分の考えをまとめることができるように、センテンスカードに書かれた「大きさ」という言葉や「目」「耳」という言葉が共通していることに気付かせる。そして、「同じ言葉が書かれているカードは？」と問いかけ、スモールステップで思考を整理する。

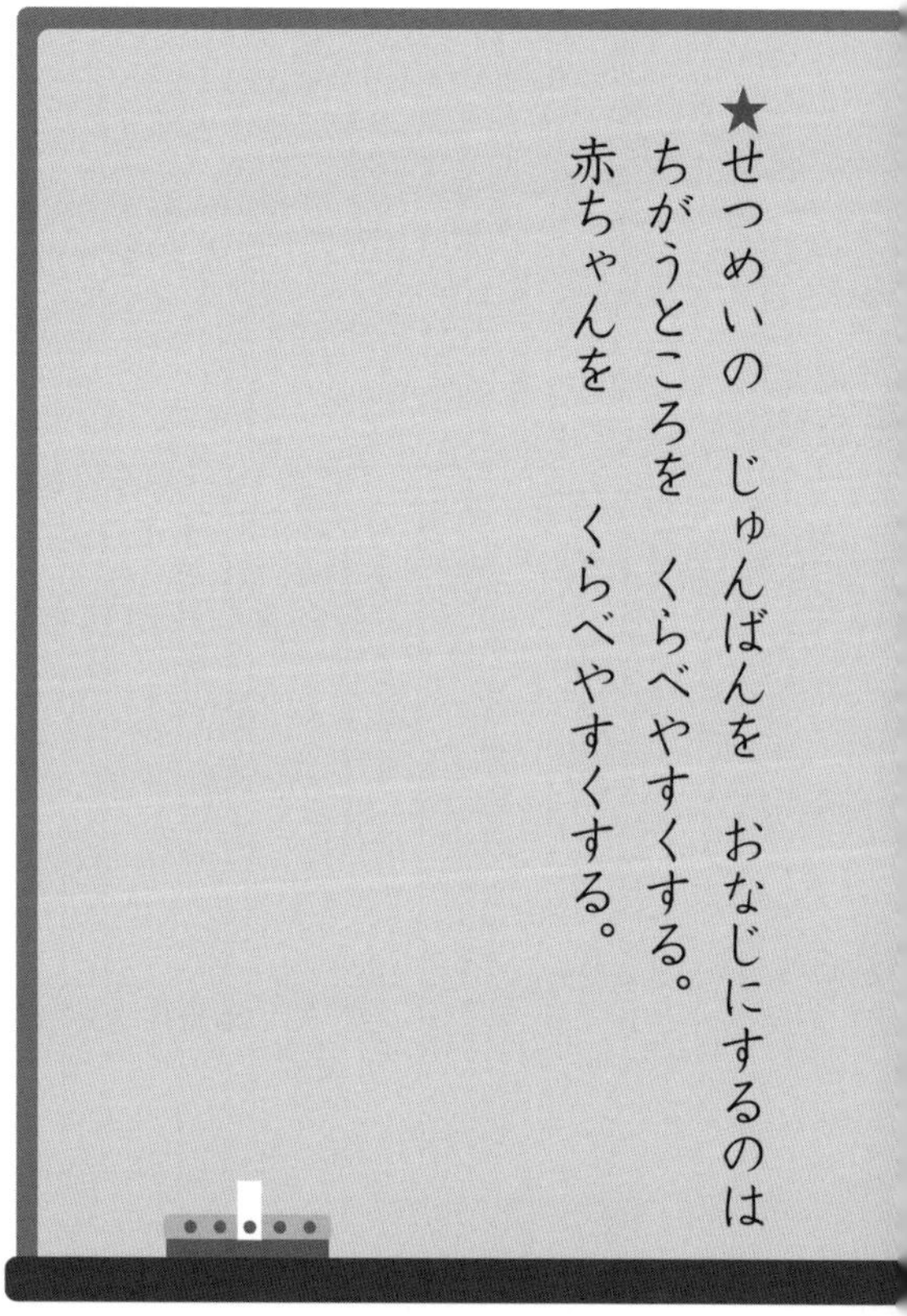
★せつめいの　じゅんばんを　おなじにするのは
ちがうところを　くらべやすくする。
赤ちゃんを　くらべやすくする。

3 カードの種類の名前を付ける

それぞれの部屋にどのカードが入りますか？

どちらにも「大きさ」という言葉が入っている

「目」と「耳」という言葉も書いているよ

しかけ（選択肢をつくる）

「おかあさんにているか」のカードを表の中に貼る。「大きさ」と「目と耳」のカードにどちらが入るのかを考えさせる。本文を基に、カードの置き方が正しい理由を説明させる。

配慮イ

4 観点をそろえて説明するよさを表現する

しまうまのことが分かれば、順番が違ってもいいよね？

同じ順序で説明したほうが分かりやすい

もし変えるなら、ライオンのカードも目と耳から書かないとダメ

しかけ（仮定する）

しまうまのセンテンスカードの「大きさ」と「目と耳」の順番を変え、視覚的にゆさぶる。児童と音読し、それでも違和感がないことを実感させる。その後、この順序で書いた理由を表現させる。

準備物　・センテンスカード６枚　6-09～14　・見出し３枚　6-15～17

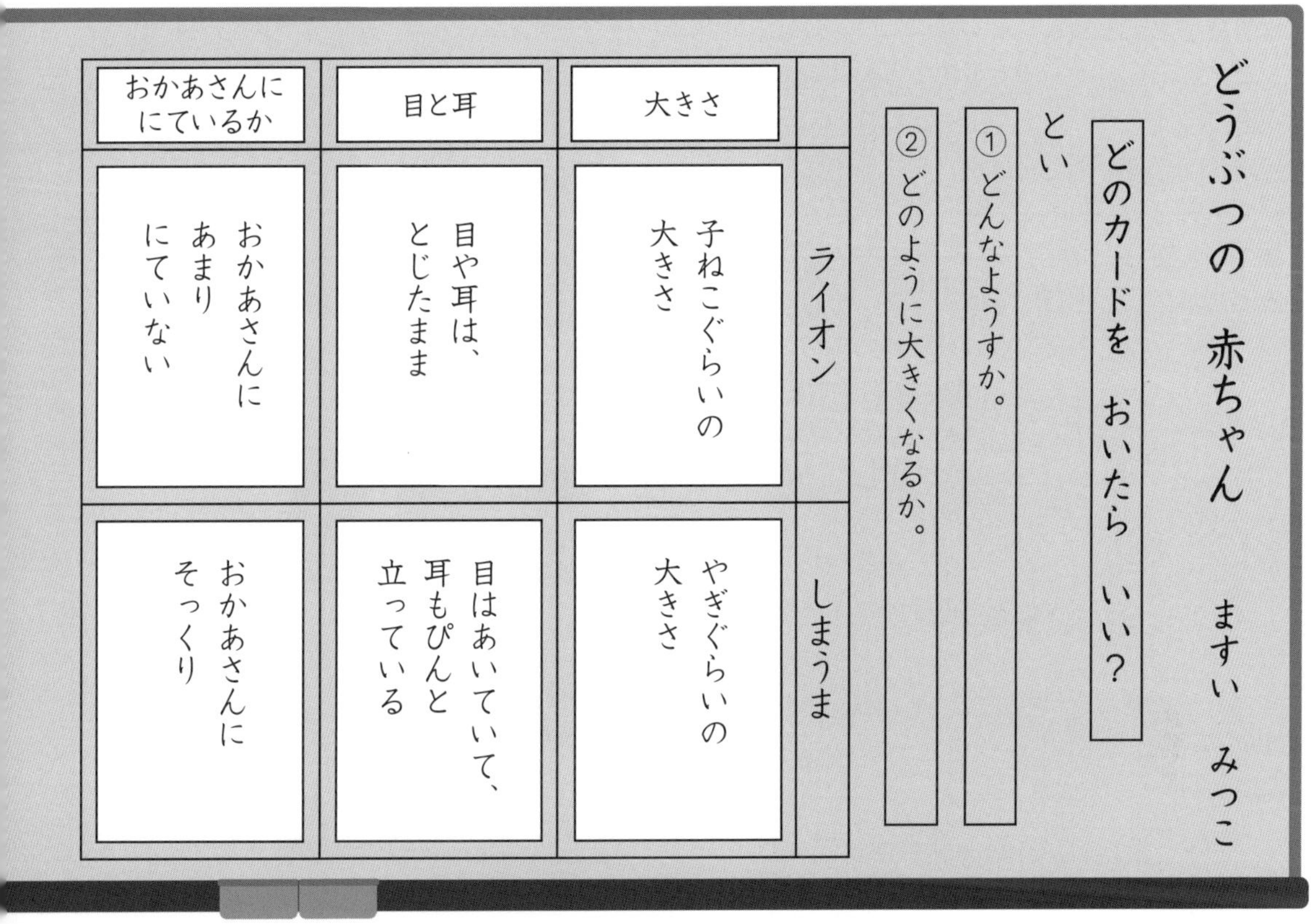

どうぶつの　赤ちゃん
ますい　みつこ
どのカードを　おいたら　いい？
とい
①どんなようすか。
②どのように大きくなるか。
大きさ
目と耳
おかあさんににているか
ライオン
子ねこぐらいの大きさ
目や耳は、とじたまま
おかあさんにあまりにていない
しまうま
やぎぐらいの大きさ
目はあいていて、耳もぴんと立っている
おかあさんにそっくり

1 第二段落と第五段落の動物博士読みをする

博士になりきって、教えるように音読しましょう

ライオンの赤ちゃんは、生まれたときは、子ねこぐらいの大きさなんですよ
そうなんだ

考える音読

問いの文を確認する。

博士役の児童は、聞き手の児童に教えるように本文を読む。聞き手の児童はつぶやきながら音読を聞く。読み終わったら、博士役と聞き役は交代する。

2 それぞれの赤ちゃんの様子を発表する

それぞれの赤ちゃんはどんな様子ですか?

ライオンは子ねこぐらいの大きさで、しまうまは、やぎぐらいの大きさ

本文を読み、赤ちゃんの様子が分かるところに線を引く。児童の発言に合わせてセンテンスカードを置く。黒板は、上をライオン、下をしまうまとし、観点ごとに整理しておく。

配慮ア

✓ 本時の展開 第二次 第2時

目標 カードにどんな言葉が入るか話し合うことを通して、大きくなる様子も説明の観点がそろっていることに気付き、表現することができる。

[本時展開のポイント]

前時に続いて説明の観点を扱う。繰り返し同じ学習事項を扱うことで、観点をそろえて説明していることを定着させ、そのよさを児童に実感させていく。

[個への配慮]

ア重要な言葉に色を着ける

赤ちゃんの様子が読み取れない場合には、着目する言葉を見付けられるように、個別にリライト文を渡し、「おちちだけ」「たべるようになる」などの重要な言葉に色を着け、それぞれの赤ちゃんの様子が分かるようにする。

イ見出しのカードから選べるようにする

言葉が思い付かない場合には、自分の考えをもてるように、手元に「しょくじ」と「うごきかた」のカードを持たせ、その中から選び、その理由を話せるようにする。

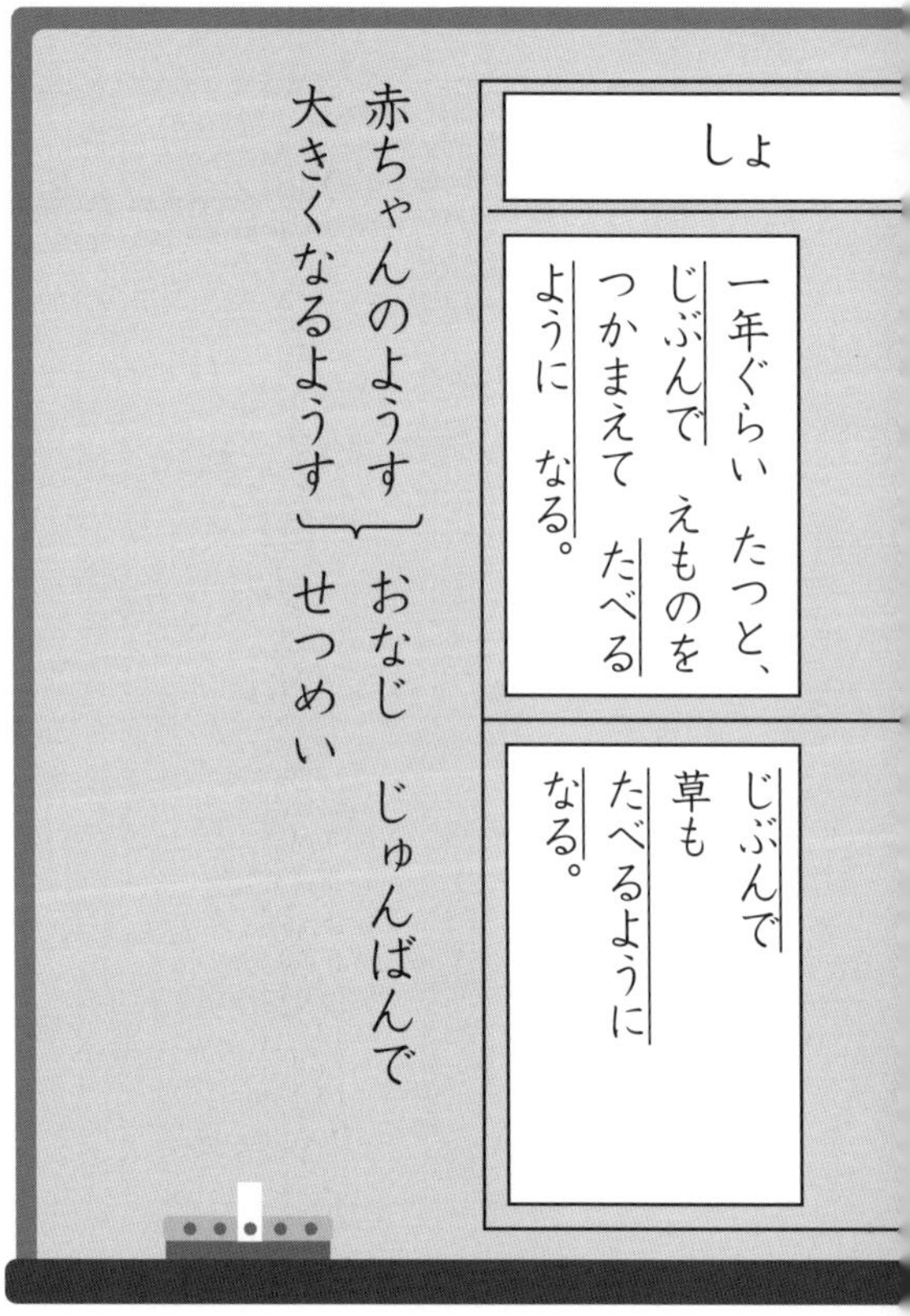

しょ
一年ぐらい たつと、じぶんで えものを つかまえて たべる ように なる。
じぶんで 草も たべるように なる。
赤ちゃんのようす
大きくなるようす
おなじ じゅんばんで せつめい

3 部屋の名前を考える

それぞれカードに何て書けばいいですか?

ライオンは運んでもらい、しまうまは走っているから、動き方かな?
どんな言葉が入るのかな?

観点のカードを印刷するのを忘れてきたと伝える。それぞれのカードにどんな言葉を書けばいいか、ペアで話し合う。その後に、全体で発表させる。線を引いた言葉や動作化で、観点の確認をする。 配慮イ

4 観点をそろえて説明されているよさを表現する

前の時間の表と比べて、気付いたことはありますか?

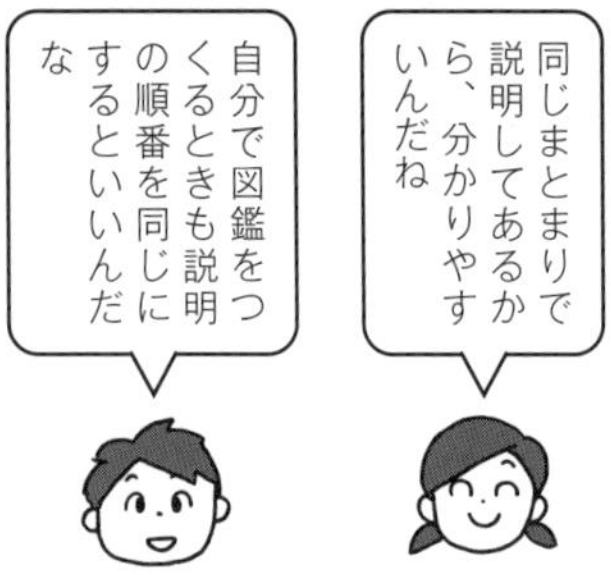

同じまとまりで説明してあるから、分かりやすいんだね
自分で図鑑をつくるときも説明の順番を同じにするといいんだな

模造紙で前時の赤ちゃんの様子の観点を提示し、説明が同じ順番だったことを確認する。その上で、本時の表と比べて気付いたことを話し合う。大きくなる様子も同じ観点で説明をされていることを確認する。

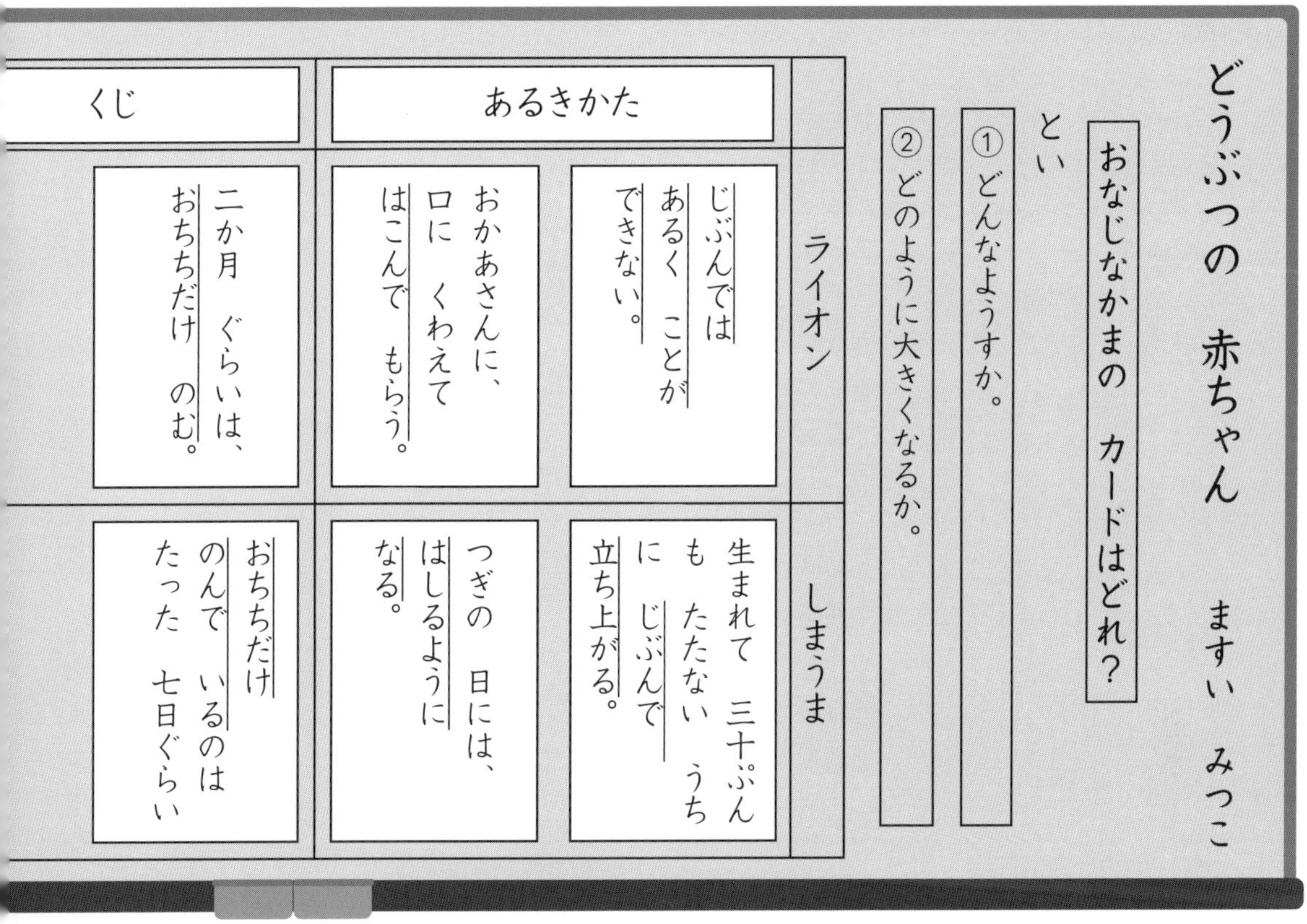
どうぶつの　赤ちゃん
ますい　みつこ
おなじなかまの　カードはどれ？
とい
① どんなようすか。
② どのように大きくなるか。
ライオン
しまうま
あるきかた
くじ
じぶんでは　あるく　ことが　できない。
おかあさんに、口に　くわえて　はこんで　もらう。
二か月　ぐらいは、おちちだけ　のむ。
生まれて　三十ぷん　も　たたない　うち　に　じぶんで　立ち上がる。
つぎの　日には、はしるように　なる。
おちちだけ　のんで　いるのは　たった　七日ぐらい

1 第三・四段落と第六・七段落の動物博士読みをする

博士になりきって、教えるように音読しましょう

ライオンの赤ちゃんは、生まれて二か月ぐらいはおちちだけ飲んでいます……
ええ、そうなんですか

考える音読

問いの文を確認する。ライオン博士としまうま博士に分かれ、ペアで相手に教えるように本文を音読する。聞き手の博士はつぶやきながら本文を聞く。

2 観点のそろっているカードを選ぶ

同じ仲間のカードはどれですか？

自分で立てるかどうかが書かれている
どこにカードを置いたらいいか分からない

しかけ（分類する）

ライオンのセンテンスカードを貼る。バラバラにしまうまのカードを貼る。どのカードが同じか、ペア、全体の順番で話す。理由も言わせ、根拠となる言葉に線を引く。

配慮ア

目標 観点に入らない文章は必要か話し合うことを通して、筆者の解説の文の効果に気付き、表現することができる。

[本時展開のポイント]

2文がある場合とない場合を音読して、違いを体感させる。この2文が、筆者の説明の工夫であることを児童に捉えさせ、その効果を話せるようにしたい。

[個への配慮]

㋐リライト文で確認する

読むのが苦手な場合は、どの文がないのか確認しやすくするために、段落の文を1文ずつに分けたリライトのプリントを渡す。その中から、1文ずつ確認できるようにする。

㋑選択肢をつくる

文章の効果について考えがもてない場合は、自分の考えをもつためのヒントとして、他の児童の意見を板書したものの中から自分の考えに近いものを選ばせ、自分の考えをもてるようにする。また、6段落の考えをもつ場面では、2段落での自分の意見を基に、自分の考えを表現することも考えられる。

六だ

だから　つよい　どうぶつに
おそわれても、
おかあさんや　なかまと
いっしょに
にげる　ことが　できるの
です。

りゅうが　わかる

すぐ　たてる
はしる　ように
なる

「なるほど」と、
おもえる。

く

★なかまはずれの　ぶんが　あるのは……
赤ちゃんのことが　よくわかるようにする。
よんでいる人を　よみたくなるようにする。

3 第六段落の文章の効果を考える

第六段落のこの文は、いらないんじゃない？

すぐ立ったり、走ったりできる理由があって面白い
「なるほど」と思いながら読めるから、面白い

しかけ（仮定する）

教科書の第六段落を教師と全体で音読する。読み比べた感想をペアで話し合う。その後、全体で発表する。

「だから」に着目させ、理由を表している文であることに触れる。配慮㋑

4 二つの文があることのよさを表現する

仲間外れの文があるのはなぜですか？

赤ちゃんのことがよく分かるようにするため
読んでいる人が「なるほど」と思えるようにするため

「なかまはずれのぶんがあるのは」というリード文を書き、それに続く文をペアで発表した後に、全体で発表をさせる。「ビックリ文」「なるほど文」など、この二文に名前を付けさせる活動も考えられる。

準備物　・センテンスカード４枚　6-28～31

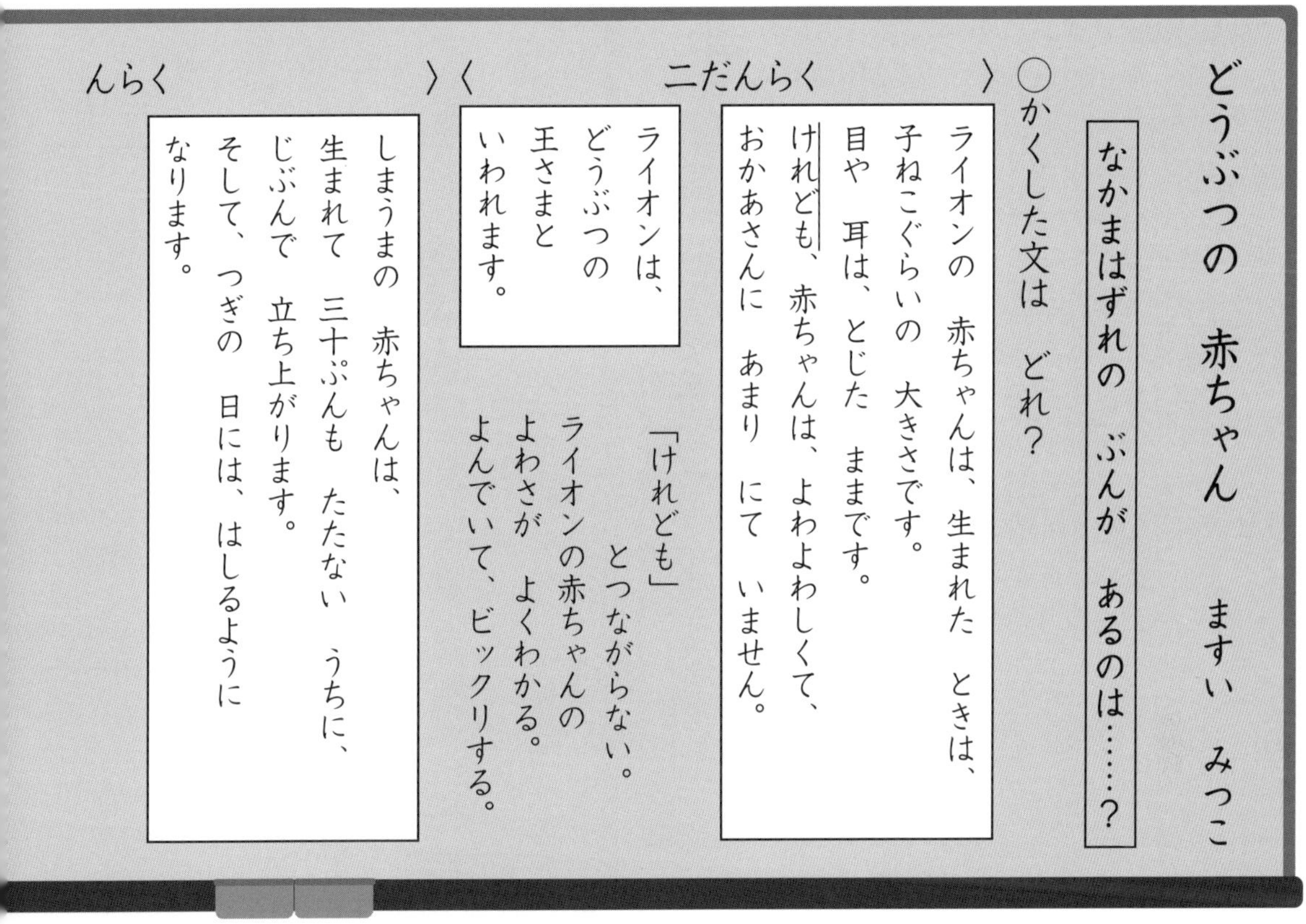
どうぶつの　赤ちゃん
ますい　みつこ
なかまはずれの　ぶんが　あるのは……？
○かくした文は　どれ？
〈　二だんらく　〉
ライオンの　赤ちゃんは、生まれた　ときは、子ねこぐらいの　大きさです。目や　耳は、とじた　ままです。けれども、赤ちゃんは、よわよわしくて、おかあさんに　あまり　にて　いません。
ライオンは、どうぶつの　王さまと　いわれます。
「けれども」　とつながらない。
ライオンの赤ちゃんの　よわさが　よくわかる。
よんでいて、ビックリする。
〈　んらく
しまうまの　赤ちゃんは、生まれて　三十ぷんも　たたない　うちに、じぶんで　立ち上がります。そして、つぎの　日には、はしるように　なります。

1 「どうぶつの　赤ちゃん」クイズをする

教科書のある文を隠しています。分かりますか？

動物の王様というところがなくなっている
どこがなくなったんだろう？

しかけ（隠す）

一文を抜いた第二段落と第六段落を掲示する。教科書でどの文が抜けているか、確認する。その文がなくても赤ちゃんの様子が伝わるが、観点に合わないことを確認する。

配慮ア

2 第二段落の文章の効果を考える

第二段落のこの文は、いらないんじゃない？

「けれども」って書いてある意味が分からなくなる
強いライオンなのに、赤ちゃんが弱いのが面白い

しかけ（仮定する）

本時の課題を板書する。教科書の第二段落を教師と全体で音読する。読み比べた感想をペアで話し合う。その後、全体で発表する。

配慮イ

本時の展開　第二次　第4時

目標　目標　カンガルーの赤ちゃんと、ライオン、しまうまの赤ちゃんとの違いを話し合うことを通して、カンガルーの赤ちゃんの特徴に気付き、表現する。

[本時展開のポイント]

これまで学習してきた観点ごとの読み取りを使って、自分でカンガルーの赤ちゃんの様子を読み取ることができるようにしたい。

[個への配慮]

㋐リライト文をつくる

文章による読み取りが苦手な児童には、様子を読み取ることができるように、本文のキーワードを太字にしたリライト文を用意し、観点に沿って内容を読み取ることができるようにする。

㋑動作化して違いを実感させる

一番の違いを見付けられない児童がいる場合には、これまでの赤ちゃんの様子を動作化させる。その結果どこが一番違うと思ったのか、考えをまとめられるようにする。また、それぞれの赤ちゃんの様子を模造紙などに整理したものを掲示し、その記述を基に違いを考えさせる方法も考えられる。

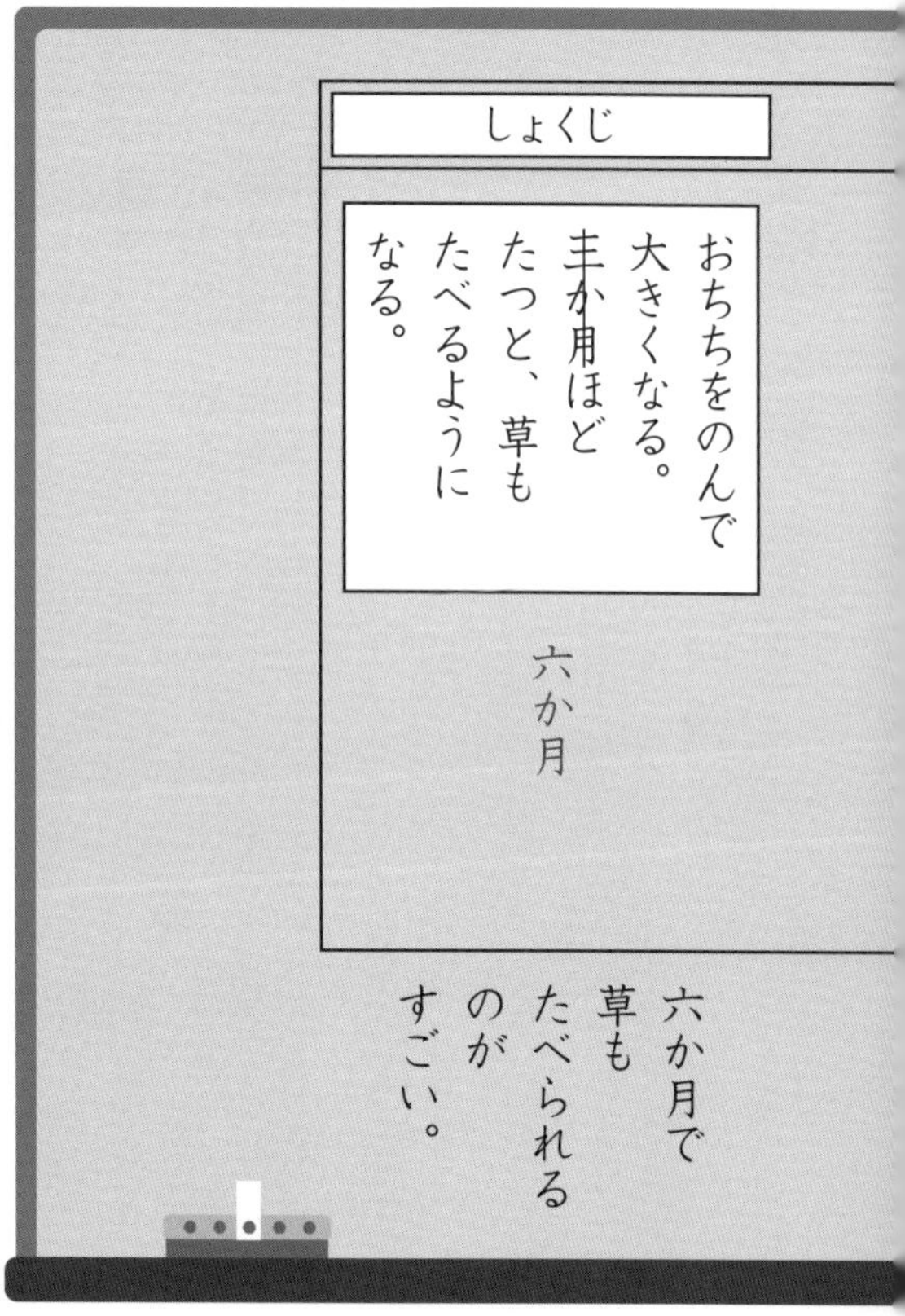
しょくじ
おちちをのんで大きくなる。三か月ほどたつと、草もたべるようになる。
六か月
六か月で草もたべられるのがすごい。

3 カンガルーとライオン、しまうまの赤ちゃんとの違いを考える

三種類の赤ちゃんを比べて面白いと思ったのはどこですか？

カンガルーの赤ちゃんとライオン、しまうまの赤ちゃんで一番違うと思ったところについて、ペアで交流する。その後に、全体で発表する。

配慮㋑

一円玉ぐらいの重さだから、とても小さい

袋の中で大きくなるところが全然違う

4 違いを比べて思ったこと、考えたことを発表する

違いを比べて、思ったことや考えたことは何ですか？

違いを比べて思ったことや感想を交流させる。

動物の赤ちゃんの本を紹介し、他の動物の赤ちゃんへの興味を広げて、次時の図鑑づくりの活動へとつなげる。

カンガルーの赤ちゃんは、ライオンやしまうまの赤ちゃんと全然違いました

準備物 ・センテンスカード５枚 6-32～36 ・見出し５枚 6-15～17、26、27

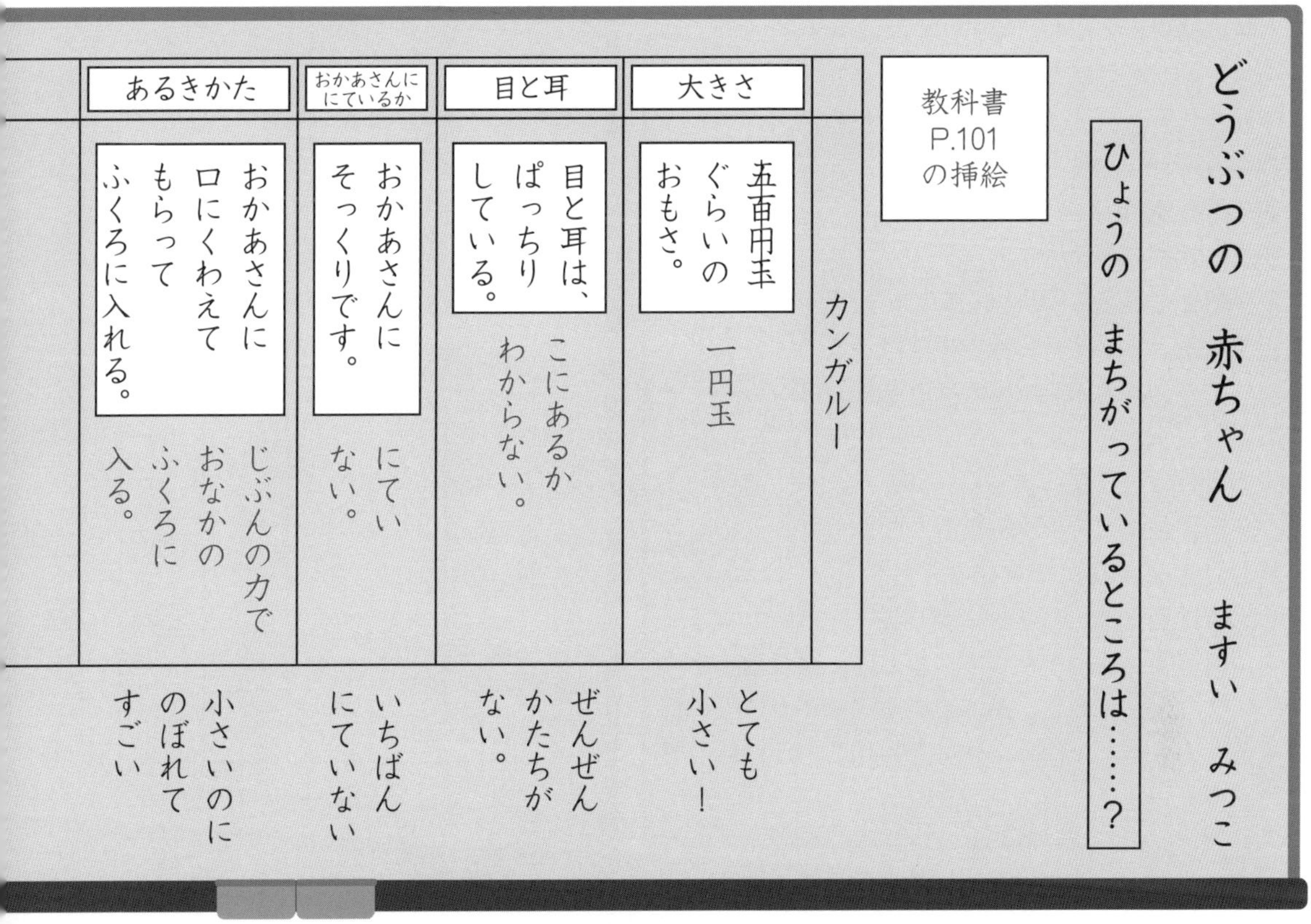
どうぶつの 赤ちゃん
ますい みつこ
ひょうの まちがっているところは……？
教科書
P.101
の挿絵
カンガルー
大きさ
五百円玉ぐらいのおもさ。
一円玉
とても小さい！
目と耳
目と耳は、ぱっちりしている。
こにあるかわからない。
ぜんぜんかたちがない。
おかあさんににているか
おかあさんにそっくりです。
にていない。
いちばんにていない
あるきかた
おかあさんに口にくわえてもらってふくろに入れる。
じぶんの力でおなかのふくろに入る。
小さいのにのぼれてすごい

1 「何の動物でしょうクイズ」をする

これは、何の動物でしょう？

しかけ（置き換える）

挿絵と赤ちゃんの様子の表を黒板に貼る。それぞれの部屋に間違いがあることを伝え、めあてを板書する。

児童に表を配り、どれが間違いか予想させ、児童の意欲を高める。

五百円玉じゃなくて十円玉くらいの重さじゃないかな？

目と耳は、ライオンみたいに閉じているのかも

2 カンガルーの赤ちゃんの様子を読み取る

カンガルーの赤ちゃんの様子を読んでみましょう

教科書の「もっとよもう」を読み、表の間違っているところに線を引き、直させる。違っているところと正しい言葉をペアで確認する。全体で発表し、児童の発言に合わせて表に書き込む。配慮ア

五百円玉じゃなくて、一円玉くらいの重さ

自分の力でおなかの袋に入る

本時の展開 第三次 第1・2時

目標 自分が選んだ動物の赤ちゃんの様子について読み取り、必要な情報をワークシートにメモすることができる。

[本時展開のポイント]

動物の赤ちゃんについての本を提示し、児童の意欲を十分高めた上で、活動を進めさせたい。

[個への配慮]

㋐事前に学習内容を伝える

どの動物を調べるか決められない児童がいることが想定される。その場合には、事前に学習内容を伝え、事前にどの動物の赤ちゃんのことを書くのか決めさせておく。

㋑扱う情報の量を減らす

ページ数が多くメモする場所が分からない児童がいる場合は、必要な情報を絞るために、メモに必要なページに付箋を貼ったり、必要なことが書いてある文に矢印の付箋を貼ったりする。または、同じ動物を選んでいる児童を紹介し、調べているページやメモの仕方を教えてもらいながら学習を進めるという方法も考えられる。

	大きさ	目と耳	おかあさんににているか	あるきかた	しょくじ
カンガルー	一円玉 くらいの おもさ。	目と耳は、どこにあるのか わからない。	おかあさんに にていない。	じぶんの ちからで おなかの ふくろ に入る。	おちちをのんで 大きくなる。六か月ほどたつと、くさも たべるようになる。

4

目と耳や大きさをまとめているページがある

認し、児童がどのページから調べたらいいか手がかりとなるようにする。メモの仕方も確認する。

自分の選んだ絵本から必要なことをメモする

絵本を読んで分かったことをメモしましょう

パンダの赤ちゃんは、生まれたときは白くて、お母さんと似ていない

どこをメモしたらいいのかな?

自分が選んだ動物の赤ちゃんを読み、ワークシートにメモする。児童の様子に応じて、上手にメモをしている児童を紹介したり、困っている児童へのアドバイスを共有したりして活動を進める。 配慮㋑

準備物　・学習の進め方（模造紙）　6-37　・動物の赤ちゃんの絵本　・ワークシート（拡大コピー）　6-38

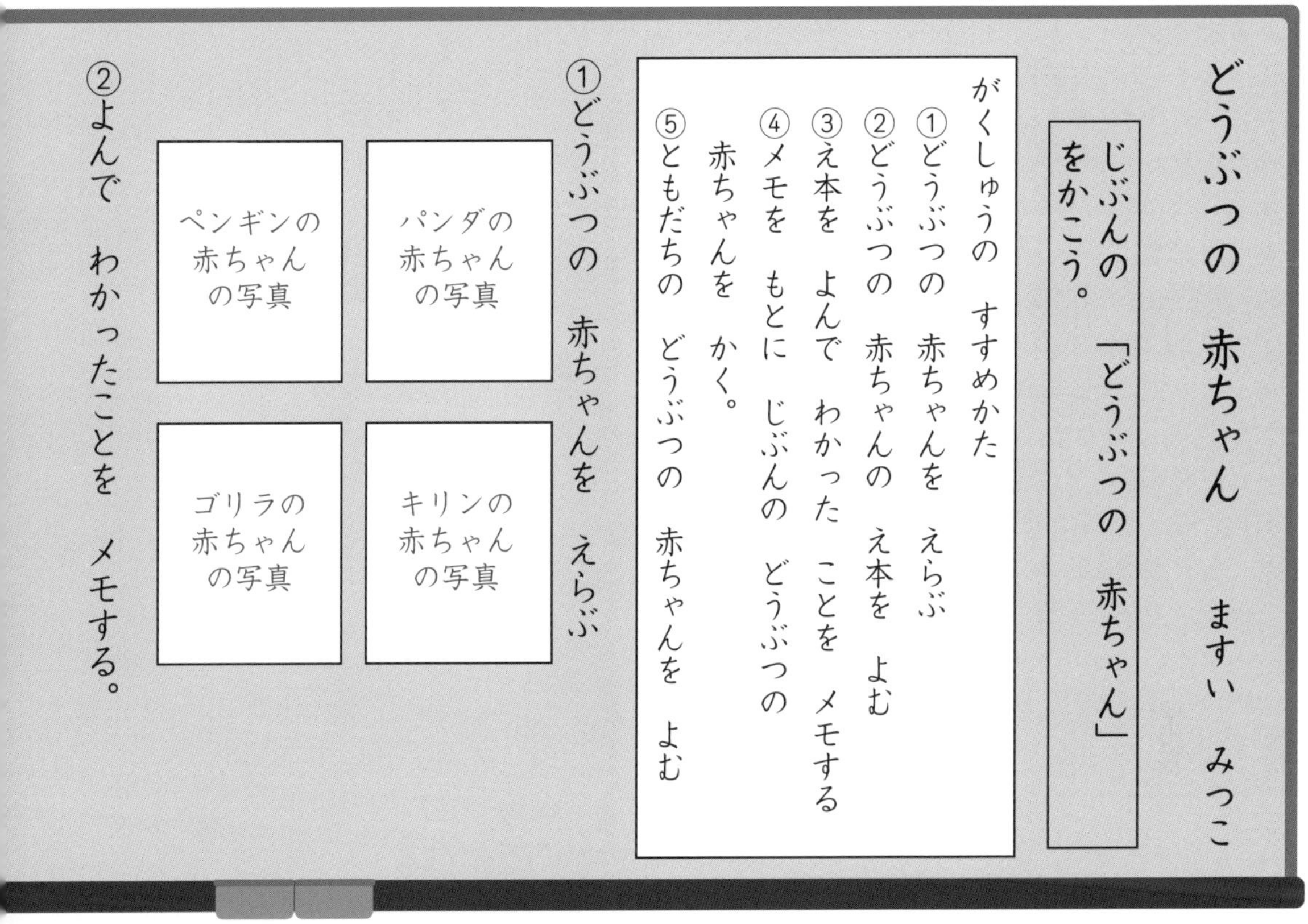
どうぶつの　赤ちゃん
ますい　みつこ
じぶんの「どうぶつの　赤ちゃん」をかこう。
がくしゅうの　すすめかた
①どうぶつの　赤ちゃんを　えらぶ
②どうぶつの　赤ちゃんの　え本を　よむ
③え本を　よんで　わかった　ことを　メモする
④メモを　もとに　じぶんの　どうぶつの　赤ちゃんを　かく。
⑤ともだちの　どうぶつの　赤ちゃんを　よむ
①どうぶつの　赤ちゃんを　えらぶ
パンダの赤ちゃんの写真
キリンの赤ちゃんの写真
ペンギンの赤ちゃんの写真
ゴリラの赤ちゃんの写真
②よんで　わかったことを　メモする。

1 学習の進め方を知る

自分の「どうぶつの　赤ちゃん」を書いてみましょう

いろいろな動物の赤ちゃんの本があるね

パンダの赤ちゃんは、生まれたときから白黒なのかな？

動物の赤ちゃんの絵本を提示する。自分の「どうぶつの　赤ちゃん」を書くことを伝える。模造紙に書いた学習の進め方を提示する。

2 書きたい動物の赤ちゃんを決める

書きたい動物の赤ちゃんはどれですか？

ゾウの赤ちゃんにしよう

どの動物にすればいいんだろう？

動物の赤ちゃんの絵本の中から、書いてみたい動物を決める。選んだ動物の本を読む。配慮ア

3 調べ方のモデルを示す

このように調べてみましょう

ページによって、大きさや目と耳のことが書いてある

児童のワークシートの拡大コピーを黒板に貼る。絵本の中にどのようなページがあるか全体で確

本時の展開　第三次　第3・4時

目標　自分が選んだ動物の赤ちゃんのメモを基に、文章にまとめることができる。

[本時展開のポイント]

文章にすることに抵抗をもつ児童がいることが想定される。ペアで説明したり、共同制作をしたりするなどスモールステップで活動を展開する。

[個への配慮]

ア説明する場所を視覚的に伝える

どのように説明をしたらいいのかとまどう場合には、説明をしやすくなるように、教師が「ゾウの赤ちゃんの大きさは、」などリード文を言ったり、いくつかの観点は教師が手本を見せたりするなどして説明できるようにする。

イ書く量を調節する

書字が苦手な児童がいる場合には、児童の負担を軽減するため、ワークシートにキーワードだけ入れる形式にしたり、教師が代筆したりするなどする方法が考えられる。

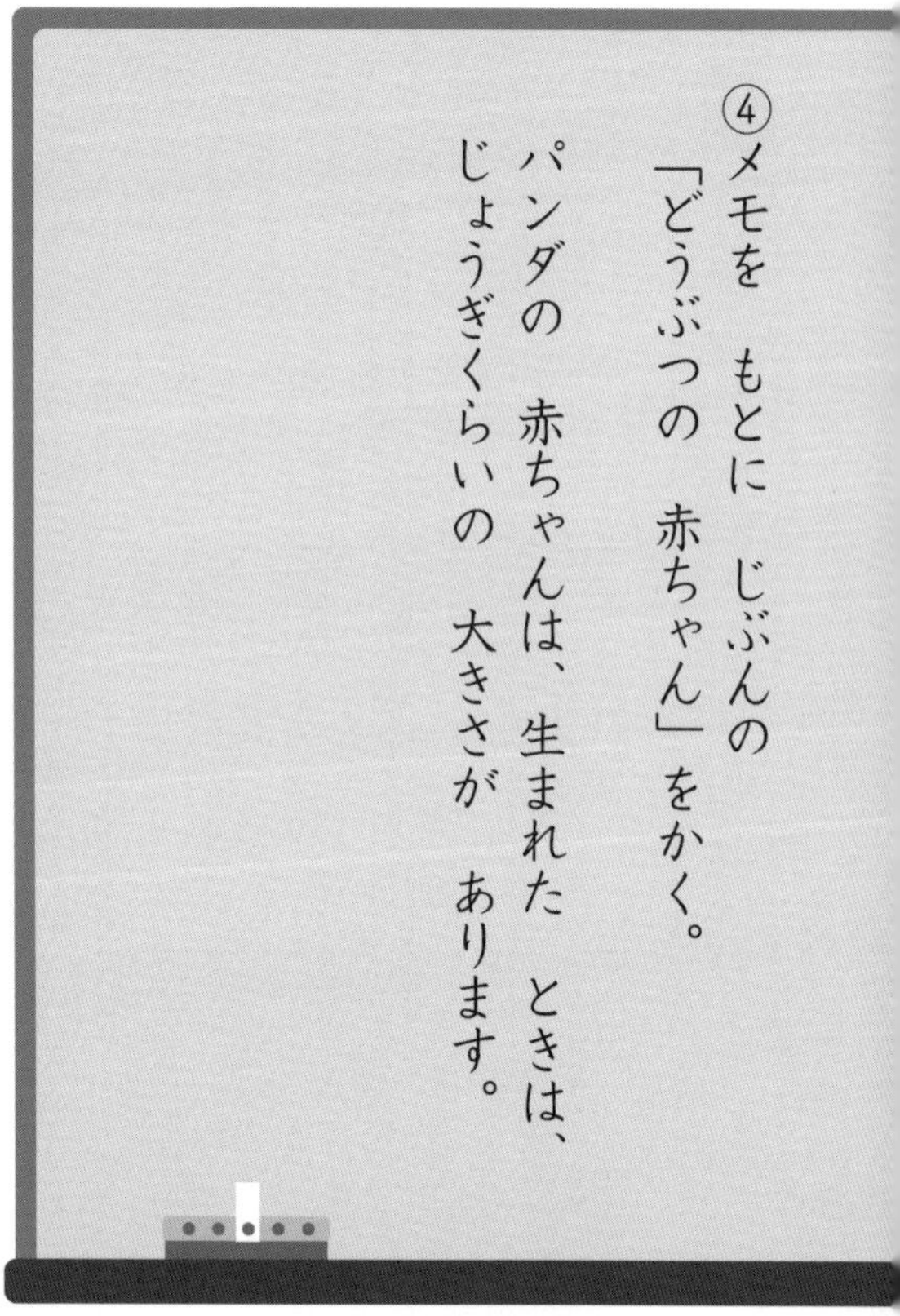

④メモを　もとに　じぶんの
「どうぶつの　赤ちゃん」をかく。
パンダの　赤ちゃんは、生まれた　ときは、
じょうぎくらいの　大きさが　あります。

3 自分の「どうぶつの　赤ちゃん」を書く

メモを基に自分の「どうぶつの　赤ちゃん」を書きましょう

ゾウを例に一文だけ黒板に書き、メモから文章にする方法を共有する。ワークシートにはリード文のあるものとないものを両面刷りにして、児童が選んで書けるようにする。　配慮イ

はじめに大きさのことを書けばいいな
どう書いたらいいんだろう？

4 「どうぶつの　赤ちゃん」を読み合い、交流する

友達の「どうぶつの　赤ちゃん」も読んでみましょう

友達の「どうぶつの赤ちゃん」を読み、感想を交流する。交流の方法は、原稿を机の上に置いて児童が読む方法や、読む児童と聞き手の児童に分かれ、説明を聞いてコメントを伝える方法などが考えられる。

ゾウの赤ちゃんは、やっぱり生まれたときから大きいんだね
パンダは、生まれたときは白くてびっくりした

準備物　・学習の進め方（模造紙）⤓ 6-37　・メモのワークシート（拡大コピー）⤓ 6-38　・作文のワークシート

どうぶつの　赤ちゃん

ますい　みつこ

じぶんの　「どうぶつの　赤ちゃん」をかこう。

がくしゅうの　すすめかた
①どうぶつの　赤ちゃんをえらぶ
②どうぶつの　赤ちゃんの　え本を　よむ
③え本を　よんで　わかったことを　メモする
④メモを　もとにじぶんの　どうぶつの　赤ちゃんを　かく。
⑤ともだちの　どうぶつの　赤ちゃんを　よむ

③え本を　よんで　わかったことを　メモする。

	カンガルー
大きさ	一円玉　くらいの　おもさ
目と耳	目と耳は、どこにあるのかわからない。
おかあさんににているか	おかあさんににていない。
あるきかた	じぶんの　ちからで　おなかの　ふくろ　に入る。
しょくじ	おちちをのんで　大きくなる。六か月ほどたつと、くさも　たべるようになる。

1 学習の進め方を確認する

学習の進め方をみんなで確認しましょう

進め方が分かりました

模造紙に書いた学習の進め方を提示し、一緒に音読をして順序を確かめる。がんばっていた児童を紹介したり、上手なメモを紹介したりして、自分の「どうぶつの　赤ちゃん」を書こうという意欲を高める。

2 メモを使って、分かったことをペアで伝え合う

調べて分かったことをペアの人に伝えましょう

ゾウの赤ちゃんは、生まれて三〇分で立ち上がる
どう説明したらいいか、分からない

観点、分かったことの順番で、自分が調べた動物の赤ちゃんの様子をペアの友達に説明する。

配慮ア

総　括

「小１プロブレム」への対応と授業 UD

川上康則（東京都立矢口特別支援学校）

小１プロブレムの背景にある「心理的段差への不適応」と「教師側の認識不足」

入学したばかりの１年生が、学校生活に適応できずに問題行動を頻繁に起こしたり、不適応状態の継続によって、クラス全体の授業が成立しない状況に陥ったりすることを「小１プロブレム」と呼ぶ。1990 年代後半から、学校現場で強く問題提起されるようになり、入学前後の「段差」の大きさを埋めるための「幼小連携」を進めるきっかけにもなった。その原因については今もなお様々な議論が展開されているが、就学に伴う子供の心理的段差の大きさへの不適応や、担任の認識不足などが大きく関係していると考えられる。

例えば、幼稚園や保育園では、一人一人がそれぞれ違うことをして遊ぶのが、ごくごく普通の姿である。比較的自由で緩やかな時間から園での生活は始まる。また、クラス全体での一斉指導の場も、小学校ほどはカッチリとした枠組みでは行われていない。一人一人の机はなく、椅子を持ち寄って、好きな友達と隣合わせに座ることができる。集団の中にちょっと入りにくい子は、教室の隅のほうから参加することも認められている。

その一方で、小学校には、教室内に整然と並ぶ机と椅子があり、作品づくりや掲示される課題はみな同じテーマ・同じ大きさにするなど、担任の指示に従って一律に同じことを学ぶことになる。いわば「揃える」ことを基本に教育活動を進める「文化」がある。規範意識が強くなると、「はみ出す」「外れる」行動が多い子供は目立ってしまう。

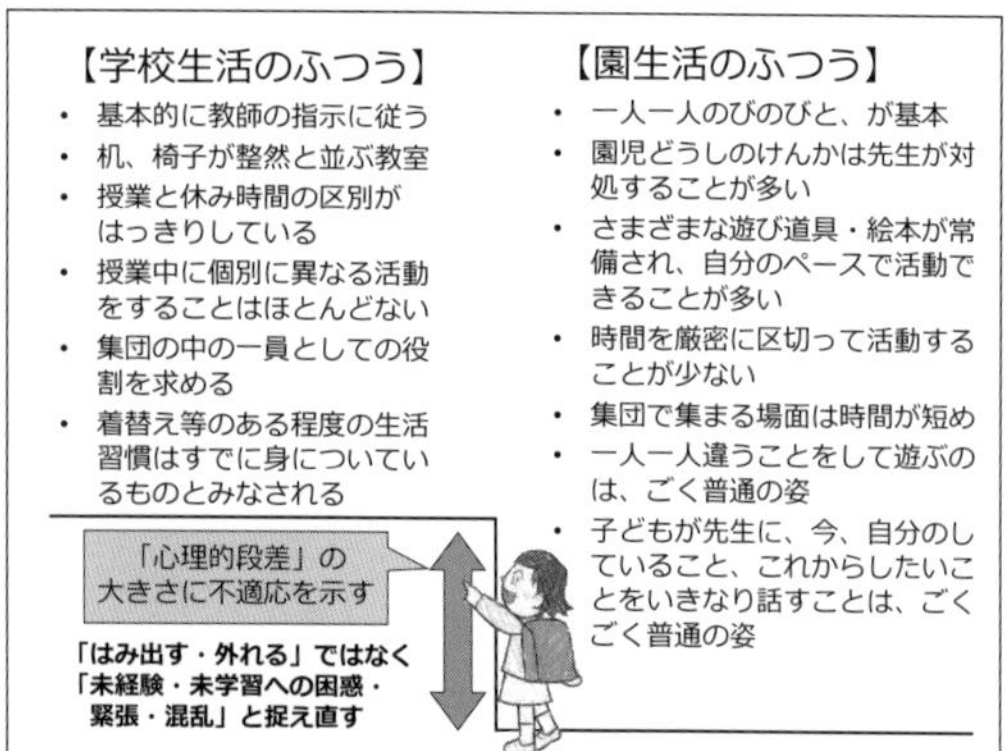

【学校生活のふつう】
・基本的に教師の指示に従う
・机、椅子が整然と並ぶ教室
・授業と休み時間の区別がはっきりしている
・授業中に個別に異なる活動をすることはほとんどない
・集団の中の一員としての役割を求める
・着替え等のある程度の生活習慣はすでに身についているものとみなされる
【園生活のふつう】
・一人一人ののびのびと、が基本
・園児どうしのけんかは先生が対処することが多い
・さまざまな遊び道具・絵本が常備され、自分のペースで活動できることが多い
・時間を厳密に区切って活動することが少ない
・集団で集まる場面は時間が短め
・一人一人違うことをして遊ぶのは、ごく普通の姿
・子どもが先生に、今、自分のしていること、これからしたいことをいきなり話すことは、ごくごく普通の姿
「心理的段差」の大きさに不適応を示す
「はみ出す・外れる」ではなく「未経験・未学習への困惑・緊張・混乱」と捉え直す

図１　心理的段差の大きさが生み出す「小１プロブレム」（月森、2013 を参考に）

こうした背景を踏まえれば、どの子にとっても小学校１年生という節目は、大人の想像以上に大きな「段差」があり、緊張・混乱・困惑が潜在していると言える。まずは適応できることが当たり前なのではなく、不適応を「未経験な場への困惑」「未学習な状態

への混乱」の表れであると理解しよう。そうすれば、より丁寧に指導しようという気持ちになれる。丁寧な指導を継続できる教師ほど、一人一人子供の緊張・混乱・困惑の「兆し」を見過ごさないという心構えも芽生える。

「先手の対応」としての授業 UD

特別支援教育と聞くと、すぐに「個別的な指導」を想定する人が多いようである。しかし、いきなり個別的な関わりをするのではなく、それ以前に全体指導の場（授業の展開、全体への指示や説明、教材の提示、発言の共有など）における工夫が行われている必要がある。全体指導での工夫や配慮がなされないままだと、かえって個別的に対応することが増えてしまうからだ。個別的な支援に時間を割くと他の子供たちが退屈感を感じ、離席や私語などの行動が出て、さらにその指導に追われて時間がなくなる。日頃「指導が通らない」「困らされている」など大変さを嘆かれている場合は、もしかしたら対応が後手に回っているからかもしれない。こうした事態に陥るのを防ぐのが「先手の対応」としての授業 UD である。

1年生への指導は「話を聞かせる」「我慢させる」はもはや通用しない。いまどきの1年生には「参加感や達成感のある活動を用意する」のが指導をうまくいかせるコツである。授業 UD の考え方では、授業中に意見や考えを共有化する工夫が用いられている。例えば、ペアで理解できたことを確認し合う場面があれば、互いの理解レベルを確認し合うだけでなく、①インプットしたことをアウトプットして定着を図ること、②他者の異なる視点を学べること、③話すことで適度な「ガス抜き」ができ、集中が続くことなどの効果が見込まれる。また、だれかの発言を一つのモデルとして、自分なりに表現する時間などを設けることで思考が広がるチャンスをつくり出すこともできる。このようにして、教師－子供の一方向的な指導を見直し、子供たちをつなぐファシリテーションを取り入れることが大切である。

しかし、意義や効果を考慮せずにただ「共有する」という手法だけを取り入れようとするのは、子供たちに「やらされ感」しかもたらさない。クラス全体で学習内容を共有していくためには、一回一回の授業で何を子供たちが学び取ったかを明確にするために焦点を絞ることや、興味・関心を惹きつける教材の提示が重要になる。特に、学習の見通しや、考え方の枠組み、思考の流れなどを視覚的に示していくことは、授業に心理的段差を大きく感じる「小1プロブレム」への対応としても重要な意味をもつ。

このような学習内容の焦点を絞ることや、情報を視覚的に示しながら授業を進めていくやり方は、クラスの多くの子供の興味・関心を惹きつけるだけでなく、ASD（自閉スペクトラム症）や SLD（選択性学習症）をはじめとする特別な支援を要する子供への対応も視野に入れたものであり、加えて母語が日本語でない子供や、選択性緘黙のある子供も含めた様々な実態にも対応することができると言えるだろう。

文献

月森久江監修（2013）「小一プロブレム」解決ハンドブック 発達障害がある子どもにも完全対応、講談社

■ 編著者

桂　聖
一般社団法人 日本授業UD学会　理事長／筑波大学附属小学校　教諭

小貫　悟
明星大学心理学部心理学科　教授

■ 執筆者　＊執筆順、令和3年2月現在

桂　聖（前出）　… 第１章　国語授業のユニバーサルデザインに関する理論と方法

小貫　悟（前出）　… 第2章　授業のユニバーサルデザインを目指す国語授業と個への配慮
—「学びの過程において考えられる困難さに対する指導の工夫」の視点から—

山田　はるか
沖縄県宜野湾市立はごろも小学校
… 第３章「おおきな　かぶ」の授業デザイン

榎本　辰紀
東京都荒川区立汐入小学校
… 第３章「やくそく」の授業デザイン

木村　洋介
東京都世田谷区立烏山北小学校
… 第３章「ずうっと、ずっと、大すきだよ」の授業デザイン
「どうぶつの　赤ちゃん」の授業デザイン

笠原　三義
東京都私立小学校
… 第３章「うみの　かくれんぼ」の授業デザイン

小野　絵美
長野県辰野町立辰野西小学校
… 第３章「じどう車くらべ」の授業デザイン

川上　康則
東京都立矢口特別支援学校
… 第3章　総括　「小1プロブレム」への対応と授業UD

■ 編集責任者　＊五十音順

榎本　辰紀（前出）

笠原　三義（前出）

『授業 UD を目指す「全時間授業パッケージ」国語　1 年』付録資料について

・本書の付録資料は、以下のリンク先に収録されています。

https://www.toyokan-publishing.jp/book/UD/01/UD01.zip
ID：UD01-user
PASS：k 4 Xb 9 EfC

・各フォルダーには、以下のファイルが収録されています。
　① 授業で使える短冊やセンテンスカード
　② 黒板掲示用の資料
　③ イラスト
・収録されているファイルは、本文中では のアイコンで示しています。

【使用上の注意点】
・リンク先にはパソコンからアクセスしてください。スマートフォンではファイルが開けないおそれがあります。
・PDF ファイルを開くためには、Adobe Acrobat もしくは Adobe Reader がパソコンにインストールされている必要があります。
・PDF ファイルを拡大して使用すると、文字やイラスト等が不鮮明になったり、線にゆがみやギザギザが出たりする場合があります。あらかじめご了承ください。

【著作権について】
・収録されているファイルは、著作権法によって守られています。
・著作権法での例外規定を除き、無断で複製することは法律で禁じられています。
・収録されているファイルは、営利目的であるか否かにかかわらず、第三者への譲渡、貸与、販売、頒布、インターネット上での公開等を禁じます。
・ただし、購入者が学校での授業において、必要枚数を児童に配付する場合は、この限りではありません。ご使用の際、クレジットの表示や個別の使用許諾申請、使用料のお支払い等の必要はありません。

【免責事項】
・収録ファイルの使用によって生じた損害、障害、被害、その他いかなる事態についても弊社は一切の責任を負いかねます。

【お問い合わせについて】
・お問い合わせは、次のメールアドレスでのみ受け付けます。 tyk@toyokan.co.jp
・パソコンやアプリケーションソフトの操作方法については、各製造元にお問い合わせください。

授業UDを目指す
「全時間授業パッケージ」国語　1年

2021（令和3）年3月28日　初版第1刷発行

編　著　者：桂　　聖・小貫　悟・川上康則・
一般社団法人 日本授業UD学会
発　行　者：錦織圭之介
発　行　所：株式会社　東洋館出版社
〒113-0021　東京都文京区本駒込5-16-7
営業部　電話 03-3823-9206／FAX 03-3823-9208
編集部　電話 03-3823-9207／FAX 03-3823-9209
振　替　00180-7-96823
URL　http://www.toyokan.co.jp
装　　幀：小口翔平＋三沢　稜（tobufune）
イラスト：office PANTO
印刷・製本：藤原印刷株式会社

ISBN978-4-491-04334-0　　Printed in Japan